西方心理学大师经典译丛

主编 郭本禹

教育心理学简编

Educational Psychology:
Briefer Course

[美] 爱德华·桑代克
Edward Lee Thorndike 著

张 奇 译校

中国人民大学出版社
·北京·

总译序

感悟大师无穷魅力　品味经典隽永意蕴

美国心理学家查普林与克拉威克在其名著《心理学的体系和理论》中开宗明义地写道："科学的历史是男女科学家及其思想，贡献的故事和留给后世的记录。"这句话明确地指出了推动科学发展的两大动力源头：大师与经典。

一

何谓"大师"？大师乃是"有巨大成就而为人所宗仰的学者或艺术家"[①]。大师能够担当大师范、大导师的角色，大师总是导时代之潮流、开风气之先河、奠学科之始基、创一派之学说，大师必须具有伟大的创造、伟大的主张、伟大的思想乃至伟大的情怀。同时，作为卓越的大家，他们的成就和命运通常都与其时代相互激荡。

作为心理学大师还须具备两个特质。首先，心理学大师是"心理世界"的立法者。心理学大师之所以成为大师，在于他们对心理现象背后规律的系统思考与科学论证。诚然，人类是理性的存在，是具有思维能力的高等动物，千百年来无论是习以为常的简单生理心理现象，还是诡谲多变的复杂社会心理现象，都会引发一般大众的思考。但心理学大师与一般人不同，他们的思考关涉到心理现象背后深层次的、普遍性的与高度抽象的规律。这些思考成果或试图揭示出寓于自然与社会情境中的心理现象的本质内涵与发生方式；或企图诠释某一心理现象对人类自身

① 《辞海（缩印本）》，275页，上海，上海辞书出版社，2002。

发展与未来命运的意义和影响；抑或旨在剥离出心理现象背后的特殊运作机制，并将其有意识地推广应用到日常生活的方方面面。他们把普通人对心理现象的认识与反思进行提炼和升华，形成高度凝练且具有内在逻辑联系的思想体系。因此，他们的真知灼见和理论观点，不仅深深地影响了心理科学发展的命运，而且更是影响到人类对自身的认识。当然，心理学大师的思考又是具有独特性与创造性的。大师在面对各种复杂心理现象时，他们的脑海里肯定存在“某种东西”。他们显然不能在心智“白板”状态下去观察或发现心理现象背后蕴藏的规律。我们不得不承认，所谓的心理学规律其实就是心理学大师作为观察主体而“建构”的结果。比如，对于同一种心理现象，心理学大师们往往会做出不同的甚至截然相反的解释与论证。这绝不是纯粹认识论与方法论的分歧，而是对心灵本体论的承诺与信仰的不同，是他们所理解的心理世界本质的不同。我们在此借用康德的名言“人的理性为自然立法”，同样，心理学大师是用理性为心理世界立法。

其次，心理学大师是“在世之在”的思想家。在许多人看来，心理学大师可能是冷傲、孤僻、神秘、不合流俗、远离尘世的代名词，他们仿佛背负着真理的十字架，与现实格格不入，不食人间烟火。的确，大师们志趣不俗，能够在一定程度上超脱日常柴米油盐的束缚，远离俗世功名利禄的诱惑，在以宏伟博大的人文情怀与永不枯竭的精神力量投身于实现古希腊德尔菲神庙上“认识你自己”之伟大箴言的同时，也凸显出其不拘一格的真性情、真风骨与真人格。大凡心理学大师，其身心往往有过独特的经历和感受，使之处于一种特别的精神状态之中，由此而产生的灵感和顿悟，往往成为其心理学理论与实践的源头活水。然而，心理学大师毕竟不是超人，也不是神人。他们无不成长于特定历史的社会与文化背景之下，生活在人群之中，并感受着平常人的喜怒哀乐，体验着人间的世态炎凉。他们中的大多数人或许就像牛顿描绘的那般：“我不知道世上的人对我怎样评价。我却这样认为：我好像是在海上玩耍，时而发现了一个光滑的石子儿，时而发现一个美丽的贝壳而为之高兴的孩子。尽管如此，那真理的海洋还神秘地展现在我们面前。”因此，心理学大师虽然是一群在日常生活中特立独行的思想家，但套用哲学家海德格尔的话，他们依旧都是“活生生”的“在世之在”。

二

那么，又何谓“经典”呢？经典乃指古今中外各个知识领域中“最重要的、有指导作用的权威著作”[①]。经典是具有原创性和典范性的经久不衰的传世之作，是经过历史筛选出来的最有价值性、最具代表性和最富完美性的作品。经典通常经历了时间的考验，超越了时代的界限，具有永恒的魅力，其价值历久而弥新。对经典的传承，是一个民族、一种文化、一门学科长盛不衰、继往开来之根本，是其推陈出新、开拓创新之源头。只有在经典的引领下，一个民族、一种文化、一门学科才能焕发出无限活力，不断发展壮大。

心理学经典在学术性与思想性上还应具有如下三个特征。首先，从本体特征上看，心理学经典是原创性文本与独特性阐释的结合。经典通过个人独特的世界观和不可重复的创造，凸显出深厚的文化积淀和理论内涵，提出一些心理与行为的根本性问题。它们与特定历史时期鲜活的时代感以及当下意识交融在一起，富有原创性和持久的震撼力，从而形成重要的思想文化传统。同时，心理学经典是心理学大师与他们所阐释的文本之间互动的产物。其次，从存在形态上看，心理学经典具有开放性、超越性和多元性的特征。经典作为心理学大师的精神个体和学术原创世界的结晶，诉诸心理学大师主体性的发挥，是公众话语与个人言说、理性与感性、意识与无意识相结合的产物。最后，从价值定位上看，心理学经典一定是某个心理学流派、分支学科或研究取向的象征符

① 《辞海（缩印本）》，852页，上海，上海辞书出版社，2002。

号。诸如冯特之于实验心理学，布伦塔诺之于意动心理学，弗洛伊德之于精神分析，杜威之于机能主义，华生之于行为主义，苛勒之于格式塔心理学，马斯洛之于人本主义，桑代克之于教育心理学，乔姆斯基之于语言心理学，奥尔波特之于人格心理学，吉布森之于生态心理学，等等，他们的经典作品都远远超越了其个人意义，上升成为一个学派、分支或取向，甚至是整个心理科学的共同经典。

三

这套“西方心理学大师经典译丛”遵循如下选书原则：第一，选择每位心理学大师的原创之作；第二，选择每位心理学大师的奠基、成熟或最具代表性之作；第三，选择在心理学史上产生过重要影响的一派、一说、一家之作；第四，兼顾选择心理学大师的理论研究和应用研究之作。我们策划这套“西方心理学大师经典译丛”，旨在推动学科自身发展和促进个人成长。

1879 年，冯特在德国莱比锡大学创立了世界上第一个心理学实验室，标志着心理学成为一门独立的学科。在此后的 130 多年中，心理学得到迅速发展和广泛传播。我国心理学从西方移植而来，这种移植过程延续已达百年之久①，至今仍未结束。尽管我国心理学近年取得了长足发展，但一个不争的事实是，我国心理学在总体上还是西方取向的，尚未取得突破性的创新成果，还不能解决社会发展中遇到的重大问题，还未形成系统化的中国本土心理学体系。我国心理学在这个方面远没有赶上苏联心理学，苏联心理学家曾创建了不同于西方国家的心理学体系，至今仍有一定的影响。我国心理学的发展究竟何去何从？如何结合中国文化推进心理学本土化的进程？又该如何进行具体研究？当然，这些问题的解决绝非一朝一夕能够做到。但我们可以重读西方心理学大师们的

① 在 20 世纪五六十年代，我国心理学曾一度移植苏联心理学。

经典作品，以强化我国心理学研究的理论自觉。“他山之石，可以攻玉。”大师们的经典作品都是对一个时代学科成果的系统总结，是创立思想学派或提出理论学说的扛鼎之作，我们可以从中汲取大师们的学术智慧和创新精神，做到冯友兰先生所说的，在“照着讲”的基础上“接着讲”。

心理学是研究人自身的科学，可以提供帮助人们合理调节身心的科学知识。在日常生活中，即使最坚强的人也会遇到难以解决的心理问题。用存在主义的话来说，我们每个人都存在本体论焦虑。“我是谁，我从哪里来，我将向何处去?”这一哈姆雷特式的命题无时无刻不在困扰着人们。特别是在社会飞速发展的今天，生活节奏日益加快，新的人生观与价值观不断涌现，各种压力和冲突持续而严重地撞击着人们脆弱的心灵，人们比以往任何时候都更迫切地需要心理学知识。可幸的是，心理学大师们在其经典著作中直接或间接地给出了对这些生存困境的回答。古人云：“读万卷书，行万里路。”通过对话大师与解读经典，我们可以参悟大师们的人生智慧，激扬自己的思绪，逐步找寻到自我的人生价值。这套“西方心理学大师经典译丛”可以让我们获得两方面的心理成长：一是调适性成长，即学会如何正确看待周围世界，悦纳自己，化解情绪冲突，减轻沉重的心理负荷，实现内心世界的和谐；二是发展性成长，即能够客观认识自己的能力和特长，确立明确的生活目标，发挥主动性和创造性，快乐而有效地学习、工作和生活。

我们相信，通过阅读大师经典，广大读者能够与心理学大师进行亲密接触和直接对话，体验大师的心路历程，领会大师的创新精神，与大师的成长并肩同行!

郭本禹

2013 年 7 月 30 日

于南京师范大学

译者前言

爱德华·桑代克（Edward Lee Thorndike，1874—1949）于1874年8月31日出生在马萨诸塞州威廉斯堡的一个牧师家庭。1891年至1895年，桑代克就读位于康涅狄格州中部小城米德尔镇的卫斯理大学。大学毕业前夕，桑代克深受詹姆斯《心理学原理》的影响，立志钻研心理学，并在毕业后入读哈佛大学，追随詹姆斯攻读心理学博士学位。其间受英国心理学家摩尔根的影响，他开始从事动物学习的实验研究。在此之前，动物心理学的研究主要采用轶事法和自然观察法。桑代克则对动物进行了严格的实验研究，确立了动物心理学的科学地位，成为动物实验心理学的创始人。1897年桑代克申请到了哥伦比亚大学的研究生奖学金，离开哈佛大学，前往纽约，成为卡特尔的学生。在哥伦比亚大学，桑代克继续进行动物心理学的实验研究。其中“猫的迷笼”实验最富成效、最有影响，他提出的学习“联结说”及学习定律都起源于这些研究工作。桑代克于1898年完成博士学位论文《动物的智慧：关于动物联想的实验研究》，并获得博士学位。1898年1月，桑代克应纽约科学院的邀请在一次学术会议上讲解了他的成果；同年6月，《科学》杂志发表了他介绍自己工作的文章；他的毕业论文也成了当年晚期《心理学评论》的专题论文。博士研究生毕业后，桑代克任教于哥伦比亚大学师范学院，一边从事中小学教师培训的教学工作，一边进行动物学习的实验研究，并将他有关动物心理学的实验研究成果推广运用于人类被试。1903年他的《教育心理学》问世，他成为教育心理学的创始人。

1913年至1914年间，他的三卷本《教育心理学概论》面世。后来又相继出版了《智力的测量》（1927）、《成人的学习》（1928）、《人类的学习》（1931）、《学习的基本原理》（1932）、《奖赏的实验研究》（1933）、《人的本性与社会秩序》（1940）和《人及其工作》（1943）等著作。1949年，他在去世前不久，出版了《一个联结主义者的心理学著作选集》。

桑代克对心理学做出了开创性的伟大贡献，受到心理学界的普遍尊敬和爱戴。1912年他当选美国心理学会主席，1917年当选美国科学院院士，1921年被《美国科学家》杂志评为全美排名第一的科学家，1934年当选美国科学促进会主席。1940年，桑代克从哥伦比亚大学退休，但继续从事教学和研究工作，把毕生精力献给了心理学研究和教育事业。

这本书是桑代克三卷本《教育心理学概论》的精编版，共三卷二十七章，分卷阐述了人类本性、学习心理、个体差异及原因。

第一卷，桑代克以动物学习实验的结论和神经元的生理解剖学为基础，从他的联结主义思想出发，系统地阐述了人的本性——“人当生命之初，即当父精与母卵结合为人时，就已经具备了无数确定将来行为的原始倾向”，即“情境”（situation）与“反应”（response）的“联结”（connection）。这些原始的联结倾向有三种：反射、本能和先天能力。情境与其所诱发的反应之间的牢固联结被称为反射（例如，膝跳反射）。“当反应不够确定、情境又比较复杂，而且联结可以发生改变时，则习惯上称其为本能。例如，一个人因受到蔑视而感到痛苦”。“当原始倾向是对一个非常复杂的情境做出极不确定的反应或一系列反应，而且联结的最后强度是由训练所决定的时候，就不能把这种原始倾向称为反射或本能，而应该称为能力、倾向或者潜能。例如，通过完成艺术和科学知识的学习，对学校教育环境所做出的反应，就称为学识能力。”桑代克列举并剖析了人的大量本能和潜能，诸如感知能力、原始的注意……以及竞争、羡慕、嫉妒、慈爱、挑逗、凌虐和欺辱等。桑代克明确指出，这些本能和潜能中有些是好的（如慈爱），后天教育应该给予鼓励和发扬；有些是恶的（如凌虐和欺辱），应该受到抑制或消除；有些是要利用的（如感知能力和原始的注意）；有些是需要利导的（如竞争和羡慕）。教育的科学主旨就是要对人的本性分别加以抑恶、扬善、利用和利导。这不仅是对古老的"性善论"和"性恶论"的否定，更是对教育本质的科学阐述。

第二卷引用大量研究实例，系统阐述了学习定律（习惯定律）的普适性，解释了练习成绩的变化及原因，指出了心理疲劳的原因和心理卫生的措施。首先，桑代克根据动物学习的实验结果阐述了三大学习定律（即准备律、练习律和效果律）和动物学习的五个特征（即五个学习原则或习惯定律）。进而在人类的联想学习、更精细的分析学习和更高级的选择学习中论证了三大学习定律和五个习惯定律的普适性。桑代克认为，人的一切学习从本质上讲，都是某种情境唤起的某种反应。而任何情境与反应的联结都可以用三个学习定律和习惯定律作出很好的解释。接着，桑代克引用大量各种练习实验所得出的"练习曲线"，用联结说的观点和学习定律解释了练习进步的内外原因和个体差异、练习过程中成绩起伏变化的原因，以及练习对不同心理功能的影响。桑代克认为，所有学习或练习的过程、表现和结果都可以用三个学习定律和五个习惯定律来解释，而不需要求助于其他什么神秘的能力、势力或观念。最后，桑代克关注到持续的无休止的练习或工作会使个体工作效率下降，出现心理疲劳。经过对各种练习或工作效率下降和心理疲劳的原因的分析，桑代克认为，练习或工作效率下降的表面原因似乎是个体的耐心、自我控制和精力等心理能量的耗尽，但是，其根本原因是工作或作业变得越来越令人烦恼（即学习兴趣下降、持续作业所导致的厌倦和对身体锻炼、娱乐、社交、休息及睡眠的剥夺）。因此，心理卫生的实质就是：提高效率，需要兴趣；维护健康，需要睡眠。

尽管桑代克所考察的是动物的学习以及人类个体单调和重复的练习，但是，他所提出的学习定律确有普适性，自觉的和不自觉的教育工作者都在运用。他的学习定义确实最切近学习的实质，是最有生命力的学习定义，精于学习研究的学者一定会有这样的认识。

桑代克在第三卷集中讨论了人在学习过程中的心理差异及原因，并利用当时的研究成果，系统地探讨了遗传（家族、近祖或血缘）、成熟、环境和教育对个体差异的影响。其中许多内容至今仍有学术参考价值和借鉴意义。首先，人的本性（即原始行为倾向）取决于人的“种子”（陆志韦译），即父精母卵的结合体——合子或人类的胚芽。因此，人类个体的身体发育和心理发展必受父母遗传基因与变异的制约。因此，即使是同父母所生的亲兄弟、姐妹和异卵双胞胎（多胞胎），也不可能完全相同。同卵双胞胎（或多胞胎）儿童的共同生理特征很多，但心理特征绝难完全相同。因此，世界上不可能有完全相同的两个人。其次，学习或心理发展无疑受成熟的制约。但是，成熟对学习和发展的“纯粹”影响无法测量。因为所有心理特质的形成和发展都是其原始倾向、成熟及环境（教育和训练）共同作用的结果。它们无法分开进行测量。所有心理发展研究所报告的某心理特征、品质、能力等随年龄的增长而提高的结论都是三者相互作用的结果，其作用机制还不十分清楚。最后，与成熟对学习和心理发展的影响一样，学习和心理发展无疑也受环境或教育的影响。但作用的效果很难测量得准确，其作用机制同样也不十分清楚。因此，在人的生命全程中，哪个阶段或哪个时期应该吃什么或补充什么营养、应该学习什么或施加什么影响，都是永久的研究课题。

2013 年是桑代克的《教育心理学》(1903 年版）问世 110 周年，即教育心理学诞生 110 周年。1914 年，桑代克出版了三卷本的《教育心理学概论》，后来又出版了这本精编版。1926 年，我国前辈心理学家陆志韦博士翻译并出版了这本精编版的《教育心理学》。今天再次翻译它，既是一次深入学习和反思的机会，又是对桑代克以及教育心理学诞生

110周年的纪念。

翻译本书是郭本禹教授对我的信任。翻译工作先由我指导的研究生自愿翻译初稿：张黎博士，第一至三章；杨俊萍硕士，第四、五章；杨金桥博士，第六至八章；贾威硕士，第九至十一章；葛秋芬硕士，第十二至十四章；林洪新副教授，第十五至十七章；蔡晨博士研究生，第十八至二十章；张华博士，第二十一、二十二章；阚洁琼硕士，第二十三、二十四章；李今朝硕士，第二十五至二十七章。最后由我复译并审校全书，所以，译著的质量还是由我负责。

张奇

2014年10月

前言

近20年来，我们关于人类本能与力量的知识、学习与记忆的知识、心理作业与疲劳的知识、个体差异及其原因的知识都已大有进步了。关于这些知识，我已经为高年级学生编写了专集，名为：（一）人类的本性；（二）学习心理学；（三）工作与疲劳以及个性差异。现在的这本概论就是把那三本书里比较基本的事实用简单的写法编写成一本教育心理学教科书，以备大学与师范学校的学生使用。

本书的内容范围目录里已经有了足够的展示。写法不外乎是简单明了而有系统地阐述原理。善教者，应该先从学生的切身经验引出实际而能理解的问题，然后再引出原理；还应该辅之以学生可观察的试验，不仅可以证实学理，而且能够应用在教育学说和教育实施的适当事情上。

对大学生当中成绩最差的三分之一来说，本书所列的纲目中有些内容他们可能不感兴趣或力不能及，例如，原始倾向的解剖与生理、学习进步改变的原因、同样的练习如何影响个性差异，以及学习、疲劳、个性差异等量化的研究。然而，这些事实和原理，只要能熟悉，就能使人在重要的教育问题上思想简捷而且经济实用。所以，我采用这些内容无需抱歉。教育是一项严肃而重要的职业，当人们为之作准备的时候，对于那些理应研究而蠢人感到乏味的事情，不能退避不前。

1914年于哥伦比亚大学师范学院

目　录

第一卷

人类的本性

1

第一章 原始倾向的一般特征

一切艺术与科学都是通过帮助人类更好地改造世界和人类自身来造福人类的。“教育”一词的含义是指科学和艺术中那些用来改变人类自身的成分。智慧和财富要改善人类的欲望并使其更好地得到满足，需要教育的知识：第一，离开教育，人类的本性如何？第二，人类本性改变的规律如何？教育心理学的任务就是弄清人类本性以及改变人类智能、品性和技能的规律。

人的本性及本性在他的思想、情感、行为和态度上所发生的变化，可以用“反应”这一术语以及这些反应与生活中特定情境的联结来解释。任何智能、品性或技能的事实（现象）都意味着一个人具有以某种方式对某个情境做出某种反应的倾向（a tendency to respond），其中包括一个**情境**(situation)（即对这个人产生影响的事件状态）、一个**反应**(response)（即这个人对这个情境所做出的事件状态）和一个**联结**(connection)（即反应是情境结果的结合力）。

2

原始倾向与习得倾向

人当生命之初，即当父精与母卵结合为人时，就已经具备了无数确定将来行为[①]的原始倾向。在他以后将会遇到的情境与他将对情境做出

① 由于“**行为**”这个术语在心理学家的手里已经有了某些技术含义，又因为在这本书里要经常使用它，所以，此处应该对它的含义作出说明。在这里，我用它表示一个动物、人所表现出来的思想和情感活动，是当今的物理学、化学和普通生理学所没有论及的广义产物，也就是普通人所说的智力、性格、技能和气质。因此，这里所说的行为，不排斥意识，而包括意识。

的反应之间存在着预先形成的结合力。两个生殖细胞的结构已经决定了个体在某些特定情境下能看、能听、能感受、能做出某些行为。在生命开始的瞬间，人的智力、道德、身体器官和行动在一定程度上是胚胎本性的结果。一个人是什么，他的一生会怎样，都是他生命之初的结构以及他出生前后所有影响他的各种力量所造成的种种结果。前者称为“本性”，后者称为“环境”。

本性的问题

初等心理学告诉我们这样的事实：离开教育，人也具备感受和对某情境做出某种行为的倾向——这种对一种情境做出反应的倾向可能是由人的先天组织所决定的。实际上，当其他条件不变时，个体之所以能够
3 对某一情境做出反应是因为这一反应已经先天地与这一情境建立了联结，或者当某些情境与这一情境相似时，个体也会做出这一反应。在其他条件不变的情况下，神经元在受到刺激时，都会把刺激传递给与其在先天组织上联系最紧密的神经元。智力和性格的基础就是这些非习得的倾向，即大脑内神经元之间最初的联结。

这些先天的联结可能在一生中发展，也可能只存在有限的时间；它们的增强或减弱可能是突然的，也可能是逐渐的。它们是一切教育或人为控制的起点。教育的目的就是使其中的一些联结或永久保留，或消失，或受到限制，或改变其方向。如果提供刺激使联结反复被激活，同时个体所做出的反应与满足感相联系，这个联结就能够保存下来。如果阻断这些刺激，使它们因为没被使用而夭折，或者使这些刺激与不愉快的行为相联系，这个联结就会消失。在**情境—联结—反应**的系列中，如果用新的反应替代最初的反应，或者使反应与另外一个对个体伤害较小的情境，或者没有伤害的情景，或者有积极作用的情境建立起联系，就会达到改变联结的目的。

教育的第一条原则就是利用个体所有的先天本性使其变得更好——形成满足他们欲望的各种知识、习惯、动力、兴趣和观念。

人表现在家庭、工作、政府、宗教和生活上各种事情中的行为都根源于他非习得的、先天具有的本能与能力。所有改变人类生活的方案都

必须考虑到人类的本性，尤其是当实施这些方案的目的在于彻底改变或抵制这些原始倾向的时候，更是如此。 4

原始倾向的名称

“反射”、“本能”和“先天能力”，这三个术语分享了这些非习得倾向的命名工作。当某种原始倾向涉及的是对一个简单的知觉情境做出明确的一致的反应的时候，而且当情境与反应之间的联结牢固得很难改变的时候，或者增强到几乎是必然的联系时，这种联结或者情境与其所诱发的反应被称为反射。例如，膝跳反射就是对突然强烈敲击膝盖这个简单的知觉刺激所做出的明确而一致的反应。这种反射很难减少，也很难增加，或者很难用其他的方法控制膝盖的活动；而且一给刺激，就必然出现相同的反应。当反应不够确定、情境又比较复杂，而且联结可以发生改变时，则习惯上称其为本能。例如，一个人因受到蔑视而感到痛苦，就属于对一个复杂的情境所做出的一个不确定的反应，而且这种联结很容易发生改变，因此不能再称之为反射。当原始倾向是对一个非常复杂的情境做出极不确定的反应或一系列反应，而且联结的最后强度是由训练所决定的时候，就不能把这种原始倾向称为反射或本能，而应该称之为能力、倾向或者潜能。例如，通过完成艺术和科学知识的学习，对学校教育环境所做出的反应，就称为学识能力。

当然，反射与本能之间、本能与一直很难描述的原始倾向之间不存在空隙和界限。实际上，如果就反应的性质而论，原始倾向的分布可以从个体之间差异很小的单一的、直接的、确定的和一致的反应扩展到个体之间不同的高度复合的、极其复杂的和极其模糊不清的反应。如果按 5
照情境的性质来排列，原始倾向的范围起于诸如温度、氧气或湿度等简单的事件，而止于诸如孤身一人突遇野兽这样的复杂事件，其中包括个体身体上的、身体外的和纯粹精神上的事件。如果按照联结的性质来排列，原始倾向的范围起于变化很小的联结，而止于变化很大的联结；或者起于个体之间差异很小的联结，而止于个体之间差异很大的联结。

前人试图在反射与本能、本能与被称为能力的模糊倾向之间做出明确的划分，并已经做了很多艰苦的工作。其实，更有用和更科学的做法就是避免在思想上进行这种划分，因为，它们之间存在着连续的逐渐变化。

一个原始倾向的成分

一个典型的反射、典型的本能或者典型的能力，就它们的总体而言，都包含对某一情境的感知能力和做出某个特定反应的能力，并在情境和由情境而引起的反应之间存在结合力或联结。例如，一只小鸡一旦觉察到自己的同伴都不见了，就会发出叽叽的叫声。对于同伴不见的感知与所引起的叽叽叫声是如此的有组织。但是，能感知某种情境，而无与之对应的反应，也是一种原始倾向。同样，能自发地做出某种反应，而无须与某一情境建立联结，也是一种原始倾向。就原始倾向而言，3岁孩子对身边有没有人或身边人的行为是相当敏感的，但是对此做出的反应性质却大不相同。哭是一种非常强烈的原始倾向，但是，没有一个确定的情境与它有专门的结合力。

本性似乎更多地规定个体必将会对某一个特定的情境多少做出些反应，而较少确定个体将会做出什么样的反应；只能较多地规定个体经常做出什么反应，而较少地确定个体什么时候做出这样的反应。所以，为了方便起见，当提到人类不学而能的禀赋时，这种对于同一种情境而做出不同的反应、同一反应又起因于不同的情境的现象，应该作为事实来看待。

但是，我们千万不要以为，一个情境在感觉神经元上引起一个反应的效果实际上是不可预料的。例如，两岁大的孩子看到狗，有的做出哭泣的行为，有的胆怯和退缩，有的十分欢快，有的却好奇地观察着狗。虽然每个小孩的反应不同，但是，每次激活的都是相同的神经元。相反的是，对于相同的器官，相同的神经元活动产生相同的结果——也就是说对于同一个个体，相同的情境会产生相同的结果。如果最初个体的感受性没有与某一特定的反应形成联结，那么，相同的诱因可能产生不同的结果。这可以从两方面做出解释。首先，所谓相同的情境实际上可能是不同的。比如说，如果儿童是在母亲的怀抱里看到了狗，那么这与儿童自己独自在门口看到狗的情境是不同的。在母亲的怀抱中是情境的一部分，在这种情境下，儿童有可能对狗产生好奇感；而独自看到狗则会使儿童产生恐惧感。其次，即使情境真的是相同的，那对于不同状态时的个体来说也可能是不同的。一个健康的、精力充沛的、安静的儿童看 7
到了狗，他的反应可能是对小狗感到好奇；可是，如果小孩在生病、疲劳或者在紧张急躁的时候看到狗，他的反应可能是害怕。

同理，同一个生命体对于不同的情境永远不会做出完全相同的反应。有时你会看到在不同的情境中居然发生了相同的反应，可是，如果你仔细观察，就会发现它们之间的区别。或者假如情境不同，而且反应的成分也毫无区别，但生命体自身实际上却已经发生了变化。例如，虽然见到“一个球”、“一个锡制的士兵玩具”与见到“一个拨浪鼓”都会激活“伸手抓”的反应，但三种反应在整体上是不同的，中枢神经系统里激活了显示三种不同感知印象（一个是球、一个是士兵玩具、一个是拨浪鼓）的三种不同反应。再如，如果手里拿着球、拿着士兵玩具或拿着拨浪鼓（三种不同的情境）都激活了“抛掷”反应，这是因为三种情境的共同成分具有决定激发抛掷反应的效力。再比如，一个孩子以前在挨打受骂时才哭，而现在对他说话他都哭，这是因为他现在疲惫了、激动了，或者发生了其他变化。

情境与反应之间的原始联结并不是偶然发生的，一定是由于许多弱小势力的相互作用，使在同一感觉神经元或感受器上产生的神经流（current of conduction）因机缘不同而产生不同效力的反应，而且可能也会使完全不同的感觉刺激聚合为一个大体相同的反应。

唯一可做的是用几个有效的抽象模式来想象人的反射、本能和能力的原始机制。或许最方便的是用 S—R（即情境与反应）的三种联结模式。第一种类型是 S_1（情境$_1$）导致 R_1（反应$_1$），它们是特定的联结系
列。第二种类型是 S_1 导致 R_1 或 R_2 或 R_3 或 R_4 或 R_5 等，导致哪种反应取 8
决于情境$_1$ 中非常微弱和偶然的因素（s_1、s_2、s_3 等）。第三种类型是 S_1 导致 $R+r_1$，S_2 导致 $R+r_2$，S_3 导致 $R+r_3$，等等，这里的 r_1、r_2 和 r_3 等表示较弱的反应。

具体模式由下面的图 1—1、图 1—2 和图 1—3 来表示。

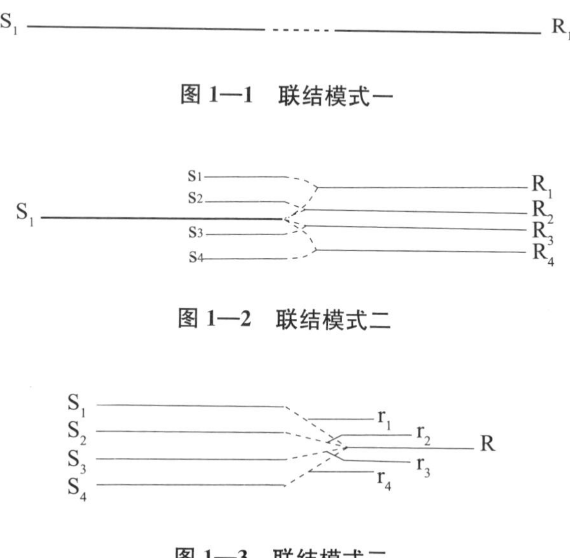

图 1—1 联结模式一

图 1—2 联结模式二

图 1—3 联结模式三

这种倾向模式除了可以确定何种情境决定产生何种反应之外，还可以确定在原始倾向模式上，任何情境与反应之间的联结势必存在的某些共同特征。例如，人的原始倾向具有这样的特征，当情境与反应之间的联结一经建立，且在其他条件不变时，这个联结就能够保持下来。原始倾向还具有这样的共同特征：有准备的联结容易建立，或有准备的反应容易被激活；而没有准备的联结难以建立，或没有准备的反应不易被激活。这些原始倾向在所有联结或反应中表现出来的或尚未表现出来的特征，将在适当的时候由它们自己验证。

9

原始倾向的活动

我们可以设想人的一生已经被安排好了，而原始倾向能够各自独立地被唤出来表演。现在假定这样的人生活在下列情境之下：光线的强度增强五倍、鼻烟吹进他的鼻子、有朋友走过来、发生了地震。那么，他就会做出下面一系列反应：瞳孔收缩，继而打喷嚏，继而微笑，继而惊跳。

然而，各种原始倾向是很少单个起作用的。没有经过学习的生活是不会排成这样简单的次序的：一方面使数百个情境一一排列，另一方面使数百个反应一一排列来应对这些情境。相反，这些情境和反应形成多种组合，并通过行为表现出来。例如：儿童看到一个移动的发光物体、伸手去捉一个小物件、面对熟悉的笑脸做出微笑，这三个原始倾向联合起来就形成了儿童笑着注视他爸爸晃动的手表并伸手去捉的行为。也就是说，这些刺激和反应的组合可能发生在观察不到的神经系统内。例如，当一个大型动物突然出现在单个儿童面前时，他会做出跑和躲藏的反应。但有的时候，如果眼前出现了一个动物、突然出现一个无端接近的物体，儿童也有可能不做出跑或躲藏的反应。

面对已知情境没有绝对正确的反应与之对应，而是要么做出一个整
体的反应，要么一个反应都没有，这也是事实。情境的效力本是构成它
的元素的整体效力。对反应起决定作用的有时是这个元素，有时是另一
个元素，这要取决于个体内外合力的作用。移人本性的情景起作用的方 10
式并不像数千把钥匙、每把钥匙只能打开一把锁而别无他用那样。任何
一个情境都是复杂的，并产生复杂的效应。因此，当伴随的情境改变
时，效应也发生变化。所以只能说，在任何情况下，个体做出的反应都
是他能够做出的反应。

11

第二章 人类本能和能力的禀赋

我不想把人类的原始倾向或本能一一列举出来，更不想对每一种本能进行详细的描述。许多人类的原始倾向，例如，摄食本能与学校教育无甚关联。有些本能，除了我们日常观察到的，科学的解释也很有限。例如：对流水、风、雷声、陌生人的反应，对突然出现的野兽、黑夜、各种敲击响声的反应，对把持、束缚和栖息之所、滑腻的爬行之物如蛇、脓血、死亡动物内脏之类的反应，知之不详，不宜作为教育的基础。

本章的内容有二：第一，列举并介绍一些教育可以利用的人类非习得性的原始倾向；第二，一些本能，诸如好斗、乌合、残忍、好奇、建筑、游戏等本是一些司空见惯的事实，经过详细的论述，或许能帮助我们养成精细的习惯，并获得更丰富的认识而不是空泛的条目。事事须看本能的反应如何，以及与之相联的情境如何。

感知能力

在某种情境下，人的反应最初只引起第一个感知神经元的具体变
12 化，但由此又导致其他一些神经元的具体变化。例如，当某物质作用于鼻黏膜时，该情境会对人产生影响，但是，当用手指接触该物质时却没有这种影响。此物在鼻、手都会产生一般的压力和热的吸收以及其他种种影响。但是，此物作用于鼻黏膜却会产生特殊的效果，尤其值得注意的是，它会激活某种神经元，使人产生嗅觉。最为人们所熟悉的感知本能就是视网膜上的视锥细胞能够感受450兆赫至750兆赫的光波，但却不能感知350兆赫以下的光波（即红外线）。同样，人能感知30赫兹至

20 000 赫兹的声波，但却不能感知 50 000 赫兹及 50 000 赫兹以上的声波。其他的原始倾向依赖这些本能才能对某种情境做出反应。但是，这种情境并不仅仅是一块石头、一滴水或者一株马铃薯。没有这种感知性、印象性或者可接受性，就不会有注意、趋避和其他原始的智慧与品性。

前面所说的是一个经过训练的成人在刺激作用于感觉器官时所引起的神经元活动。但是，切不要以为，人原本就能对这种刺激产生这种反应。人原始的感觉能力和最后形成的感觉能力是不同的。对于按一定速度运动的以太、音叉所形成的声波、在舌尖上的一滴饱和生理盐水，凡此种种，依照人的原始联结所产生的意识状态与受过训练的心理分析学家对此的反应很可能是不一样的。心理学家能感受到世界的色相，并一一加以注意，但并不能把后天联结所形成的效果一一排除。相反，他们 13
之所以能分析，正是因为他们后天形成了新的联结。人最初只能把基音听成泛音，经过训练后，它就能够被单独地或者从复合音中听出来，这是由一般的分类形成的。声音的分类就是刺激中的一部分与原本没有的、经过训练后所形成的意识反应的联结。这种联结不是原始的联结。原始的感知能力不能给我们清楚的声音、色彩、压力和温度的逐渐变化。只有长期的经验能够教会我们如此地感知这个世界。如果想知道不通过后天的训练，个体是如何感知这个世界的，就必须除去那些个体亲知之外的事物、特性和关系。这些都是从一片混沌粗糙的感觉中经过训练而分析得到的。要在成年心理学家的经验中举几个例子，似乎只能看当他屏住呼吸时、胃病发作时、发痒时、作呕时是如何感觉的，而不能看他如何感受一个黑点、如何感受 100 赫兹音叉的声音或者一条色带的光。

实际上，对于教育的理论和实践来说，考察人类原始感觉所不能及的事物往往比考察它所能及的事物更有教育意义。成年的读者能够对“dead”和“bead”作出区分，而儿童最初却不能把这两个词区分开；乘号对于那些不会乘法、不会数数的人的意义与我们理解的意义是不同的；最初人们不能分辨和声中不同的音色：这些从感知能力测量中得到的事实是学生教育最有意义的结果。这就如同一位音乐家能够听懂他最

初听不懂的交响乐、一位品茶专家能够品尝他原来不能品尝的不同味道
14 一样。正因如此，在阅读、数学和地理学方面的训练能让小学生阅读字母、单词，识别几何图形、数量、地图、照片和标本。也正因如此，儿童的早期教育改变了他们最初对不同振幅的光、声音和温度的认识。

原始的注意

在人类个体最初所能感知的情境中，有些情境能够引起个体产生感觉之上的格外反应（尤其是他的一些感觉器官和中央神经系统对这样的情境较为敏感），我们将其称为对该情境的注意反应。例如，当一个色彩鲜艳的物体在视野中移过时，人们就会把头和眼睛转向该物体，从而更近距离地或更清楚地感知该物体。至于何种事物能够引起人们的注意，则因个体性别和年龄的不同而不同。但是，能够引起人原始注意的事物大致遵循如下规律：（1）突然发生变化或对比强烈的物体；（2）引起人的第一原始反应是诸如逃避、追逐、拒绝和玩耍等的情境。

正如以下几章所述，人类个体最初对很多情境具有用目探视、用手操作、好奇和试验等原始反应倾向。他们注意的范围非常广泛，除了猴子没有其他动物能及，当然猴子也不能与人相等。早期婴儿在清醒的时候，他的大部分时间都被用来观察周围的动静。当他有了伸手拿和抓的能力后，凡是他能够移动的东西他都要考察。当他能够行走后，凡是他能够接触到的东西他都无不注意，除非那些东西不能被他操作或无法试
15 验。同时，他的感觉器官已经准备好了，与此相联系的神经元也差不多准备好了。因此，他自己身上的各部分，以及他自己或周围人所发出的声音都能从原来一片混沌的情境中被分辨出来。类似的色彩、声音和触觉都可以刺激他。

我们几乎可以断定，人的原始注意是无所不及的，除非这件事物已无新奇之感。然而，原始注意又有它力不能及的事物。这表明它是许多具体原始倾向的总和，而不是指向任何事物的一般能力。例如，人不能注意到嗅觉上的细微变化，在原来的嗅觉情境中加入其他微量气味，人也觉察不出来。可是，许多其他哺乳动物却精于此道。

粗糙的身体控制

许多身体动作，诸如抬头、坐、站立、走路、跑、弯腰、跳上、跳下、跳跃、蹲下、躺下、翻身、攀爬、躲避、弯腰捡东西、挺身、平衡、抓住、推开、踢、拉，以及其他与灵长类动物所共有的动作，如改变位置、行走、搬动巨大物体等，这些动作是后天习得的还是先天就会的？人们的观点各不相同，但都能援引名人的意见。

在我看来，在此类动作上，后天训练的作用极微。与其把此类动作归入打网球、跳舞或游泳等后天习得的动作之列，不如把它们归入呼吸、眨眼或吸吮等先天动作之列。婴儿学习走路就是一个很有说服力的例子。在文明人的家庭中，婴儿似乎需要学习走路，或者需要有人教孩子走路。这种现象已经有人证明是虚假的。[①] 婴儿的尝试和进步并非是在养成走路的习惯，而是本能发育的表现。父母的教导并没有为婴儿创造出一种倾向，而仅仅是刺激他或者奖励他而已。

需要人们谨记的是，个体随发育逐渐表现出来的能力和最初表现出来的能力不完善与不需要学习并不矛盾。个体原始倾向的逐渐“完善”有时需要训练和教导，有时仅仅依靠内在的发育。例如，小鸡见一块东西被投掷过来，做出逃跑、匍匐并发出叽叽叫声的反应，这不是学会的，而是逐渐发育所形成的反应。公鸡好斗的反应也不是学会的。最初它的好斗行为也非常的“不完善”。对它们的好斗行为进行追踪观察，就能够发现它们的好斗行为是逐渐“完善”的，直至后来 16
的行为和最初的行为完全不同了。（例如，两只小公鸡出生才 6 天，就会突然无端冲斗在一起，对峙一段时间后，就各做各的去了。）原始倾向发展的一般规律都是这样，由最初的“不完善”逐渐发展到“完善”，而无一例外。

因此，我断定儿童获得上述与控制自己身体相联结的动作，如同生活在森林中的哺乳动物通常在危机时刻所做出的反应一样，主要是由原

① 例如，参见 Kirkpatrick（1903），pp. 79 - 81；Trettien（1900），p. 42；Woodworth（1903），p. 315。

始倾向的内部发展决定的。① 可是这种决定作用究竟有多大，我不好说。我不能断言，人类或所有哺乳动物即使没有后天的经验也能够很好地控制自己的身体，或者说上述所列举的所有原始身体动作都如同走路一样是原始倾向发展的结果。但是，那种认为行为的发展统统来自训
17 练、成功体验和模仿的观点，或者说那些模糊不定的“素质”的促进作用微不足道的观点似乎是站不住脚的。因为这样的观点很难解释我在儿童身上观察到的因果联系。相反，却可以相信，在“素质”发展为行走的过程中，绊倒、摔倒和迷失方向等所带来的疼痛的帮助作用是非常小的，而且与模仿毫无关系。

求食、自卫和愤怒

关于求食、栖居、恐惧、争斗和愤怒等原始倾向，这里只简要介绍其中的一部分。

获得与占有——儿童面对任何物体，只要它不太大，而且能够引起儿童的注意，同时又不会使儿童感到害怕和厌恶，这时儿童的原始反应就是去接近这个物体。如果能够伸手抓到这个物体，儿童就会将其抓住。当物体被儿童抓住而被他占有后，就会激活儿童将物体放到嘴里的反应，或者用手玩弄这个物体，或者这两种反应兼而有之。当他见到有人走近该物体，或者为此物着忙时，他的占有倾向就会明显增强。抵抗的反应是又拉又扭，或者把人（或物体）推开。当儿童已经向他注意的物体走去，但却不能接近这个物体，或者想要抓住它而没有抓到时，就会惹起他的懊恼，其反应更为强烈，其神经活动又引起一种情绪，这就是欲望的雏形。

假设“一个人或动物要夺取儿童刚获为已有并拿在手里或放在身边
18 的物体”，面对这种情境，儿童所做出的行为反应是紧握物体，同时叫喊并推、打抢夺者。与这些反应平行的神经反应就是原始的愤怒情绪。

逐猎——不难证明人的一种本性，即不知是什么原因引起的我们有理由称之为逐猎的本能。但是究竟什么是逐猎本能却很难弄清楚。例

① 如果这是事实的话，那么，习惯上在育婴室内所设置的那些招惹婴儿注意的刺激物就是没用的，甚至是有害的。做母亲的处处戒备而不让孩子冒险行走的做法也是错误的。

如，詹姆斯（James，1893）对逐猎的假设不论正确与否都是令人生疑的：“人们对所有大大小小活着的野兽，对那些我们认为对自己有恶意的人，以及用许多我们不喜欢的表情、步态或情境蛮横冒犯我们的人，都会做出逐猎反应。”相反，正如施奈德（Schneider）所坚持的：有像掏鸟窝这样如此专业化的原始倾向吗？有这样的假设吗？那么，在一个事例中究竟是什么可以归结为逐猎本能呢，是情境还是反应呢？

我的观点如下：

对于正在逃跑的小动物、人，尤其是饥饿的人，即使没有受过训练，也会去追逐这个小东西。当越来越接近这个小动物的时候，人会很高兴。如果向前一扑就能够抓到它，人就会做出扑捉的动作，抓住这个小动物；如果没抓到，就会感到懊恼。当人抓到了这个动物后（除非它滑腻、扎人或能引起人的不良反应），人们就会观察、摆弄和肢解它。如果动物大小适中，外表的样子不令人讨厌，人一般就会做出上述反应。为了抓住它，人还有可能朝它投掷物体，把它逼到死角、窒息它或者把它打伤，直到完全制服它，人们就会发出胜利的叫喊。

我认为，所获猎物无论大小，人都有把猎物带给熟人的倾向。

小心、接近、打斗、逃跑或者自卫的反应与逐猎反应相结合所构成 19
的种种行为，要视野兽的大小、讨厌程度以及被抓住以后的挣扎情况而定。

在文明生活的条件下，人类的这种原始倾向并不能带来多少食物，反而带来很多麻烦。现在，由于没有野生动物可追捕、捕获、折磨、降伏或杀死，所以，家里的宠物、年幼和胆小的孩子，乃至家里的阿姨、家庭女教师或者年轻的女佣人，只要她们足够柔顺，都会激活年轻人的逐猎本能。沉迷于逐猎嗜好的年长者花费大量的时间和财力用于打猎，或者在追逼清教徒、废奴主义者、犹太人、华人、破坏罢工者、预言家甚至没有反抗能力的女权主义者等异己分子上大显男子汉的气概。挑逗、欺凌、残忍等这些品性都是由被假设为给自己和家人带来食物的部分本能所导致的：这些原本是人类自己获得食物的本能，现在已经变成如此奢侈的享乐甚至是一种罪恶。

其他可能的特殊倾向——寻找个别物体为食，并用特有的动作捕获猎物，这种倾向可能是人类天生具有的。因此，施奈德（1882）认为，鸟窝和鸟蛋对人来说具有特殊的特征，能够吸引人的注意去掏鸟窝。然而，阿克（Acher，1910）却认为，像扔石头、用棒子打东西、用利器切割等动作都是个体后天习得的结果。现在人们都意识到人类有一种特殊的本能，就是把手指伸到细缝中去，把藏身于此的小动物抠出来！当前有证据表明，把小东西给年幼的儿童看或者扔给他，他就很高兴地抓
20 住并放到嘴里尝尝，如果不是这样给他的，他就很少这么高兴。他吃自己获得的食物要比吃别人喂给他的食物更高兴。

搜集和贮藏——人有一种盲目的原始倾向，就是把能够引起自己注意的、能拿得动的物体都带回自己的住所，并且因随时能够看到这些东西、把玩这些东西而感到很满足。这种原始倾向最终形成了人类搜集和贮藏对个体有好处的物品的习惯。只有当占有的东西使自己感到烦恼的时候，人才会放弃一些物品。因此，像钱币、石子、线绳、贝壳、雪茄标签、邮票等能用来交换、便于携带、对人们一直有吸引力并有游戏功能的物品成为人们喜欢搜集的物品。下面是人类贮藏本能的一些例子，例如，对于一些明明自己不喜欢的东西，或者明知道这些东西堆放起来没有任何意义，但是还是有把这些东西收集起来的欲望。甚至有人会从自己的厨房里偷出一些器皿贮藏起来，然后再买新的厨房用品！

恐惧——我们称之为恐惧情绪的内心烦扰，以及与之伴随的逃跑、蜷缩、紧握双手、惊跳、发抖、持续惊呆、尖叫、蒙住眼睛、张大嘴和眼睛、伴随心跳加速的暂时怔愣、呼吸困难和脸色发白、出汗和汗毛直立等，似乎是人对诸如突然听到大的声响、被抓、遇到突然出现的陌生物体、听到雷声和看到闪电、孤独和黑暗等情境的固有（部分来自训练）反应。

由于在人们称之为本能的恐惧情绪中，反应和激活这些反应的情境
21 纠缠在一起，且种类繁多。因此，为了阐述人类本性，应该具体说明是哪种反应与哪种情境相联结，以及二者之间的联结强度如何。然而，这项工作至今无人去做，甚至无人尝试做这方面的工作。

关于恐惧情绪，可以有如下的描述：有危险的陌生人或动物接近我们、闪电雷鸣、看到爬虫、黑暗降临、一人独处，或者看到黑暗的角

落、老鼠、蜘蛛或其他令人毛骨悚然的东西，突然听到声响，突然碰触或抓到某个东西，会使人产生一种无法言说的不安感，并做出逃跑、蜷缩、尖叫、紧紧抓住周围的物体和颤抖等反应。然而，研究人类本性的科学不能停留在或满足于对这些原始本性表面现象的描述上。确切地说，科学要知道每种情境中各成分的效果究竟如何。事实上，一个人不论是对不安、心悸和主观恐惧的反应，还是在朝敌人开枪、逃跑或躲藏时的情绪，都有很大的区别。在理论上，这些情境都包含一种无法区分的模糊的恐惧，之后产生各种不同的行为方式，当情境不变时，最为恰当的反应方式就是做出相同的反应。对于反应，我们应该研究恐惧中反应行为的具体细节，前面也提到，到目前为止我们还缺少这方面的知识，有可能我们一直无法探究清楚。

要想了解这种关系可以再举一个例子。我们试自问，各种不同的情境是否都会引起同样的恐惧反应，各种反应的程度是否都相同。如果是这样的话，动物反应的种种不同就只能由它当时的生理状况决定了。但当然不是这样的。一个猛兽快速接近所引起的恐惧与雷声闪电所引起的恐惧是不同的。个体看到猛兽更可能做出跑的反应，而不是躲藏。个体面对雷声闪电做出的反应正好相反。同样，反应的强度也是不同的。通 22
过改变刺激，可以改变儿童惊跳反应的强度，能使儿童做出基本上察觉不到的从蜷缩到抽搐的反应。这令人怀疑是不是陌生程度和突然程度决定反应的强度。

对单身一人时、听到巨响时、看到吓人场景时、看到野兽快速接近时、抓到黏湿的爬虫时的反应进行比较。在我看来，当个体独自一人时，紧抱和躲避反应应该很少，虽然有的时候，一个人可能太害怕了，于是紧紧抱住大树或者紧紧抱住自己。令人害怕的声响很少触发扭头和遮住眼睛的反应，但是令人害怕的景象却会让人做出这样的反应。当看到野兽快速接近时，如果它距离十多米，个体常做出扭头逃跑的反应，很少有向后一跳的。然而当突然遇到野兽，并且野兽只距离 1 米左右时，个体才会做出向后跳的反应；或者个体在黑暗中被抓住，这时候他也会做出向后跳的反应。

对人类行为无偏见的观察可知，人类的一种神奇的意识状态“恐惧”是由危险引起的，会使人产生逃跑和其他的一些反应，与逐猎时候的反应是不同的。当大型野兽突然快速靠近时会激活个体本能地转身、逃跑、寻找隐蔽场所的反应，没有其他多余的反应。如果有野兽扑过来，或者被野兽抓住，个体会本能地做出躲避、扭转身体的反应，这些反应的做出不会受到内心恐惧的影响。

23 **争斗**（fighting）——争斗的倾向无疑是人与生俱来的本性。发生争斗的情境、反应以及它们之间的联结表现如下：

（1）当人遇到“自己身体结构所赋予的运动受到束缚”的情境时，小一点的儿童的本能反应就是身体发僵、扭动、头和肩部向后倒，年长一点的儿童会做出踢、推、拍、抓、咬等动作。这种倾向如果存在，可以称之为**“摆脱束缚”**的本能。

（2）另一种情境与前一种情境相似，不同的是障碍物被弄到或推到道路上。遇到这种情境，个体做出的反应是：躲闪、用手或者身体将物体推开、收缩身体、牵拉、拍、踢、咬物体等（当然，后三种反应不常见）。这种本能可以称为**“战胜移动物体”**的本能。

能够科学观察儿童行为的父母会承认这两种倾向是不学而能的。我认为，如果仔细观察的话，会发现这两种本能完全不同，而且与下文所描述的愤怒争斗情形也不同。在上述两种情境中，束缚和障碍一旦排除，愤怒的行为就会停止，而且不会再发生更激烈的行为反应。然而在其他一些情境中，虽然个体反应的目的已经达到，但愤怒仍然不止，并有可能引发逐猎本能、欺辱、凌虐和残暴。

（3）当个体遇到“被抓、被打、被追逐或被咬”的情境，而且个体又逃避不得，或者逃避反应因某种原因而被抑制时，个体就会做出争斗动作或者因受到惊吓而身体僵木。当个体做出争斗动作时，他所做出的所有复杂反应称为**“反击”**本能。

24 我认为，就攻击引起反击的具体情境而言，个体一定会做出具体的反击反应。如果 A 扭住 B，试图摔倒 B 或者咬 B，那么 B 的本能反应就是将 A 推开或者把 A 摔倒，而不一定打 A 或者咬 A。如果 A 冲着 B 又打、又抓、又踢，依照原始本性，B 更有可能打 A 或踢 A，而不大可能将 A 推开或者把 A 摔倒。我认为，现代体育运动项目中，拳击和摔跤两者的区别有着原始本性的基础。拳击是从原始的“拍、抓、打”等动作中提炼出来的（用词可能不是很准确），摔跤是从“推、拉、摔、跳跃”等动作中提炼出来的。当 A 和 B 两个人都摔倒在地上，最有效的反应就是力图骑在对方的身上。倘若 A 被 B 摔倒了，依照人的本性，让 B 感到满足的就是骑在 A 的身上，或者得意洋洋地站在他（或者它）的身旁。如果 A 是人而非动物，则只有当 A 做出投降的姿势时，B 才能得到最后的满足。当遇到“有物体朝头部飞过来”的情境时，许多其他专业化了的原始倾向会表现出来，诸如将身上的武器抽出来，低头、抬手、弯胳膊挥向飞来的物体，表现出一系列打斗的动作。

（4）对“身体突然感到疼痛”的情境所做出的反应是顺手打击任何在手边移动的物体。这可称为**“对疼痛的非理性反应”**本能。这种人们在日常生活中常有的事实，可能被误认为是后天养成的习惯，是从类化中得来的。但是我却认为，这正显现了人类本性的模糊性，即不完善的适应性的一个真实又恰当的例子。所以，只有完整地阐述本性才是正确的。一个消化不良的孩子打摇晃他想让他睡觉的妈妈（如果不摇晃，他可能更吵闹），或者佣人抬起主人患痛风的脚反而遭仁慈主人的打。在 25
这两个事例中，母子和主仆之间所形成的关系是相当牢固的，但是，这种后天形成的牢固习惯反应却被因疼痛而引发的类似的习惯反应（即**对疼痛的非理性反应**）所战胜。事实上，在这种事例中，把后者看成一种后天习得的习惯仅仅是一种推测。

（5）“两个同类动物相遇时谁也不服谁”，面对这种情境，男人的第一反应就是恐吓对方，或者把对方挤开。如果对方没有屈服，则另一方要么表示屈服，要么采取攻击行为。只有某一方在某方面表现出屈服，对峙才会停止。这种原始倾向称为**“竞争中的争斗”**本能。

（6）“向异性求爱时有同性在场”，面对这种情境，男人倾向于对干扰者做出恐吓或攻击行为，直至干扰者被驱赶走或者自己逃掉。

（7）除了上述本能之外，不论是从专业化倾向发展起来的习惯，还是相当原始而模糊的倾向，面对下列情境都会有下列行为发生：

个体的一种本能反应长时间受到阻挠，尤其是个体对这种阻挠的事物做出推、踢、打等一组反应之后，阻挠仍然存在。面对这种情境，个体就会持续做出攻击行为直至情境发生改变，诸如实现自我满足的原始动作、逐猎、毁坏和获胜，或者阻挠之物自己逃掉。

愤怒和争斗行为显然是令人适意的。而引起这些行为的情境，有些当然是很不令人适意的。适意的反应足以使人寻求那一类适意的情境而
26 不肯回避。通常所谓愤怒后的苦恼，只不过是愤怒后的羞愧或忧恨，自知按理不应该有此前的行为，或者是发怒时的冲动所致。

27

第三章
人类本能和能力的禀赋（续）

如同男人为了求食和安全而抗争的本能一样，人际交往和群体制度无疑根深蒂固地源于人的本性。首先，重中之重的是，社会联系和社会形态的基础是母亲对子女的原始行为。

母亲的行为

所有的妇女，从生到死，都具有对人类婴儿的原始关爱。婴孩和儿童出自本能的眼神、呼唤、姿态和哭声都能唤起女性的关注。她们会因孩子发出的咯咯声、微笑和温柔亲切的姿态而感到欣慰，又会对孩子发出的疼痛、悲伤或痛苦的信号做出本能的慰抚动作。这些原始的倾向，或因残暴的习性而毁灭，或被日益增长的竞争习惯所淹没，或因缺少练习而减弱，但是，它们无一不来自人类的本性，这是不争的事实。

女性的性情与生活随着怀孕和生育而改变后，这些原始倾向获得了新的能量和特殊的表现。对于生育了孩子的妇女来说，把孩子给她看看、抱抱、喂喂奶可能是她生命中的最大满足，失去子女则会引起她的极度悲伤。对于生育了子女的母亲来说，她所看、所抱、所养育的孩子有时因饥饿、疼痛或患病而哭，因受惊吓而惊觉，因害怕而惊叫，或者因舒服而微笑，因游戏而发出呜啊声和咯咯声，这些情境对女性的吸引 28
力是最强的。当孩子哭泣的时候，她会搂抱这个孩子；当孩子微笑的时候，她也会微笑，不断地爱抚孩子，与孩子低声交谈。儿童看到人脸时会追随人脸，舒服的时候会做出依偎行为，害怕的时候会做出恐惧行为。母亲把儿童的这些行为都看成是儿童情感的表现。当孩子的目光朝向某一个物体时，母亲也会向那个物体看去，分享孩子对这个物体的兴趣。儿童每次发出快乐、悲伤或者疼痛的信号，母亲都会做出最快的反应。总之，母性的原始本性是使母亲做出上述行为的最初动力和核心力量。

这一系列情境和反应构成了母性本能的典型形态。即使原始情境变得复杂和畸形，但是，与其他所有原始倾向一样，母性本能总会以某种行动表现出来。生育了子女，固然会使母性的爱表现得异常强烈，但生育并不是母性本能表现的必要条件。单是怀抱和抚养也能引起妇女的一系列母性行为。同理，给孩子哺乳会使母性行为表现得异常强烈。但是，即使无乳可哺，也会引发妇女的母性行为。所以，没有生育过子女的妇女，虽然没有照顾新生儿的经历，但同样会对收养的孩子给予母性的关怀。

按照以往的成见，男人（不论其长幼）对婴儿似乎没有什么本能的善意。这未免有些言过其实。男人对孩子的原始倾向确实没有女人那么强烈，而且对婴儿的反应也与女性不同。男人抱孩子和带孩子的专业行为倾向非常差劲儿（当婴儿扑进男人的怀抱时，男人表现出众所周知的苦恼和拙笨，这与女性的“让我来抱抱他”的本能的托住孩子屁股的经典动作形成了鲜明的对比）。而且男人没有对婴儿的爱抚，也不能跟婴儿咿咿呀呀地闲聊。由于缺乏生育和分泌乳汁等内部变化所引起的激
29 励，所以，他们对婴儿的反应和母亲不一样。在我看来，男人对年幼儿童的原始行为倾向包括：给孩子一小块食物，并看着他吃下去；保护儿童不受野兽的袭击；对于儿童做出的有力动作给予肯定性的微笑。

男性对儿童非常粗心和不温柔，其他雄性动物也是如此。这并不是因为男性缺少慈爱，而是由于他们具有与母性本能相反的逐猎本能。在逐猎本能上，男性比女性强烈；而在母性本能上，女性比男性强烈。

在他人面前的反应、对他人赞许和轻视的反应

合群性（gregariousness）——当没有他人在身边的时候，人会感到不舒服；当有他人出现时，人会感到很满足。基德（Kidd）曾经举过

卡菲尔儿童的例子，说明了人类的这一特点。在游戏和工作中也是如此。“这非常像为群居的伙伴关系而具有的纯粹的动物之爱。”

当一个伙伴出现时，他所带来的满足不仅仅是因为在伙伴的帮助下可以做很多想做的事情，而是因为有人在自己身边。成为群体中的一员会使个体产生一种本能性的愉快，而不管这是否会给个体带来特殊的利益。麦克杜格尔（McDougall）和詹姆斯都曾注重这种倾向如何影响娱乐。

麦克杜格尔指出：“在文明社会，我们到处可见这种本能的效用。除极个别文雅的人外，一般有良好教养的人，必不可少的娱乐活动就是使自己成为人群中的一员。在我的家乡，最常见的日常休闲方式就是人
们每天晚上到热闹的街道上走来走去。人群最为密集的就是海滨路、牛 30
津路或老肯特路。有时候，只要有一些事情发生，例如，外国王子驾车去火车站或者有市长游艺会，路旁就会人山人海，数小时不绝。在他们为数不多的较短的假期中，很多工人也要离开居住的地方，到有很多和他们一样的人的度假胜地去。在半休日，上千人前去看板球或者足球比赛，也是同一本能在起作用。”（1908，p. 86）

进行宗教礼拜、参加学校组织、年轻女性喜欢去工厂工作而不喜欢在家中做家务，以及大多数人类的活动都是受合群性本能驱使的。

注意他人（responses of attention to human beings）——人对他人的行为有一种特殊的原始兴趣倾向。毫无疑问，婴儿时期儿童对人的注意是因为人与狗、机器玩具、树上的叶子等都能做出各种各样的动作。当然也不全因如此。否则，婴儿从其他事物中辨认出人的相貌来就不会那么早，而且对它的注意也不会那么持久。张伯伦（Chamberlain）毫不夸张地说：“长辈的脸是婴儿最初生命航程的航海图和指南针。”（1900，p. 189）有证据表明男孩和女孩对人脸的反应是不一样的。如果测量男性和女性在智力、道德品质和机械操作方面的兴趣差异，就会发现男性和女性之间存在着显著的差别。因此，必须承认人的行为特征或有特色的具体形式，如笑、哭、闲聊等能够引起儿童的注意，并影响儿童的行为。

引人注意（attention-getting）——凡是对自己没有危害的人，我们

31 总是倾向于走近他、对他做手势、叫他，如果对方不理会我们，我们还会有一丝恼怒。这种倾向时有时无，即使有了这种倾向，也容易被其他倾向抵消。当一个人进入一个已经有人住的房间时，如果那个人对进来的人无动于衷（当然一般在城市里生活的人都不会这样），进来的人就会因此而生气，故意从他身旁走过或者呼唤服务员。可是，如果房间里没有其他人时，进来的人就不会有这种感觉。儿童也常常如此。当然，这样做既不是为了获得别人的嘉许（嘉许是后来获得的意向），也不是所谓的自信或自炫的挑衅行为，而仅仅是为了获得他人对自己的注意。

对赞许和轻视行为的反应（responses to approving and to scornful behavior）——自己已经对他人做出了谦恭的反应，又从他人那里获得亲切的赞许，例如微笑、拍肩、接纳为同伴等；或者任何一个人对自己有含蓄的赞许，例如对自己有表示敬意的目光：面对这两种情境，自己的原始反应都会是感到极大的满足。可是，如果自己尊敬的长辈对自己没有赞许或拒绝与自己交往，或者他人对自己有藐视、讥笑的表情，自己的原始反应就会是感到不舒服，甚至感到十分苦恼。

读者应该认识到，这种使人感到满足或恼怒的赞许与非赞许行为并非同样性质的行为，后者是因道德评价而引起的。例如，礼拜日圣经学校里的教师看到了小学生的恶作剧行为后可能会眉头一皱。这眉头一皱表达的或者是对这个学生的特别关注，或者认为这是一个不可轻视的对手而略带妒忌，或者是教师暗暗表现出的对这个问题学生的些许崇拜。这个学生有可能将教师的这种表现看成一种赞许。

很早以前达尔文就注意到，如果某人在社会生活中犯了一些小过
32 错，人们就会自然而然地“轻视”他。对众人的这种轻视态度，达尔文觉得有些过分，而且认为众人的态度把握得毫无分寸。除了达尔文，很少有人注意到人类渴望得到他人的赞许，而不能忍受他人的轻视和嘲弄。赞许与非赞许的势力（不论出自在上者还是在下者，只要它有相当的形式）从古至今都是影响社会的约束力之一。例如，在有教养的家庭或学校中，训导孩子遵守家庭和学校的规则，一般来说只靠在上者的赞许即可，这要比严厉的体罚和惩罚有效得多。年轻人服饰上的那些琐碎的时尚，大概也是因为它能吸引人们的注意和赞许。原始人类男女之间

通过衣着来引起异性的注意，现在看来只能算是一个很小的原因。女性的着装打扮显然是为了得到其他女性的赞许。我们在家具、饮食、礼节、道德和宗教中的循规蹈矩也因如此。拿给小费来说，最初也许是出于好心，或经济上的自利，现在当然是习惯成自然。我们在心里何尝不鄙视那些排队的乞讨者，对于那些旁观者我们也明知以后再不会重逢，然而，谁有勇气承受那种轻慢的态度呢？

维布伦（Veblin）曾经对"游闲阶级"[1] 的经济活动作出精当的分析。他说：这些人的生活消费过度，挥霍惊人，有时仆从如云，却一无所用。他们之所以这么挥霍，是因为他们想向别人证明，他们拥有的财产用之不尽，使不能这样挥霍或完全不能挥霍的人对他们另眼相看。由此可见，人类是多么渴望实在的赞许，这算是一个最好的例证。

对他人的赞许和轻视行为（responses by approving and scornful behavior）——他人赞许或轻视我时所产生的满足和恼怒与我对他人赞许
或轻视时他人所产生满足和恼怒一样，都是人的原始本能。我认为，凡 33
是当人们看到有人因饥饿而得食、因害怕而得救时，或者见到五色而炫耀时，或者见到有人本能地显示出勇敢有力、决斗得胜时，或者有其他本能的行为足以令人感动而于观众无害时，人们见到这些行为的本能反应就是笑、目光中流露出敬意或者鼓掌呐喊。同样，当你看到他人一无所有、身有残疾、卑鄙怯懦时，与这些情境相联结的反应就是蹙眉、谩骂、叫喊、嗤笑。一经训练，这些原始反应倾向就变得更加复杂，最后大失原形（这是所有原始倾向必经的情形）。然而，最终形成的行为不能完全归功于教育。

统治的行为和顺从的行为

我认为，人有这样一种原始倾向，即当看到有人注意他，但还没有表现出赞许或顺服的行为时，这个人就会昂起头，稍稍向前，或是猛视对方，或是佯装不见，或者时而猛视对方，时而佯装不见；如果正在做事，会故意加快做事的速度，或显得格外精神抖擞，炫耀自己的活动。

---

[1] 这里所说的"游闲阶级"，与劳动阶级相反，是指那些游手好闲甚至骄奢淫逸的阶层。

如果对方仍在看他，但既不干涉也不讥笑，他就会感到满足。人的另外一种原始倾向是，当他看到了不敢抗议的人时，就会昂起头，注视着对方的眼睛，还有可能推搡对方。人还有一种原始倾向，即当看到对方做出顺服的行为时就会感到很满足。这些原始倾向可以称为“统治他人的倾向”。在男性中这样的行为要比女性多。女性很少做出昂起头、展示力量、推搡对方的行为。女性往往做出一些面部表情或者做一些不显而易见的行为。

当看到对方做出这样的行为时，有些人会做出顺服行为，也就是说
34 会低下头和肩，不敢正视对方，不会做出攻击性行为，肌肉松弛，行为迟缓。而想要统治对方的人则会相应地做出自鸣得意、趾高气扬的行为，以炫耀自己的胜利。当一个人做出顺服行为时，可能会激活统治者对顺服者的保护行为。如果一个人做出反抗行为，昂起头、怒视对方、不让步，或者不愿意成为对方的顺服者，双方就会在目光、手势方面发生冲突，相互叫骂，或者做出攻击行为。正如我们前面对争斗本能的描述一样，直至其中一方屈服了，或者双方都筋疲力尽了，这种攻击行为才会停止。

当身材高大的人、生气的人或者领导者靠近的时候，个体有做出顺服行为的倾向。人在受伤后、生病了或者疲劳的时候，这种倾向就会更为强烈。当对方个子更高大，声音更洪亮，能用目光压制住自己、控制住自己，能把自己打倒但是自己却伤不到对方毫发时，这样的人的确会使自己垂头丧气，身体和心理都充满不安。一般来说，女性有向男性屈服的原始本性。当把顺服行为看成是对刺激的一种本能的反应时，顺服行为就不那么惹人烦恼了，事实上有可能成为让人满意的行为。

受这种本能的影响，每个人与他人之间都存在某种统治与顺从的关系，即使在当前的文明社会里，这种顺从的本能还植根在很多人心中。

在下面这些情境中，如顺从他人、支持和不支持他人、得到支持、受到轻蔑、遭到忽略等，由于当事人的性别不同，个体所做出行为的复
35 杂性也是不同的。情境中他人的性别、成熟度和人数也会影响个体所做出的行为。情境中的一些其他因素，如能激活好奇心、恐惧、愤怒、冲突、逐猎本能、仁慈、性吸引和害羞行为等，也会使个体所做出的行为

更为复杂。例如，我之前对控制性的解释是身体成熟度相同的两个男性在一定情境中所做出的反应，因此这种情境下的行为和其他情境下的是不一样的。这个控制和顺从的例子说明了一个不变的事实，就是各种特定情境与做出的单一反应倾向相结合，构成了个体复杂的行为。因此，这使很多男性乍一看起来像一个有控制欲又顺从的、引人注意又容易受到忽视的、追逐性欲又很坚定的、爱表现又爱害羞的、胆小又自信的、残忍又善良的、不可救药而无法预测的综合体。这使我们对支持、轻蔑、控制欲和顺从行为等倾向的描述看起来很抽象，而事实上，这种倾向就是这样的。

由于篇幅和自身的知识有限，我无法追踪人类交往的复杂性和各种原始倾向的综合效应。我们虽然很相信当前所获得的知识，但是我们当前的知识已经足够了吗？如果知道了某一个特定情境和这个人的信息，我们应该知道在一个特定的情境下，这个人是害羞的还是放纵的，是忽而害羞忽而放纵的——比如他会自我控制，还是会做出求爱行为；他对一个孩子是支持、控制、欺负，还是保护和爱抚。

其他社会性本能

竞争(rivalry) ——毫无疑问，人出生后就有竞争或竞赛的本能。
但是我们需要对竞争本能进行定义，以便把竞争本能与母性本能、争斗 36
或逐猎本能区分开。

竞争的两个核心成分是：当他人也从事这个活动的时候，自己的活动精力会增加，对自己超过他人感到很满足。在生活中，同事或者玩伴可能成为竞争对象，超过对方会使个体感到满足。但是个体最初的目的并不单纯是为了超过对方，而只是在一起工作或者游戏。需要我们认识到的是，首先，竞争只不过是个体的一组有力的反应倾向：当他人想要达成某个目标的时候，能够引起自己也去追求这个目标；当他人在追逐猎物的时候，能够引起自己也去追逐；当他人把东西拽走的时候，自己也能够拽回来；等等。其次，当能够超越他人、得到猎物的时候，个体会感到很满足；被他人击败的时候，会感到很恼怒。

教育之法一开始就是要依据这些特殊的竞争和特殊的满足之间的联

结，而不能依赖什么个体的爱好、模仿、臆想或者优势。欧达尔（Ordahl）博士对动物和人类的竞争本能给出了最好的解释：“有人以为，凡是情境中有超越他人的可能，则人类的本能反应就是竞争。但是根据
37 对事实的观察，这样的情境未必会有。只有当情境能够激活动物的原始倾向时，才有这种竞争的本能反应。”（1908，p. 506）

羡慕和嫉妒的行为（envious and jealous behavior）——当人看到某人（或某事、某物）受到别人一定程度的关注和待遇，而这种关注和待遇又是他本人应该得到的时候，他就会感到气恼，这是人的一种原始倾向。因此，年幼儿童不能容忍母亲拥抱他人，情人不能容忍自己的配偶关注他人，母亲不能容忍自己的子女向别人表达爱和关注。然而，这些使人感到不舒服的嫉妒却没有什么一致的行为特征。可以列出的行为有：打击某物体借以出气，捉住并制住对自己态度不当的人，盛怒，生气，忧愁，悲伤及其他动作。产生嫉妒的最基本原因是看到他人受惠，自己却落后，因而觉得不舒服。

所有权（ownership）——所有权本能是另一种原始倾向。凡是自己正在使用或最近（几分钟内）得到的东西，都不允许他人从自己身边夺走；凡是自己身上或者感官所及之处的东西，他人都不能加以干涉。人们已经把前者列入占有本能之下，对后者则仍有疑虑。完全占有某物的权势，即非常普通的所有权所带来的快乐要比仅仅使用某物所带来的快乐更容易被人干涉或破坏，不论这种干涉或破坏有多么遥远。这种所有权的享乐是后天训练与上述两种原始倾向之一或两种倾向共同作用的结果。

38 **慈爱**（kindliness）——人们凡是遇到下列情境：“一个表现出饥饿的生命，或由恸哭、拖拽、张开双臂求援等类似的动作表现出惊人的或痛苦的行为”，都会引起注意和不舒服。如果情境中没有转而激活逐猎、躲避、争胜等反应的附加条件，就会激活个体的解救反应。

原始慈爱的另一种表现是，当我们看到其他人幸福安康时，就会产生积极的满意之感。即使是天生冷酷的人，如果不是在他盛怒或逐猎的时候，也喜欢看到他人的快乐。他人的快乐就像花朵、阳光和食物一样，使人感到快乐。如果对抗的反应不是特别强烈，就会激活欢迎、微

笑、笑声和分享食物等善良的行为。这种善良行为也不单单是对人而发，儿童经常会把自己的饼干分享给自己的玩具，或者爱抚花朵。正如库利（Cooley）所说："儿童对周围的一切都充满爱意。"（1902，p. 47）然而在普通环境中，只有人类能够接受和做出慈爱行为。

挑逗、凌虐和欺辱（teasing，tormenting and bullying）——除了慈爱之外，挑逗、凌虐和欺辱也是儿童最明显的天性。我断定，它们源自与慈爱相反的玩弄、好奇、逐猎、藐视和支配等原始倾向。玩弄和好奇最容易发展为挑逗。儿童倾向于对人做出各种各样的像对待物体那样的行为，如果人像木头似的保持沉默，那孩子就永远不会让他得到安宁。如果成人对儿童的各种挑逗行为做出拉、戳、打、喊、跑、跳等回应，就自然而然地发展成了游戏。如果成人对孩子的挑逗做出了真生气的反应，儿童就会放弃原来的动作，对该人的所作所为不会再有愉快的兴趣，反而变为争斗、逃避或顺服、哀求。假如成人对孩子的挑逗既没还 39
手也没有惩罚，只是表现出含怒、生气、恫吓（而不至于暴怒）的样子，儿童对成人的挑逗则或会停止，或会继续，或会加强，这取决于儿童已有的经验和当时的心境。看到儿童的这种行为，就可以将其称为挑逗或凌虐。如果受儿童挑逗或凌虐的人是一个不能够或不愿意报复孩子的人，那么在这种情况下，天性卑鄙和残忍的儿童必然养成欺辱人的习惯。

当一个人的逐猎反应被另一个同类人激活（有时是被单独激活，有时是与希望成为霸主的本能一并激活）时，他们之间则会形成一种特殊的游戏。正如伯克（Burk）所形容的（可作为一个标准）那样："逐猎本能被激活的人会追逐、推倒、按住对方，或用膝盖压住对方，揪他的头发，拧他的耳朵，打他、摇他、用东西砸他，在被制服的对方身旁跳舞、拍手、大笑……洋洋得意。"（1897，p. 228）经过训练，本来像对待猎物或奴隶那样对待敌人的方法多少有些变成了恫吓。面对一个即将被捉住、被撕开吞下的猎物，人的反应是复杂的，反应程度也各不相同。对一个敌手（在他表示顺服之前或顺服之后）也是如此。那些激活他人逐猎和支配反应的人可能是因为不能自卫或不愿意自卫，才引起他人的残暴凌虐。这样的人特别能够引起这样的反应。

驱赶奴隶、贩卖劳工、迫害异己的历史和政府官吏、将领、教皇、学校管理者以及所有掌握权力的人几乎没有一个不滥用职权的现象令人深信，在逐猎本能方面，人和动物没有太大的区别。而且人类还比不上
40 一般的哺乳类动物，因为顺服行为未必能够免除他人的侵犯。母性行为和其他天生的慈爱不能充分预防天性残忍的冲动。因此，对于天性卑鄙残忍的儿童，除非用教育的方法把这一天性破坏掉，否则他一定会做出欺负他人的行为。

模仿

“模仿”一词有很多含义，在使用前必须先加以说明。模仿可以说是使自己做出类似于他人的行为的一种倾向，或者说是使自己的行为结果与他人的行为结果相类似的一种行为倾向，还可以说是把其他人的行为作为自己的行为的楷模或引导影响自己的行为在某种程度上与之相像的一种倾向。他人的行为对自己来说有如下作用：使自己的行为依样仿行，如同声响使他惊跳；或者只引起动作的观念；或者只引起产生类似结果的观念；或者只引起一个普通的观念，而且按照从前的习惯，这个观念能导致同样的动作；或者只产生种种观念，间接地使自己的动作格外地像某个人的动作。其实，按照塔尔德（Tarde）和其他一些社会学家的用法，“模仿”一词没有什么特殊的意义，不过是一个人把他人的现在所为及从前所有的观念、动作、感情重现一次，而不问什么情由。

因此，我们与其空泛地讨论人有没有模仿他人行为的原始倾向，不如分别讨论以下问题：

A1：如果把他人的一切动作呈现在人的感官（主要是视觉）前，那么除去任何训练，能使人产生**同样**的动作吗？

A2：能使人产生**相似**的动作吗？

41 A3：能够产生做出相似动作的**趋向**吗？

A4：如果动作中只有少数动作是出于这种趋向的，这些少数的动作是什么？

B1：如果把他人的身体姿势、发出的声音、面部表情及其他动作呈现于人的感官前，除去任何训练，能使人产生**同样**的姿势、声音和表

情吗?

B2：能得到**相似**的姿势、声音和表情吗?

B3：能够引起做出相似姿势、声音和表情的**趋向**吗?

B4：如果在这些姿势、声音和表情中只有少数出于这种趋向，这些少数的姿势、声音和表情是什么?

普通的模仿

儿童能模仿他看到的姿势和听到的声音，这样的陈述虽然很多，但是，凡是教过婴儿学说话的人们或者教过 5 岁儿童写字、唱歌的人们都不认为儿童有做出与看到的行为**同样**的行为的潜能。对于前文提到的问题 A1 和 B1，答案都是否。儿童的模仿至多像 A2 和 B2 中所描述的那样，儿童只有做出与看到的行为**相似**的行为的一般倾向。

我还没有发现任何证据说明这种倾向是人类的原始倾向。后面我会提到，某些特殊的行为会使旁观者做出相似的行为。但是据我所知，大部分行为不是这样的。想一想让婴儿做出下面动作的难度，例如，让婴 42
儿“挥手说再见”、“唱出童谣《打蛋糕》的第一个词”、“飞吻”或者“把嘴里的东西吐出来”；甚至让他擤鼻涕、清嗓子、漱口都是很困难的事情。坐在婴儿前面，一遍一遍地做把右手放在头上、左手放在右肩膀上的动作。十次有九次他们做的都和你做的不一样，而 20 岁的人则不然。

当然，在许多情境下，他们都做出了相应的行为，有可能渐渐的你也能使他做出这样的行为。他的行为是学习的结果，而不是本能。你的行为和言语都能导致学习的发生。人类教育的过程就是将行为与情境联系起来。因此，通过让他知道这个行为是什么，一个人的行为常常激活另外一个人的相似行为。一个人对他人的影响是最终使他人形成了某种习惯。

库利曾专门对他的孩子进行了观察，希望能够找到本能性模仿的证据。但是，就他的观察，没有发现一个证据能够比用一般行为或者学习才能更好地解释儿童的行为。他敏锐地发现，有一种现象看起来最像模仿，那就是口头要求儿童做出同样的动作，这个方法所得到的结果最可信。而他人的行为只不过是儿童从中形成习惯的第一步。“小女孩 M 有一个小把戏，就是把手放在头上。当她心情好的时候会这么做，或者别人这么做的时候她也这么做，或者别人问她‘你多高啊’的时候她也会这么做。但是，在后一种情境中，她会更便捷地做出这个动作。可是在后一种情境中做出的动作，模仿的成分更少。”（1902，1910，p. 27）

43 由此可见，看到了别人的行为而产生相似的行为不能证明这是一般而原本的事实。声音模仿就是一个例子。有些人认为，儿童看到他人的嘴部动作，或者听到一系列的声音之后，就会做出相同的动作或者发出相同的声音。对于这种假设，我觉得有如下种种不当之处：

首先，总的来说，没有人会相信儿童的语言全部来自直接的模仿。在很多情境下，除了因父母的奖励而学得最好的之外，不管教说话的人如何，学说话的作用不过使儿童产生了许多声音。学者试教刚会说话的婴儿说“猫”、“狗”和“老鼠”这三个词，并把儿童的声音记录下来，结果发现儿童对这三个词的发音很相似。只有在儿童至少会说出 40～50 个单词之后，才能看到貌似直接模仿的现象。

第二个困难在于，不同的儿童，即使是在单声模仿最清楚的被试中，其发音方式也是千差万别的。婴儿听到一个声音后所发出的各种声音远远超过一种发音模式的单一发音潜能，其所发出声音的数量比用各种声音复制习惯发出的牙牙学语声还要多。10 个同龄儿童都模仿 Christmas 的发音，结果他们的发音分别是 kiss、kissus、krismus、mus、kim、Kimus、kiruss、i-us 等诸如“嗨咿”和“呀呀”的声音，而都不像单词的发音。

第三个困难是，有些词的发音是非常难学的，例如“th”的发音，直接模仿是不够的。老师发这个音都需要反复尝试才能碰运气发准，按照示范者的发音学说一个单词，常常是有时满意有时不满意。总之，凡是儿童本能的呀呀声中不包括的声音，都不是只要看到或听到就能学会的。

44 第四个困难是，按照直接模仿的观点，模仿两个或三个音节的单词应该比模仿单音节的词难上两到三倍。而事实上，模仿两个或三个音节的词要比模仿单音节词难上很多倍。反言之，如果学习一个发音必须从婴儿随意的咿呀声中以及以前的习惯发音中选择，那就更困难了。假如儿童能够发出 30 个单音节，如 pa、ga、ta、ma、pi、gi、li、mi 等，当他模仿某个单音节词的发音时，需要从他的 30 个单音中选出一个最相似的来，那概率只有 1/30；如果让他学习两个音节的发音，而且最像，概率只有 1/900。

主张模仿是原始心理倾向的人可能会说，模仿不会像一害怕就闭眼睛、一痛就哭那样机械地复制出所看到的行为。他们只要求有一种趋向、一种可能、一种倾向能产生类似的动作或结果就是了。如果他们执意这么说，那么，前面提出的问题 A3 和 B3 就是非常重要的问题了。

如此说来，见了别人的行为而引发自己做出类似的行为虽然是一种原始的普遍的可能，但是，这种趋向只能使类似行为的发生比依照练习律做出的行为稍微多一些。这种观点现在无法证明，也无法否定，总之是无足轻重的。如果原始的普遍的模仿仅仅是一种可疑的倾向，即见了别人的行为而产生类似的行为只是有时似乎比所希望的稍微多些，那么，它对人的行为的实际影响就很小了。可惜，连这样的痕迹我们也找不到适当的证据，更何况原始的模仿有很多根本性的困难。

所以我认为，正如本章所述，人类原本就有注意他人的举止、动 45
作、姿势、声音和面部表情的倾向。所以，凡是照他人所做的来做，而且每次都得到赞许，就会令人感到满意，这才是对行为实际存在的影响。

特定行为模式的模仿

人类既然没有普遍的原始的模仿本能，那么是否有一些特定的动作、姿势、声音或者面部表情的模仿呢？

对这个问题，麦克杜格尔首先指出，凡是牵涉到如下本能的反应，如果一个人做出来，每个动作对于他人来说就成为一种情境，自然能使旁观者产生同样的反应。这些本能诸如：逃避与恐惧本能，拒绝与厌恶本能，好奇与惊讶本能，好斗与愤怒本能，自卑与顺服本能，自炫与骄傲本能，父母性本能与柔情。

“一个动物的本能行为能使与它同类的动物做出相似行为”，这句话听来让人心动。但是，自然界的动物是否能够如此简单地行事却令人怀疑。在一些情境下，行为的类似不是处处都能确定的，在好斗与愤怒、父母性本能与柔情这两种倾向上就与事实相反。

看到一个人暴怒，或者两个人互相发怒，不会引起旁观者类似的举动和情感，旁观者只会表现出好奇或惊讶，并围而观之，举世所同。其他哺乳类动物也是如此。当麦克杜格尔教授写下“愤怒激起愤怒”的时
46 候，他想到的可能只是 A 对 B 的愤怒行为会激活 B 对 A 的愤怒行为。但是下面的情况却不是这样：A 从 B 面前逃跑不会使 B 也从 A 面前逃跑；A 在 B 面前退缩，不会使 B 也在 A 面前退缩。

爱抚和拥抱孩子是母亲的本能行为，但并不会激活同伴中男人或女人的类似行为。他们不会因此而激起抱孩子、抱母亲、相互拥抱、抱自己的小孩或抱其他人的行为。他们的主要反应未必是母性行为所表现的柔情，而可能是赞许、嫉妒或是娱乐。旁观者看到没有得到温柔待遇的儿童，实际上可能比见到受人宠爱的儿童更容易被激起柔情。受母性精神感动的不是被爱的人或爱人的人，反而是没有得到爱的人。

一个人因看到他人的本能行为而受到影响后会怎么做，无法做出统一的解释。人因注意而小心走近、回避的反应、逐猎的本能，这类动作引起他人类似行为的效力较强。而旁观者看到他人愤怒、争胜、求偶以及母性的爱等行为后引起类似行为的效力却很小。统治与顺服的行为，其效力令人怀疑，很可能随情境的变化而改变。但是，无论如何，我们对此了解得甚少。见到他人顺服的态度后，有时旁观者会格外顺服，有时却格外强硬。见到了本能的行为，是否能引起类似的行为？这个问题应该就各个本能逐一进行研究。

这是一个难题。在一般情境下，儿童经过训练能学会见人跑时自己
47 也跑，见人看什么自己也看什么，这不需要什么原本的趋向。况且，某人（甲）见到某类事物而产生的某种本能行为会影响到另一个人（乙）。而乙产生的行为究竟是对甲的行为的反应还是对事物的反应却是一个疑问。例如，甲怕蛇的行为，可能只是通过引起乙对蛇的注意而间接地引起乙的害怕。乙再次见到甲，他的反应可能就不会像第一次见到时那样，而是发生了改变。这是因为甲的行为中可能包含了某种具有特殊符

号功能的行为，因此也引起了乙的不同反应，例如走近或惧怕等。甲受到了惊吓，有同伴在场时就发出危险的信号，而独自一人时就不会这样。乙的反应或许是对危险信号的反应，而并非是对甲的一般惧怕。

旁观者见到别人的行为而做出类似的行为也有一些合情理的例子：见到别人对我微笑，我也微笑；见人大笑，我也大笑；见人叫，我也叫；见人看，我也看；见人听，我也听；见人往某个方向跑，我也跟着跑；见人离开中心点跑，我也离开中心点跑；见人胡闹，我也胡闹；见人安静，我也安静；见人俯伏，我也俯伏；见人逐猎，我也追逐、攻击、扯碎；见人捉拿，我也捉拿。

在我看来，上述情况都是或几乎都是事实。前人所说的“模仿的现象可在大众中发现，在大恐慌、大放纵、大暴乱的情况下能够自觉抵御的只有极少数人”。

麦克杜格尔在第二部分又对特定行为激活旁观者类似的反应做出了 48
说明：

“为了完整起见，需要提及第五种模仿。非常小的儿童对没有情绪和情感表达的动作有时也能模仿。其实，儿童的年龄尚不足以说有什么动作观念，只是故意地自觉模仿。据可靠的观察，发现了如下事实：例如，普赖尔（Preyer）说，他四个月的孩子会模仿噘嘴的动作。没有见到过这种现象的人会认为这纯属偶然，因为没有办法把儿童的这种行为归类到已有的模仿类型中。然而，我在自己的两个孩子身上已经发现了类似的模仿行为。其中的一个孩子在出生后四个月时，看到他对面的人把舌头伸出来，自己也把舌头伸出来，而且不止一次地把舌头伸了出来。在这样小的年龄对这种特殊动作所做出的简单的模仿，要想解释它，除非把它看成是一种很简单的知觉倾向，才能有这种特殊动作的趋向。我们不能说儿童这么早就习得了这样一种倾向，而只能说他在本性中就有了这种内部组织结构。这样一种本性上的倾向应该是一种极其简单的初级本能。每个孩子的这种初级本能都可能为数不少。这种初级本能能够帮助儿童获得新的动作，尤其是言语动作，这种倾向可能很可观。”（1908，p. 106）

人或许真有这些零零碎碎的趋向来复演他人的特殊动作。就是有，也没有人知道这些举动是什么。现在只列举伸舌头这一种，不足以说服人。

总之，模仿的倾向虽然遍布整个人生，而且它们在教育和社会改革上是最有力的势力，人们在生活中又非与它们合作不可，但是，它们大
49 多数都不是原始倾向，因为人不能见了什么行为就复演什么行为，像瞳孔遇到光那样机械式地收缩。要解释模仿，我们只能说，他人的行为能引起观察者特殊的本能反应，或者是观念，或者是动作。而这些反应、观念、动作，经验上已与那样的行为相结合。至于在情境中见到他人所为而自己也做出类似的行为，这种特殊的原始倾向在人类中为数很少。其他的趋向都是习得的习惯，与其他习惯毫无区别。

50

第四章 原本使人满足和烦恼的事物

原始的需要、兴趣和动机本性

有理由认为，人类生活的目的就是需要的不断改善和满足。通过减少事物的自然属性和人的不满意，或者增加能够实现自我满足而又不伤害他人的事情，才能使人的需要获得进步。通过把环境改变得更能满足人类所渴望从事的活动，需要才得以满足。科学和艺术都是在需要的推动下应运而生并持续为人服务的。需要是一切价值的基本根源。

需要确实可以驱使人一生的行为。而它的原始根源就是那些使人感到满足或使人烦恼的情境。从这些使人满足或烦恼的事物中生出一切嗜欲和厌忌。学习的导向也从此开始。

凡是动物不设法回避，而且有时设法得到和保持的情境叫做令人满意的情境；凡是动物设法回避或改变的情境称做烦恼的情境。

原本使人满足的事物或本能的嗜好可列举如下：与人同居而非独处，与熟悉而非素不相识的人同居；休息之后可以活动，疲劳之后能够休息，休息时或者晚上睡觉时有被子盖而不致身体暴露。

原本使人烦恼的事物或本能的厌忌可列举如下：嘴里有苦涩的东
西，活动时被物所阻，饥饿，他人用轻慢的态度看待自己，看见或闻到 51
了粪便、腐浊物、脓血或动物内脏等。

使人满足与感觉上的适宜不同。同样，烦恼与使人疼痛不同。疼痛与烦恼在名称上的混淆格外容易使人产生误会。因为，疼痛只是烦恼之一，而且不一定使人烦恼。当人要争斗时被他人抱住，他虽然感到温暖而不疼痛，但非常烦恼。母亲有时甘愿为接受她孩子的爱而承受疼痛。而感觉适宜却与此有些不同。感觉适宜只不过是觉得当前的情境可以接受，但不一定可以使人感到满足。二者有时似乎是名异实同。但是，心理学里通常所形容的感觉适宜不能准确地表示满足。甜味可能令人烦恼，而苦味可能受人欢迎。

饥饿而得食，疲倦而得到休息，困倦时被抱着睡觉；有动物引起逐猎行为时可以追逐，追逐时能够追近猎物，向前一扑可以捕捉到猎物，捉到猎物时可以制服它；生下儿女后能够抱着孩子，可以听到孩子笑时发出的呱呱的声音。这些类似的情境名目繁多，但可以用一个公律来概括，即它们不过证明了这样一条定律：原本有一些已经开始了的行为，如果能够使它顺利地进行，这些活动和这些活动所产生的情境就令人感到满意。可是，如果饥饿时见有野兔从身前跑过，而自己却被人抱住不能追逐；追逐时兔子又比自己跑得快，向前一扑又扑个空，而得不到猎物；有人给自己玩物，当自己伸手去接时，那人却又把手缩回去；自己行动时遇到障碍，却又搬不动障碍物……这些都是原本就使人烦恼的事物。这类情境也是多种多样的，但是也可以归结为一条定律：原本有一些已经开始了的行为，如果它们不能顺利地进行，就会令人烦恼。要使这两条定律适合理论和实践，必须对“顺利”下一个客观的定义。

何谓顺利进行？如果只从粗率的行为着眼，就不能得到一个适当的定义。理论上绕了一个大圈儿和一个小圈儿，仍不免回到“满足”二字。如果说顺利的举动是一种“常态”的举动，是本能行为的“常态”次序，那又不得不为“常态”下定义。最后还是要说是“顺利”的还是“满足”的。要说“顺利”是对动物生活起促进作用的，又会生出无数例外来。一方面，身为母亲的宁愿为儿女的生活牺牲自己；另一方面，将要冻僵的人宁可休息也不愿意活动，此外人还有种种不节制的行为。

要说“顺利”是“不受阻碍”或“没遇到干涉”，倒很能使人知道什么动作是令人满意的。因为动作受到阻碍就不成其为动作。然而，一捉，没捉到动物，而扑个空，这算是受到阻碍还是遇到干涉了呢？如果把这样的动作称为“不顺利”，不过是因为产生了令人烦恼的情境罢了。这又绕了圈儿。人在某种情境之中，为本性所迫而产生的动作，只要能成功，固然令人满足了；然而，就原本就令人满足的事物而言，大多数要看动作所产生的效果如何，而动作的效果差异较大。本来想跑而能跑
就是令人满意的；而想逃避就能避开此地且逃到彼地，或者想追逐动物 53
或人就能够追上，则会使人格外满意。

准备律

实际上，关于“顺利地做一件事”，要想得到一个满意的定义，除非把它看成是神经元内部活动的一种特性。我们要能稳妥地推测什么事物原本就是使人满意的或使人烦恼的，也须如此。按照人的本性，凡是一个情境启动了一组行为，其中所包含的不但有当时的神经冲动通过突触，而且还须有其他神经元准备传递和及时传递。例如，见了猎物，动物不但当时就向前追逐，而且等追近了一跃向前时，神经上又牵涉到其他传递与结合。这些神经元的作用在刚见到猎物时已经预先进入了准备激活的状态，使其能随时被应用。等到追逐的行为一开始，不仅上述各个神经元的结合受到影响，而且将来“准备一跃向前捉住它”的情境也要产生捉住它的反应。再后来是自鸣得意、把猎物撕碎或者带回巢穴。凡此种种行为所牵涉的神经元的结合也许早在追逐开始时起就有了不同的情境了，神经元随着行为的活动而活动。按照人的本性，这样的活动会排成长长的一组又一组，其中有几个是准备传递（准备传递的程度各有不同）的，又有几个是正在传递的。例如，一个儿童远远地看到一个引人注意的物体，他的神经元就好像先知先觉地准备好一组行为：注目、向前走、估计可以捉住了就去捉、觉得捉在手里了就好奇地玩弄。

事实上，一组行为能否“顺利”进行，首先在于神经元的作用，而
不在于全身的作用。所谓“常态地”或“顺利地”进行，其意义就是能 54
及时活动的神经元现在正在活动，并通过外部行为表现出来。所谓一个原始倾向失败或受到阻碍，其意义就是能及时被应用的神经元现在不能传递、不能结合，并通过外部行为表现出来。本章第一部分所述的种种使人满意的情境都是能刺激神经的活动，至少可以说是能容纳神经元的活动（即能及时应用的神经结合与神经传递）；所说的令人烦恼的情境都是能阻挠这些活动的。

所以，在此类情境中，真正使人满意的是那些能及时应用的神经元和突触的神经传递，而真正使人烦恼的则没有这种传递。

这条定律不仅适用于饮食、逐猎、争斗、色欲等很确定的几组行为，而且在一切行为上都适用。一个神经元（或几个神经元）、一个神经突触（或几个神经突触）、神经元的一部分（或几部分）、神经突触的一部分（或几个部分）——凡是构成这样一个能及时传递神经冲动的通路的，就可称为一个传递的单元。而且，一个传递单元能及时传导的使人满意，不能及时传导的使人烦恼。

及时传导的反面就是不能使用和不能及时传导，这也需要同时讨论。我认为，任何传导单元都会有时不接受传导。因为当时它自身已有活动。所以，它比其他传导单元在通常的情境中更不容易被刺激激活，从而更不容易传导。假如这是事实，又假如及时应用的定律也是实情，我们应该希望有一条不能及时应用的定律，即一个传导单元不能及时传导而勉强传导时，是令人烦恼的。[①]

55 事实可能是这样的，神经系统内如果真有所谓不能及时传导的情况，其原因应当是一个容易疲劳的神经突触，因为长时间进行传导而已经疲劳了，或者一个传导单元因为有病而变得疲弱了。在任一原因下，神经元的原生质自然应该保护自身，它宁可休息，也不做没有意义的事情。我们对传导单元以及它们的劳瘁疾病情况所知甚微。即使是所知甚微，似乎也可以证明，凡是在劳瘁疾病的传导单元上进行传导的就是使人烦恼的。神经系统的活动在健康时能使人满意或者没有什么影响；而有神经衰弱症（以及所谓精神衰弱症）时，就变为令人烦恼的。反言之，神经系统享有健康和充分的睡眠时，平常稍觉乏味的活动也在受欢迎之列。我认为在人类中，满意与烦恼的原始倾向可以归结为能及时应用与不能及时应用的三条定律：（1）**当一个传导单元能够及时传导时，及时传导就使人满意，只要他的活动不被外物所改变**。（2）**当一个传导**

① 一个没有传导准备的传导单元，不让它传导，也会令人满意，这样的解释也是合适的。但是，支持这个假设的充分事实证据很少，这里就不再讨论了。运动之后恢复体能的休息、焦虑后的平静、恐惧后的安全感等与之类似的积极满意状态，是由于没有准备传导的单元所进行的传导被解除后引起的，还是由于涉及感觉的肢体语言、文雅的演讲、熟悉的面孔等这些准备传导单元的实际传导而导致的，仍是值得讨论的问题。

单元能够进行及时传导而不能使其传导时则会令人烦恼。按照人的本性，凡是遇到这样的烦恼时，天然特殊准备着的其他反应可以应用。（3）**当一个传导单元不能及时传导而勉强传导时则令人烦恼。**

所以，通常的一个情况是不仅在某种传导单元上产生了完备的活
动，而且在一连串的传导单元上早已预定下了对将来传导的欢迎或抗 56
拒。诸如注视一道亮光、追逐一只野兔或抢吃一个苹果，这样很简单的几组行为，其神经机制都是极其复杂的。更何况其中不仅有一直往前的联结，而且还有无数分支联结，它们相互牵制、相互影响。然而就人类行为的复杂性而言，就应该有这样复杂的神经机制才能作出适当的解释。而且神经元的生理学又暗示人确实存在这样的情形。所以，我们见了一个情境，不仅要问直接被引起而完成活动的联结是什么，而且尤其需要断定各个原始倾向之中，因此而准备的能及时应用和不能及时应用的是什么。

我们并不需要在每种重要的情境上详细解决这个问题。各种情境能产生或招致及时应用与不能及时应用的各种情形。在这个层面上，凡是能够精细观察的人，一经了解定律，自然能够看到。心理学的作用现在也未必超过此。我们可以想象，每一组行为可以比作一队士兵，有侦察兵在前探路；又可以比作一列列车即将到达一个车站，预发信号，因此这个机关开，那个机关闭，还有一些全然不动，这全看列车的大小、快慢、色彩而定。同理，在视野中间接地看到一个小东西，就会使系属于眼睛中央凹的神经元、伸手握时所用的神经元，甚至尝味时所用的神经元早早地就及时准备了。我们这样想，就现在看来，所获得的认识就已经足够了。这种及时应用究竟是何性质？凡是关于人类行为的一切科学都应该把这个问题看成重中之重的大问题。

对“多样反应”或“变式反应”的解释

在原本使人烦恼和满意的事物方面还有一个普遍的事实需要在此提
及。我们在上下文中为原始行为所开出的目录中，有许多行为，论其详 57
情，都是对同一个令人烦恼的情境所产生的多种**变式反应**——直至得到一个满意的情境为止。情境所引起的不是一个确定的反应，而是好几个

反应中的一个。一个不能产生满意情境的反应，就刺激其他反应中的另一个。因此，每当动物有无数种反应时，它会尝试一遍又一遍，直至作出某个反应后，解除了烦恼的情境，而实现了所需要的满意为止。例如，看见一个吸引人的东西，可以做出各种伸手探求的动作，不能接触到那个东西的一组动作就不做了；接触到那个东西后，各种抓握它的动作便开始了，不能握住东西而使自己感到满意的动作便不做了；握住东西时，种种收缩屈曲的动作便开始了，直至把那个东西放在嘴里，把那些欲望都满足了才停止。同理，假如一组关系到行进活动的神经元处于能够及时应用的状态，但人的身体却被别人抱住不能实现行进的目的，这种情况就会惹起种种扭动、挺身和推人的动作。假如其中没有一个动作能挣脱令人烦恼的束缚，人就会使动作格外用力或生出其他动作，直至变式反应中有一个动作使人逃脱，烦恼没了，这一组动作才停止。

这种作用在低等动物的行为中很容易被观察到。一只小猫“被关在
58 一个小笼子里，它饿了，见到笼子外边有食物”，假如它面对这种情境却从来没有学习过什么动作，依照它的本能就会做出如下反应：“见洞就钻，对笼子上的铁丝网又抓又咬，爪子从铁丝网的缝隙中伸出来遇到东西就抓，碰到松动的地方就不停地用力摇动，有时还抓笼子里的东西。它对于笼子外的食物并不十分注意，只想竭力冲出笼子。这些都是它本能的动作。它的奋斗非常努力。它的抓、咬、钻等动作能持续十几分钟。”

一种情境所带来的烦恼能引起一组变异的动作，直至个体的需要得到满足为止。[①] 这种原始倾向非常重要，不仅因为它们数量多，作用各异，还因为它们很容易被改造，变为专门的行为习惯。改造这些原始行为的方法在于选择它们的“顺利”反应，使其与情境相联结。个人行为的进步也像种族行为的发展一样，要以行为反应的变化为第一条件。

① 或者个体对情境的注意因疲劳、睡眠或有了新感觉而被剥夺为止。

59

第五章 身体上的小动作倾向及大脑的联结倾向

发音、眼动与手的操作

出生后不久的小孩不用学习就会用声带和口部动作发出咕咕声、咿呀声、忍不住的笑声、长而尖的声音和大叫声等。凡是能引起他视觉注意的对象，他都能转动眼球使对象的各个部分处于眼睛中央凹处。凡是容许他玩弄的东西，他就会拉、戳、转、拾起、扔下、卷起、抓、摇和使用其他动作来玩弄它。

至少从表面上看，这些行为好像具有无目的、无法分辨和普遍存在的特征。这些动作对于动物来说毫无益处，这种情境也好，那种情境也好，或隐或显，毫无秩序。引起发音游戏的原因似乎没有明确的结论。不论是来自外部还是内部的刺激，似乎都会唤起孩子的发音反应，没有什么对抗发音活动的联结。这个声音或者那个声音、这一串声音或者那一串声音，似乎在发生上没有什么不同，彼此无法区分。同样，上面所列举的玩弄倾向也没有什么明确的目的，不像“从伸手到抓握、再到入口”的反应那样有目的。不论什么对象，只要能容许这些反应，便能做出这些反应。在这一堆彼此无法区分的反应中，所看到的卷、推、抓或其他动作，都是随便发生的。因此，我们说这种倾向是一种普通的倾向，更像是控制这些动作（眼球运动、发音器官运动以及无约束的手臂运动）的神经元没有得到有目的的运用似的。这也未尝不是一个正当的假设。

大概而简单地说，这种假设是正当的。就其行为动作而言，即使用 60

批评的眼光来看，也符合那个一般的模式：一个固定的情境必然结合一个固定的反应。正因为它有用，所以得到永久的遗传。

一切原始的倾向都不预计效果，先见之明都不影响及时的反应。按此说法，一切原始倾向都是没有目的的。动物见到老虎而逃跑，并不是因为要逃避而逃跑，而是因为一方面有老虎，另一方面是在此情境中，跑是使它的神经元满意的。同理，孩子用手指拨弄木块，一则是因为有木块，二则是因为他用手指拨弄木块是令他满意的。发音、眼动以及手的游戏虽然没有明显的目标，这是就他人在这些动作中所见到的目的而言，但就它们所得到的最终结果（非预知的最终结果）而言，本能中应该没有比它们更有实际用途的了。因为，发音游戏的最终结果是语言，眼动与手的游戏的最终结果是知识。总的来说，这些没有明显定向的发音游戏比那些因饥饿、疼痛、惧怕、求援和求偶而发出的声音更有益于种族，而眼动和手的游戏也比跑、追、攻击、擒捉、吃等动作更有益于种族。仅从养活自身和养活后裔来看，这些都是不规则的奢侈品。但一旦它们与某种倾向结合起来，就会变成一种工具，能制服一切天敌，得到丰厚而常备的食物，还能改造环境，使人类的繁衍永无尽期。

倘若根据外部行为来推断神经系统里面的情形，那么，只要情境与反应双方一经确定，这一情形就可明白了。前面所谈到的对于不同的事物所发生的明显的同一反应（例如，小孩对母亲、对洋娃娃、对天空的叫唤都是同样的）或对于明显的同一个事物所做出的或推、或拉、或抓
61 的不同反应显然是没有区别的，现在看来不过是错觉。营养、疲劳、发育等身体内部的活动势力对于这些原始倾向的发展影响较大（不比在逃避或争斗时），能在许多可能的动作中规定什么反应该先发生。然而，大概而论，所谓“对于同一情境产生不同的反应”也并非是不正当的，即使在情境一方面，把神经元内部的实际情景排除在外，其意义也是相当普遍的。例如，只要“在视野中将一个物体与其他物体相比较”，“有东西在手心上”，甚至只要个体“活着、醒着、发音器官闲着”，都能引起反应。

因此，发音、眼动和手的操作三者应该说是一般的原始倾向。它们随便运用神经元产生许多声音、许多眼动、许多手的试验。但是你要注

意，我们所说的一般是具体的一般，所说的随便是具体的随便。斯宾塞（Spencer）和其他作者认为，这种儿童早期的动作游戏是“多余的”动作，是“精力过剩”所产生的动作，是语言、表情以及姿态、手势等相关肌肉“偶然的”活动。他们所形容的不够准确。相对于饮食、争斗的需要来说，这些动作才是多余的。然而，它们何尝不来源于生物的基本原始倾向。并非是人的精力过剩（灵长类动物也多少有些精力过剩），而鱼类和许多哺乳类动物的精力没有过剩。其实是人的神经力分流为几百条路，以产生声带、口部、面部肌肉、眼睛和手的各种动作。相比之下，鱼类和其他哺乳类动物却做不到这样。这些活动也并非是“偶然的”，只不过它们不像饮食、逃避、攻击之类的动作那样从外表可以直接预测罢了。更何况它们看起来并不完全是随便的。我们至少可以预 62
断，小孩子说“啊咕”要比说“伊达”早一些；比起把小拇指放在东西上面，他们更常用手拍东西。此外还存在其他种种同样的事实。我们还能预断儿童见了玩物后，两个眼球就不做不相关的眼动动作了；他们用手握东西时也绝不会用大拇指和无名指去握。无论何时，所谓的“随便”也只限于在一类反应中选择一种。而就总体而言，这些动作是十分确定的。

上述所论，只不过要把这些倾向形容得格外确切些。我是怕有人认为我说的有些诡异，反而把纯粹的外部行为忽略了，所以需要重复说几句。说到发音，也大致是对于不同情境的发音。发音时用了许多不同的声音，而且发音次序也有许多不同，经过训练就会发展为语言、唱歌以及其他声音艺术。说到眼动，也是在眼动时用了眼球的许多动作，使对象的各个部分位于视觉的最清楚之处。我们对“事物”的知觉、观察事物的习惯以及读书等都是由此发展而来的。再说手的操作，大致也是对于不同的对象而用手臂与手、手与手指做出许多不同的动作。孩子长大后用手拿器具、画画以及现代的种种职业性技术动作都是由此发展而来的。

其他可能的专门化反应

建设性（constructiveness）——人们通常从产生的效果来讨论原始倾向。于是“破坏性”和“建设性”就被提到了显要的位置。这样一对矛盾倾向之所以显要，是因为只就功效而论倾向，而不考虑现实的情境和反应，是不正当的。本能不知道有什么破坏和建设，也不知道改变某种对象对全世界人民的幸福是裨益更多还是更少，它的趋势只在操作对
63 象。正如上文所述，凡是人能做的、凡是能得到新奇的印象并能在外部发生看得见的变化，都使人感到满意。然而，这些都已经归结到各种本能的兴趣之下，无须别论。例如，摆手、摇脚、踢、滚、装鬼脸、乱叫、扔东西、吹口哨、撕书本、掏沙洞、用木块建造房屋，这一切反应无不具有同样的形式，无所谓破坏和建设。凡是发出咿咿呀呀的声音，一言以蔽之曰发音的倾向，总不能因其所发出的声音是语句，就说是建设的本能，所发出的声音是无意义的啰唣，就说它是破坏的本能。同理，手臂与手、手与手指有发生某种动作的倾向，一言以蔽之，就是操作，而无须说是建设性的还是破坏性的。

装饰与艺术(adornment and art)——柯克帕特里克（Kirkpatrick）和其他作者认为，人类先天具有一种装饰自己身体的原始倾向。但是，身体彩绘和文身，用贝壳、花布、羽毛和其他类似的物品来装饰身体，这些都是后天学来的行为。它们的价值在于能引起别人的注意、赞许以及霸权和求偶的成功。所以，与其说它是原始倾向，不如说是后天习得的行为更在理。

艺术创作的专业化倾向是否也是原始的，也令人怀疑。一切建设性似乎都出于经验，已把一般的操作改变了。所创造的事物要让人崇拜，而不让人轻蔑和厌恶，这些习惯很容易被人选择而保持。

好奇(curiosity)——另外还有能使人获得知识的可泛称为“好奇”的倾向。好奇倾向中有许多是自然所赋予的。例如，注意新鲜的事物及
64 他人的行为，如小心走近、目送、伸手、握东西、送进嘴里尝尝、看、眼动、操作等已经占了好奇的大部分。而且，凡是需要叙述的前文已经谈过了。

此外，还有前面没有提及的一些倾向，在这里不如称之为“感觉生活的爱好”（只就爱好而论爱好，别无他故）。即不考虑其他情境，仅仅是感觉就会使人满足。心里空洞无物是人的一大烦恼。我们可以想象，在人的大脑里有无数神经元都与感觉神经元相联结。它们都能及时传递

并渴望刺激。它们的活动并不能使什么切乎实际的需要直接得到满足。人类所需要的感觉印象就是感觉的原因之一。经验如果是新的，就已经算是酬报了。婴儿醒来的时候，眼动、操作，几乎没有停下的时候。这不仅是因为眼动和操作本身可以使人满足，也是因为能满足感觉的需要。

种种心理活动的本能（the instinct of multiform mental activity）——上文我假设，人类大脑中的神经元不仅有能够发生几组行为的特殊本能，而且还有准备“及时活动”的神经元。这种假设我还嫌言之未尽。神经元准备活动，有的是因为有刺激随时从感官来而能及时活动；有的是因为有间接的（第二重的）结合，即与活动的结合。例如，小孩子不仅喜欢看一堆木块倒、一个轮子转动，而且更喜欢看到木块被他打倒、他按开关时轮子转动，后者的满足感比前者更强。听喇叭响的快乐比不上自己吹喇叭的快乐。“打的时候木块倒了”、“按的时候轮子转了”、“吹的时候喇叭响了”，这是第二重结合的例子，比单纯的感觉
进了一步。它们所代表的，一则是小孩子操作时运动神经元的活动，二 65
则是感觉神经元的活动，三则是二者结合时神经元的活动。它们兼有操作的满意、感觉的爱好、生活本身的知足，此外还有一样无以名之，我将其命名为“心理控制的满足”（satisfyingness of mental control）。所以，不论所做何事，所得到的效果如何，只要能做，且有效果，就会天然地使人满意。[①]

心理控制（有所为或有所成就）又在许多具体的事情上使人满足。不仅发生动作而得到感觉是使人满意的，而且一个理想的计划得到结论、想象一个理想的人及其作为以及其他无数“做有所为”的情境，都是使人满足的。而且这种满足是原始的。因为一个人制订计划、创造理想以及得到成效的能力虽然有待于训练，但一经结合，就天然令人满足了，因为满足不需要学习。[②]

① 格鲁斯（Groos）和其他作者说，人的本能中有所谓的“试验”和所谓的“造因的适宜”。他们所想到的可能是心理控制的行为（或应该想到心理控制的行为）。最早发现这种行为的是希恩（Shinn）女士的著作（1899，p. 10）中所举的例子：“出生后的第 20 个月，这个小女孩用手遮住眼睛，然后又把手放开；把脸埋在枕头里或自己的肩上说‘天黑了’，又仰起头说‘天亮了’。”

② 以上所述，无处不含有“不考虑其他情况”的意思。心里渴望休息或做其他的事情，这时勉强所做的联结就是令人烦恼的。

所以，如果其他条件相同[①]，凡是心理的活动差不多总是令人满意的。不仅神经元的及时活动关系着各种特殊的本能，而且即使是学习进行时所引起的神经元的活动以及准备及时活动的神经元的活动也使人满
66 足。有一些人喜欢运用自己的思想和才技，不用勉强，正如同爱食物、爱睡眠、爱同伴、爱受人赞许、爱战胜别人一样，是本能的、“天生的”。

种种身体活动的本能(the instinct of multiform physical activity) ——用同样的观察和理论，又可以得到一个正当的结论，这就是除了求食、制敌等特殊反应之外（不考虑其他情况），有许多非勉强的动作原本都是使人满意的。婴儿的弯手指、舞臂、摇头等动作与吸吮乳汁同样出于本能。男孩子天生爱体育，尤其是天生爱追猫。空舞着棍子、空翻着跟头（就生存竞争而言，这好像是在真空里活动），该兴趣的浓厚程度当然比不上在真实逐猎情境中的抓握、追逐、又抱又拉的反应。然而，这样做的满意程度可能超过本能。长期休息之后，无论做出什么动作似乎都比闲着没事做容易使儿童满足。

游戏

在所谓游戏的行为中确实存在一大部分某种情境与某种反应的原始联结。尽管“游戏”这一名词意义不一，然而无论如何，它都比称作“工作”的事物更近乎本性，更非训练所产生。不过，不经训练，就假定人类有一种产生游戏行为的原始倾向，确实令人费解。这一点在前文讨论其他原始倾向时已经被多次提到。游戏在教育上的价值如何有很多争议，大多是因为定义空泛所致。而且，在游戏中哪些成分是先天的，哪些是后天学来的，也都没有确定。因此，我们不妨先提醒大家游戏的原始倾向不是什么。

人类没有哪个原始倾向是宁做无用的事情而不做有用的事情、宁愿
67 建造空中楼阁而不愿意实事求是的。人类也没有事先准备一堆原始趋向，像玩意儿似的假冒本章和前面几章所列出的哺乳、逐猎、栖避等行为。人类并没有两类本性，一类是务实的，一类是游戏的，两者一来一

① “其他条件相同”这句话贯穿于本章的始终。阻止休息或做其他事情的强烈渴望，这样的联结是令人烦恼的。

往，像魔术似的。

人类的大部分游戏是从种种原始倾向中发展而来的。大多数游戏并不是天生的，而是正经的活动。请看前文中的操作、面部表情、发音、种种心理活动和种种身体活动。同样是操作的原始倾向，做水果饼是它，做泥浆饼也是它。从发音来看，它既能发展成语言，也能发展为叫嚣和唱歌。如果能够说明不同于上述特性的大多数原始游戏，那是十分有意义的。

有一部分原始游戏需要另作解释。按上文所述，人的原始倾向好像是一个个分开并各自独立，各自组成一串情境与反应的。这只是为了讨论方便起见。其实，人在任何情境中的反应都是十分复杂的，以至于所发生的反应常常是逐猎、慈爱、操作等情境中的混合反应。例如，一个6岁的儿童看见了一个2岁的儿童，既可能把他看成是一个新奇的事物而好奇地看着他，也可能把他看成是一个小动物而追逐他，还可能把他看成是同类而用手去拍他。一个引起第二重联结的刺激还可能引起不同于上述反应的新反应。因此，这个6岁儿童可能不把那个2岁儿童看作猎物而追逐他、制服他，也不吃他、保护他，而是所谓的“同他游戏”。另一方面，过去人的本性所能适应的整个情境在现代生活中只剩下了一些片段，即在现代文明人所创设的整个生活情境中只保留了过去人生活情境的一些残片。所以，那些原来本该发生的反应也只剩下一些片段。68
一个人用手指向我胸前一指，如果他不用恐吓的态度对待我，头部不向前、脸上没有怒容、没有凶吼、没有对我嗤之以鼻的表情，那么我的反应当然不同于有那些附加条件时的反应了。同样，生物体内部的情境如果有所改变，也能使一个原始倾向特别像游戏。假如1岁至3岁小孩的生活环境是距今25 000年前人类所穴居的野外，那他玩弄一个小东西的方式就很有可能像他父亲对待猎物那样，两者都是实用的而非游戏的。

除了上述情况之外，人类莫非真有所谓的游戏本能？即有种种前面没有提到的特殊倾向？例如，为逐猎而逐猎，而不是“真正的”逐猎；为争斗而争斗，而不是“真正的”争斗；为了抱孩子而抱孩子，而不是“真正的”爱孩子？换句话说，造物主在创造人类时就准备让他们求食、争配偶、做母亲，而且在生命初期就把特殊的游戏反应也结合到这些情境上了，既像真实反应而实际却又不是？儿童追逐、逃避、擒捉、角力、骑在家畜身上或其他儿童身上拳打脚踢、揪头发等，见了洋娃娃、玩物就抱抱、爱抚，对这些现象真的需要用那种特殊的游戏本能来解释，或者把它们当作“真的”本能来对待吗？又或者是因为情境复杂，并加上训练而改变了吗？对这几种观点我不置可否。但无论如何，看到人在游戏中的逐猎、争斗、养育、逃避、组织家庭等行为，我就知道训练很早就穿透了人的本能，并把它遮蔽了。

69

第六章 学习能力

到目前为止，在我们所讨论的内容中，尚未涉及原始倾向自身的原始倾向。人不但具有对这种刺激或那种刺激敏感、联结或做出反应的特殊原始倾向，而且还具有对这种刺激或那种刺激敏感、联结或做出反应的一般原始倾向。所以，事实上，人的本性因此而印象深刻，因此而产生这样或那样的情境，因此使各种联结占用一定的时间，因此会在内心产生意识，因此在刺激和反应结束后仍然会对人性产生影响。按照实际的本性，一个事物的状态因它能令人的神经元感到满意，所以人对它不回避；而另一个事物的状态因其使人的神经元产生烦恼，所以使人做出一些反应，直至使其变成令人满意而不回避的状态。总之，不论是反射、本能还是能力，它们首先都在一定的时间内发生；其次，有时会生产或改变内心的意识生活；再次，有时会或多或少地永久改变有机体，以及相关神经元的大致原始倾向；最后，当外界情境使人的生命进程得以顺利进行时，人就会使情境保持不变，而当生命进程受到干扰时，人就会做出反应来改变其内部储备。

上述四种倾向中的前两种，可能是人们的共识，无须赘述。

而上述的第三种倾向则是人持久性的改变能力，即“学习”。就人 70
类的福祉而言，它是本性中最重要的事实。

学习定律

应用律 (the law of use) ——当一个人“在某情境‘S’与某反应‘R’之间建立了一种可变的联结”后，经常应用这个联结，在其他条件都相同的情况下，原本的反应就会使该联结的强度得到增强。所谓联结的强度，是指这个情境“S”重复出现时，唤起这个联结概率的大小。概率越大，在相同时间内形成该联结的可能性就越大；或者在相同的概率条件下，该联结保持的时间就越长。[①] 因此，如果“问‘6＋7 是多少’”与“回答‘等于 13’”的联结增强了，那就意味着在以后的 6 天时间里，如果需要对这个问题作出 10 次回答的话，回答“等于 13”的反应概率就会由原来的 7/10 增加为 8/10；或者意味着将 7/10 的反应概率由原来的保持 40 天增加到保持 60 天。

失用律（the law of disuse）——当一个人“在某情境‘S’与某反应‘R’之间建立了一种可变的联结后，如果在‘T’段时间内一直没有使用”，在其他条件都相同的情况下，原本的反应就会使该联结的强度减弱。

应用律和失用律可以合并为一个总规律，称为**“练习律”**（the law of exercise）。

从应用律中我们可以得出几个事实。一个联结的强度不仅取决于应用的次数，还取决于应用时的精力投入和应用时间的长短。所以，聚精
71 会神地思考“6＋7＝13”与漫不经心地思考它们的联结强度不同，持续 10 秒钟的思考与仅仅持续半秒钟的思考所形成的联结强度也不同。

效果律（the law of effect）——当一个人“在某情境‘S’与某反应‘R’之间建立了一种可变的联结，而且同时或随后伴随反应的是一种令人满意的事件状态”时，在其他条件都相同的情况下，原本的反应就会使该联结得到增强。反之，如果伴随反应的是一种令人烦恼的事件状态，在其他所有条件都相同的情况下，原本的反应就会使该联结的强度减弱。

从效果律中我们也可以得出一个事实。满意效果的强弱变化，不仅取决于满意的程度，而且取决于它与受影响的联结之间的密切程度。这种密切程度，或者是事件的满意状态与受其影响的联结之间联结的密切程度，取决于时间顺序上的紧密程度，或者对情境及反应的注意程度。

① 有些加法和限制条件需要下这个适当的定义，但作用时间是短暂的。

如果其他条件都相同，那么，在相同的满意程度下，一个在两秒钟以前建立的联结，其强度一定要比一个在两分钟以前所建立的联结强度更强；如果两个联结与满意状态的时距相同，但对其中一个情境与反应的联结给予了深刻的注意，而对另一个联结却没留意，则前者所受到的影响效果一定比后者更大。

以上论述所占篇幅的长短并非与所论述问题的重要性成正比。否则，这些联结倾向因练习和满意的结果而得到增强，因失用和烦恼的结果而减弱，仅这两项内容就应该占大半章的篇幅。人类的其他禀赋也都以此为转移，才能适应于复杂的文明世界。在教育上，它们无处不在，而且无不重要。在所谓的教育、训练、学习或者智力等诸如此类的活动中，它们都是行之有效的原始动力。

然而，由于它们已经如此的清楚而又直截了当，而且我们已经知道 72
了它们的重要性，所以不需再作评价。此处需要补充说明的是：（1）讨论何种性质的联结才可以改变；（2）对原始倾向可以使行为的联结增强或减弱的一些错误观点作出辨别和论证。

可塑性的极限

究竟哪些联结是可以改变的？对这个问题还不能给出绝对可靠且准确的回答。[1] 在一种极端的情况下，例如，一个人“悬在空中”与势必“坠向地心”之间的联结肯定是不可改变的。而在另一种极端的情况下，例如，刚刚提到的那个人，“悬在空中”的情境与“尖叫”之间的联结，显然是可以改变的。人体下坠的倾向固然是不可改变的，但是，不尖叫的倾向他是可以学会的。

说不准的一些事例可以在一些反射的联结中找到，如闪光与瞳孔收缩之间的联结，或者鼻黏膜受刺激与打喷嚏之间的联结，乃至更多的纯粹生理的行为，诸如血液循环、消化以及新陈代谢等。由此可见，某种联结的变化究竟能否受应用、失用、满意和不满意等的调节，大致是卫

---

① 因为这些原始倾向因随后的应用或感到满意而增强，因失用或不满意而减弱，这些都是学习的效力。它们在本书的第二卷，即从对每个研究的评价到人获得的倾向或学习的结果，还要作进一步的讨论。

生和医药方面的问题。

依靠“能力”形成联结的假说

关于人的原始学习能力（faculties），即增强或减弱行为之间的联
73 结，目前有三种似乎与事实相悖的假说。第一种假说是，不论本能、练习、效果的规律如何左右人的思想和行为，人有注意、记忆、推理、选择等与生俱来的神奇能力来权衡和选择所思所想与所作所为。这种观点正从专家的思想中消失——不用说它是错误的，即使它是正确的，也无益于人类的福祉。

依靠观察他人的行为形成联结的假说

第二种假说认为，一个人只要观察到他人行为中的S－R[1]序列，就有对S做出R的反应倾向，即模仿具有一种凭借观察到的R就能与S形成联结的力量。也就是说，他人形成了S与R的联结，观察者也会形成这种联结。对此我找不到什么证据。

当然，有一些模仿确实是人类学习的有效力量。第一，他人所显现出的某种行为，会引起察觉到的人做出同样的行为。见他人微笑，自己也报以同样的微笑；见他人跟随领导者，自己也跟随领导者；见他人高兴，自己也跟着高兴。这些反应很像一些本能，在有限的范围内具有教育作用。第二，他人的行为一次又一次地重复出现，为人们的行为选择提供了一种行为楷模。自己对做出的全部或部分楷模行为感到满意，所以，这种模仿行为从属于效果律。但是，这种模仿不是本议题所讨论的模仿。用一个人的发音和举止作为一种行为楷模，使其他人养成同样的言语和礼貌行为习惯，这与一棵大树的形状决定了人的爬树习惯是一样的。第三，随着儿童智力的发展，他人的行为能够唤起一个人的各种观念，这些观念能够按照练习律和效果律导致行为的发生，而这些行为很像是已知观念所唤起的行为。例如，看见他人喝水，就能想到自己口渴，或者想起自己整个下午都没有喝水的机会，或者仅仅想到喝水本

① 这里的S代表情境，R代表反应。

身。其中的任何一个想法都靠以前的习惯与喝水反应建立了牢固的联结。他人的行为是一个非常重要的情境提示，提醒自己做出与习惯相联结的反应，这种反应就像他看到的行为一样。但是，这种联结的力量是习惯，即练习律和效果律的作用，而不是本议题所说的模仿。

见到一个S与R的联结就能复制它的所谓证据，一方面是来自婴 74
儿的生活，即第三章讨论模仿时所提到的事实（即我们发现的，缩小到使一两个婴儿伸出舌头的可怜秘密）。另一方面是来自那些聚众闹事的男人，他们被认为是通过模仿而完全直接改变行为的人。因为，在他们的行为中确实有违背习惯和自身基本欲望的行为。这需要超出本书的讨论范围去解释聚众心理。但是我认为，只要把这类事件的行为细节详细列出来，就可以看出，那些逃避、攻击、突然袭击、撕扯，以及其他完整的和片段的本能联合活动，都被看成是模仿的结果。如果后天习得的抑制被一时的冲动、暂时的偏狂或领导者的魅力所冲散，那么，这些行为就是由具体情境中所形成的原始具体联结引起的，而跟任何一般的模仿倾向无关。

因此，没有更多的证据能够说明完全彻底的模仿是一种一般的学习
能力，而只能说它是对他人行为的本能反应。其实，模仿的本能与模仿 75
的学习是一回事，所以，这里所谈到的事实与第三章中提到的事实同样可以合并成同一个反驳的论据。

以为观念能产生它所代表的行为，依靠观念的力量形成联结的假说

另一个正统的假说是“观念驱动行为”说（theory of ideo-motor action）。该假说认为，一个行为的观念，或行为结果的观念，或其一部分行为结果的观念，不借外力，只凭自身，就倾向于产生行为，或与该行为相联结。按照此说，只需要反应的意识代表与某情境相联结，即可形成该反应与某情境的联结。

依靠联结反应与情境的观念力量形成他们之间的联结，最经典的论述是经常被引证的詹姆斯的话：

“我们可以坦然地说，**每一个动作的代表都能在一定程度上唤起它**

所代表的实际动作；只要心理没有反对它的代表使它不能活动，就可以最大限度地唤起它。”（1893，vol. 2，p. 526）

麦克杜格尔把“观念驱动行为”列为一种“一般性的而非特殊的先天倾向”，并作出这样的描述：

“在特殊的情况下，我们有意注意身体的动作，该动作凭借它与观念之间的**神秘联结**，立即随观念而起。对此，除了事实之外，我们几乎一无所知。”（1908，p. 242）；“……视觉呈现一个人的动作，很容易唤起观察者自身相似的动作观念。就像驱动观念一样，使他倾向于立即做出这个动作。”（1908，p. 105）

76 与这种普遍赞同的观点相反，我认为动作的观念，或者反应的观念本身不能产生动作或反应。我主张，一个动作的观念不能产生它所代表的动作，动作只能与本能、练习律和效果律的结果相联系。

我尤其主张，任何观念、表象、感觉、知觉，或者其他任何心理状态，都不能在应用、失用、满意和不满意规律之外另有什么强烈的倾向，会唤起具体的与心理状态相似的或受心理状态驱动的动作。所谓“一个观念代表某种动作”，或者“观念以某个动作为目标”，或者“属于某种动作的观念”等诸如此类的说法，都可以有两种不同的解释：第一种是，观念与动作形式相同，即一个一英寸（约 2.54 厘米）见方的红色正方形的心理表象，**就同**这样的一个正方形一样。第二种是，观念的**意义**与动作相同，即一想到“一个一英寸见方的红色正方形”这个词组，就意味着这样一个正方形。不论意义如何，一个观念总不会有什么特殊的倾向，产生它所代表的动作，或者它所指定的对象。不论观念所代表的是它本身的动作还是一个红色正方形，都不会有这样的倾向。

那些正统假说的拥护者们并没有说明“神秘的联结”是什么。他们所谓的“代表”、“有目标”、“属于”仅仅是“倾向于产生”、“导致”、“唤起反应”的意思罢了。在这种情况下，“观念有冲动力”的说法就只是一句废话，等于说观念能产生它所产生的东西、引起它所引起的反应一样。然而，这些正是詹姆斯想表达的意思。因为，他首先关注到的是
77 消极的事实，即没有必要有“意志”的特殊意识。至于一个观念如何引起一个动作，在他的主要问题里这是无关紧要的。

他们所谓的“代表”或“有目标”，还可能是指“按照练习律和效果律所形成的联结”。如果是这样的话，“观念有冲动力”的主张则恰恰与一般学习规律的小特征相符。正如我所强调的，在本能和学习定律的范围内，任何情境都有引起反应的倾向。所以，安杰尔（Angell）在讨论这个问题时说：“适当的肌肉运动从来不跟随一个观念而来，除非在一个人的已有经验中它曾经被使用过或者已经建立了其他习惯式的联结。”（1904，p. 356）

可是，一般来说，正如“观念驱动行为”说在教育、医疗和伦理学的应用中所展示出来的那样，它的追随者们总是假定，观念产生动作是一个固有的倾向。观念或者产生类似的动作，或者产生观念所指定的动作，或者二者兼而有之。这一点表现在沃什伯恩（Washburn）最近所提出的一项声明中。她明知道有反对意见，还是说：“经过中枢的激发，一个动作观念是一种感觉、视觉、触觉、动觉的复活，它本来就是由动作本身产生的。而且，当这样的一个观念被注意到的时候，或者通俗地说，当我们专注于这个动作的‘感觉’如何时、或者看它是如何做出来的时候，就是感觉与驱动过程、重建动作形成联结的时刻。这就是大家熟知的学说，而且詹姆斯在他的《心理学》第 26 章对此有详细的阐述。”（1908，p. 280）

卡尔金斯（Calkins）教授一直更加清楚地说，自发行为是由我们心理上获得的相似反应观念所引起的反应。一个“外部的”意志过程是某种形式的意志行动；而一个“内部的”意志过程则是这种形式的有意思 78
考。“意志过程是一种行为或行为结果的想象，一般来说，它产生于相同的行为或行为结果之前，并与行为和行为结果相似。例如，我要在一封信上签名，不是想象我用笔的动作，就是想象要写出来的签名是个什么样；我要购物，不是想象我交钱的动作，就是想象我要买的东西——高尔夫球杆或者古铜器。”（1901，p. 299）内部的想象“与它的行为结果并不完全一样。对行为的有意想象可以像它做出来的那样详细”，但是，一种思想的有意想象只能跟随着一个“部分相似”（1901，p. 303）的思想。

抛开这些具体作者的精确阐述，一个行为与一个观念，它们之间可以形成有效的联结。与此类似的观点已经成为大众普遍接受的信念。正是这种信念，或有相同效果的事情，已经成为医疗、道德、教育、学校管理、商业和政治等广泛领域的实践基础。所以，这种信念和我反对它的理由都应该详加阐述。

第一，如果詹姆斯所谓的“一个动作的代表”和麦克杜格尔所谓的“观念”都按照通常的意义来解释的话，那么，我们就会发现这样一些情况，即作为实际动作代表的观念已经存在，但却并没有唤起它所代表的实际动作或观念所指的动作。例如，一个小孩的某个动作，他可能做了上千次，而且现在他又渴望做出这个动作。但是，如果他以前所做的这个动作都只是由感觉刺激引起的话，那么，无论我们现在怎样给他生动地用语言描述这个动作——而且他也很努力地听——都不可能通过唤起他做出这个动作的观念来引发他做出这个动作。观念必须依靠练习律和效果律先与动作联系起来，或者与感觉刺激联系起来，才能通过这种联系或努力产生动作反应。否则，绝没有丝毫的能力可以唤起动作。

一个行为的观念，即使它不需要按照练习律和效果律与该行为形成
79 联结，它也**不一定**会立即引起相应的行为反应。假如从阅读本页的读者中选出那些充满活力的人，一个接一个地唤起他们打喷嚏、呕吐和打嗝的准确观念，如此这般，做上 100 次，也不会有一次能引起真实反应的发生。不是这些读者在心理上不能获得理论上所说的那种动作的代表，而是理论的错误。可是，如果理论上所说的动作代表，连不到百分之一的心理学专业的学生都无法得到，那么，这个理论就是令人怀疑的先验论。既然观念唤起动作是一般人都具有的能力，可是百人当中竟无一人能获得观念，那么这样的人又到哪里去找呢？

第二，至少大多数的观念与行为的联结，而且是产生了实际行动的联结，是按照练习律和效果律建立的。一个人有了想睡觉的念头而去睡觉，有了想写“猫”字的念头就写出“猫”字，对这些现象的解释不难从以前的训练中找到。以前的训练已经把睡觉的观念与疲惫欲睡的情境联结在一起。情境相合，去睡觉就是原本的反应，或习得的反应。甚至以前的训练已经把睡觉的观念与睡觉的动作相联结。现在让读者坐在椅子上，产生一个起立的念头，他可能会真的站起来。因为，起立的观念已经联结了很多直接的感觉情境，按照练习律和效果律，这些感觉情境

能引起使人从椅子上起立的行为，观念自身也就成了反应的情境。可
是，如果现在让他去想一个潜水的观念，他就不会站起来。[①] 但是，如
果让他做其他事情，他就会站起来。站起来之后，他当然可以做潜水的
动作了。所谓“直接随观念而发生”的动作，都是他以前屡次做过的动 80
作，或者常常是某部分动作，或者是曾经令他满意的动作，而不是与观
念相似的动作。

第三，撇开练习律和效果律不谈，在一般情况下，人通常所想起的观念一般不会产生动作，而产生的动作一般也不是来自观念。请读者一个接一个地想象下面的这些动作：伸手从自己膝盖上拿起一个苹果，握住它，送进嘴里，咬一口，嚼嚼它，咽下去；起床，进浴室，拧开水龙头，跨进浴缸，洗浴，出来，身体哆嗦，从洗漱台上拿下毛巾，擦拭身体；拿起一本书，翻到第一页，在阅读时不断地移动眼睛……或者在日常生活中，诸如此类的成百上千种动作。类似地，请再思考一下你最近做出的所有数千种不同的随意动作。在这些动作中，由观念引起的动作是何等的稀少；而由感觉情境引起的动作，或者那些与观念绝不相似的、只因习惯的联结所引起的动作又是何等的多！在詹姆斯阐述观念驱动行为的那段文字里列举的诸多动作事例中，只有一例除外，其他都不是直接由感觉情境引起的，即观念与动作绝不相似。那个例外也不是由观念引起的，而是人有意做出的动作，从而获得它的观念！

由于以下动作事例经常被用来作为支持“想做就做”学说的典型证据，所以，对它们进行逐一考察是有意义的。前两个事例如下：“当我与别人谈话时，发现地板上有一根针、袖口上有灰尘。没有中断谈话，我就掸掉了灰尘、拾起了针……一看见对象就刹那起念，并立即唤起成功的动作。”（1893，p. 522）现在，假如这个人只是看到了袖口的灰尘，而没有“刹那起念”，该人最近情理的反应应该是什么呢？当然是把灰尘掸掉。只靠练习律和效果律，这“刹那起念”应该与什么相联结呢？当然也应该与掸掉灰尘的动作相联结。拾针也是同样的解释。按照练习律和效果律，看到的情境足以产生反应，而不需要什么观念；观念本身

① 也就是说，坐着也可以做出部分潜水的动作。

也无须与动作相似而获得力量。

第三个例子是："跟平时一样，饭后，我坐在桌前，不时地拿起盘
81 中的坚果和葡萄干吃……看见坚果，刹那起念——我可以吃它，立即唤起成功的动作，一发而不可收。"（1893，p. 522）很显然，解释这种行为，只需要有果物的知觉、练习律和效果律即可。在这里，"我可以吃它"的念头不仅可以按照练习律和效果律与吃的动作相联结，而且它所引起的动作显然不与观念相似。"我可以吃它"的念头是很浮泛的，"吃吃也好"也是这个意思，而且它只出现一次。可是吃坚果的动作是很复杂的，伸手抓、拿起、送入口等，而且做了不止一次。

第四个例子是起床。"……脑中忽然一个闪念：'嘿！我不该再躺着啦。'此时正好没有其他念头反抗起床的念头，所以，立即产生相当的动作结果。"（1893，p. 524）在这里，观念显然完全不是动作的代表。
82 那个"嘿"和"我不该"只是他说的话[①]，而不是躯干和四肢的动作表象。他的动作之所以说是与观念相当的，并不是因为它与动作表象相似，或者代表了动作表象，而是因为只要没有遇到反抗的观念就应该产生这样的效果。这个"嘿！我不该"是以前受到的他人的训诲，并在感觉上受到了刺激而保留下来的。在它的前后之所以会引起相当的反应，都是因为练习律和效果律的作用。因为不这样反应，就会受到责罚而感到不舒服。

这四个事例是相信用练习律和效果律就可以作出解释的人也可以举的例子。其中的三个例子只需要有感觉情境，第四个例子，观念既没有代表动作，也不与动作相似。

第五个例子如下："你试着想象弯曲手指时的感觉，想象的同时这个手指仍然保持伸直的状态。随着想象中手指的弯曲你会立刻感到发麻，但手指实际上并没有动，因为实际上你心理有手指不要动的观念。毫无顾忌地丢掉这个观念，只想象手指的弯曲动作。瞧！毫不费力，它真的就动了。"（1893，p. 527）可实际上的事实却是，就在他听到"你试着想象弯曲手指时的感觉"的刹那间，他就已经试着用各种方式弯曲

① 如果要诡辩的话，这句话也可以被歪曲成腿和躯干动作的代表。但这是谎言的代表，会直接导致对观念的否定。

手指获得感觉了。也就是说，他的手指真动了。许多被试都是这样。他是用准备弯曲手指的动作回应问题的，根本没有超出他理解这句话意思的任何观念。接着，下一句话又不让他弯曲手指，他只能抑制弯曲手指的冲动。“发麻”的感觉并非来自手指位置在**想象中的变化**，而是来自对手指位置**变化的实际抑制**。那些不能想象手指弯曲的人也会感到发麻。这样的事情远不能证明想象的动作本身会产生实际的动作，却证明 83
了在那些伴随动作或部分动作才能慢慢想象出动作表象的事例中，推断动作想象发生在动作之前是危险的。

因此，这些事例表明，绝大多数的动作不是由它们的观念引起的，而且大多数动作观念本身也不能产生它们所代表的动作。每当观念真的引起了它的动作时，就有动作与观念曾经按照练习律和效果律建立过联结的证据。如果观念与动作真的有联结，而且观念本身真的能产生它的动作，那这种联结一定是神秘的，可它根本就不存在。

84

第七章
原始倾向的解剖与生理

智力、性格与技能的生理基础是由神经元及其附属器官所构成的神经系统的结构和活动。人类本性的这些方面都依赖于神经元的结构和活动。

神经元实质上是联结身体各部分的专门化线状原生质。跟身体的其他成分一样，也要吸收营养、排泄、生长和死亡，但是，它们在动物生命中的专门功能是**感受**(sensitivity)、**传导**(conductivity）和**塑造**(modifiability)。感受的意思是神经元的一端具有被一种或多种势力激起活动的能力。传导的意思是神经元能把这种激起的活动或活动的结果传递到神经元的另一端。可塑性的意思是它具有与经常应用协调一致并立即记述其应用的改变能力。

它们分布在由**感受器**(它很容易接收身体内外的重要影响)、**效应器**（它与行为器官紧密相连）和**连接器**(它连接在感受器与效应器之间并领导它们）构成的精密系统中。整体系统的每个神经元与外界、与身体的其他器官或与其他神经元都有着专门的联结。

神经元的结构

图 7—1 和图 7—2 所展示的是几种典型的神经元。神经元形状变化
85 广泛，但都有共同的成分。线状的形体适合于将动物身体的某一部分同其他部分联系在一起，引导刺激从身体的一个部分传递到另一个部分，使身体某一部分所发生的情况影响到其他部分的情况。为方便起见，我

将神经元的接收端标记为 rec.，发送端或输出端标记为 dis.。需要注意的是，图中所画神经元的直径和长度与实际神经元相比都被夸大或缩小了。一条神经元可能有 0.6 米长，但直径却比图中画的线条小多了。实际上，一百条神经元紧密排列在一起的总直径，甚至都不及图中所画的一条线的直径。

图 7—3 和图 7—4 展示的是神经元接收端的典型结构，它与身体的外部或内部事件相联系。

图 7—5 和图 7—6 展示的是神经元输出端的典型结构，它与肌肉相联系。

图 7—7、图 7—8 和图 7—9 展示的是突触的典型结构，即一个神经元的输出端与另一个神经元的接收端相联结的部位。

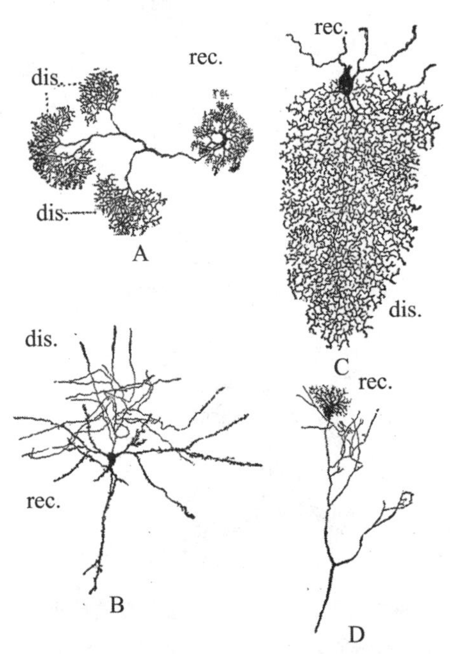

图 7—1 典型的神经元一

注：A、B、C、D 分别是四个神经元。D 的输出端，因页面的限制而没有画全。

资料来源：A 转引自 Marenghi，引自 Kölliker（1902，p. 834）；B 引自 Kölliker（1896，p. 654）；C 引自 Van Gehuchten（1900，vol. 2，p. 175）；D 引自 Kölliker（1896，p. 349）。

86

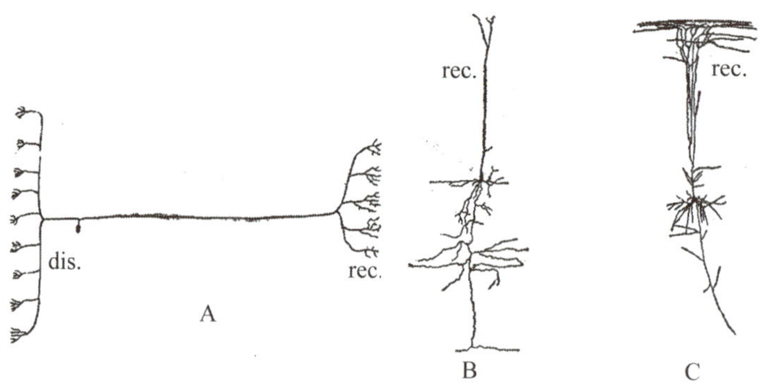

图 7—2　典型的神经元二

注：A、B、C三个神经元，其中，B、C两个神经元的输出端，因页面限制没有完全画出。

资料来源：B引自 Barker（1910，p. 70）；C引自 Kölliker（1896，p. 46）。

87

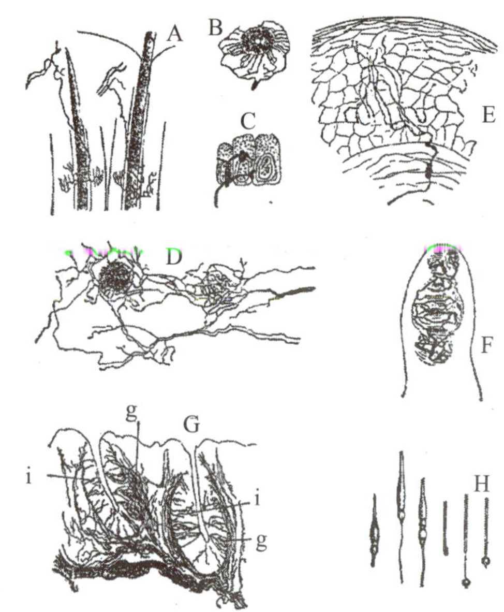

图 7—3　神经元接收端的典型结构一

注：第一重感受神经元的接收端（或称为感受器）举例。A是毛发根部周围的（鼠类）感受器。B是A组织的横切面。C是外皮细胞中的神经末梢。D是染色细胞周围的神经末梢。E是食道口内层的神经末梢。F是触觉蒂形器官内的神经末梢。G是叶状刺（papilla foliata）内的神经末梢，其中g是味蕾，以及内外蓓蕾（gemmule）细胞，i是内蓓蕾细胞里的神经末梢。H是人类视网膜上柱体和锥体细胞的神经末梢。

资料来源：A、B、C、D引自 Edinger（1896，p. 42），C转引自 Bethe，D转引自 Eberth 与 Bunge；E引自 Barker（1901，p. 362），转引自 Retzius；F引自 Barker（1901，p. 386），转引自 Smirnow；G、H引自 Kölliker（1902，p. 28 and p. 820）。

88

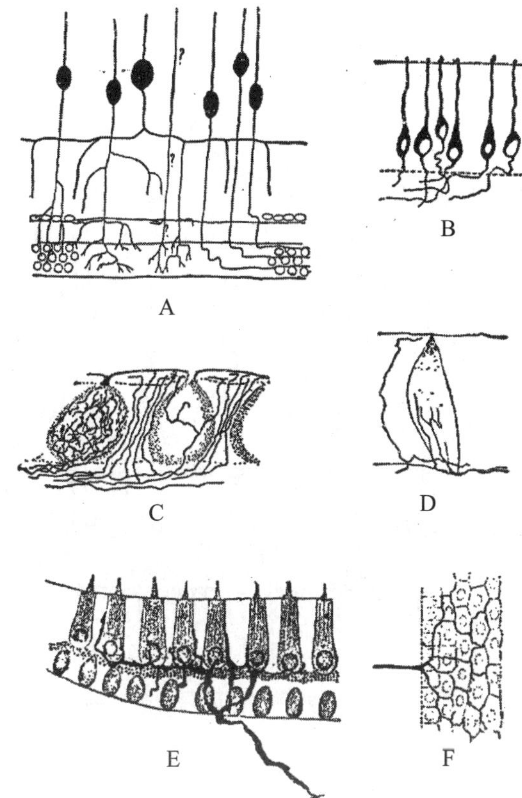

图 7—4　神经元接收端的典型结构二

注：第一重感受神经元的接收端（或称为感受器）举例（续前）。A 是螺旋层内和柯蒂斯器内的神经末梢，有“?”号的一枝是输出端末梢。B 是鼻内第一重嗅神经元的末梢。C、D 是味蕾以及味神经元的接收端末梢。E 是耳蜗囊斑内一个神经元的接收末梢。F 是皮层内的神经末梢。

资料来源：A 引自 Kölliker（1902，p. 952）；B 引自 Van Gehuchten（1900，vol. 2，244）；C 引自 Barker（1901，p. 527），转引自 v. Lenhossék；D 引自 Kölliker（1902，p. 29）；E 引自 Barker（1901，p. 502），转引自 v. Lenhossék；F 引自 Van Gehuchten（1900，vol. 2，p. 372）。

89

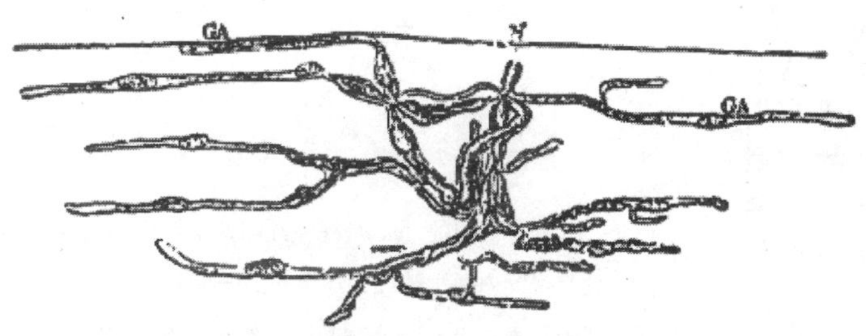

图 7—5　神经元输出端的典型结构一

注：蛙的腹股肌上一个运动神经元的输出端。

资料来源：引自 Barker，转引自 Schiefferdecker，后者又转引自 W. Kühen。

90

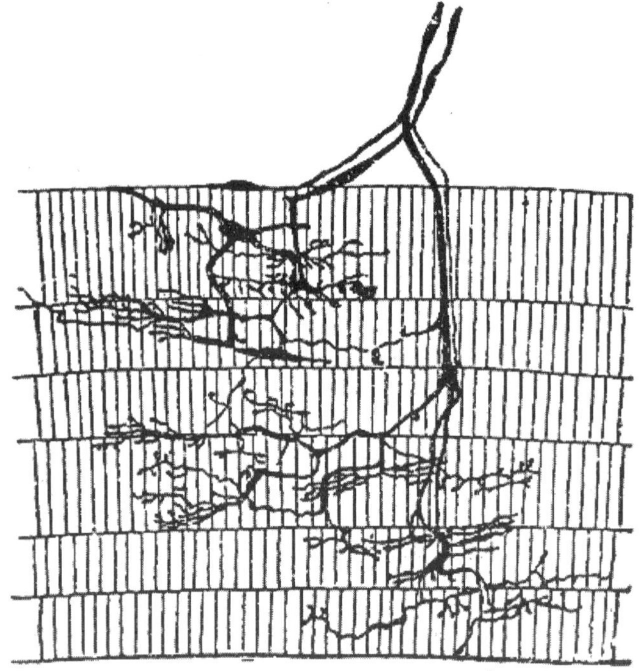

图 7—6 神经元输出端的典型结构二

注：白鼠横纹肌内神经元的输出端。

资料来源：引自 Van Gehuchten（1900，vol. 1，p. 205）。

91

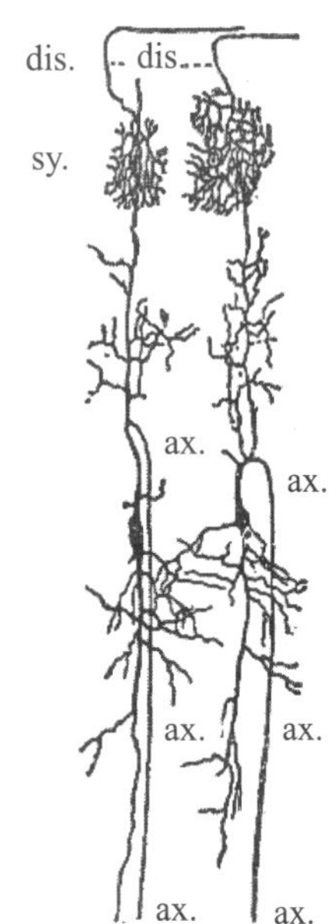

图 7—7 突触的典型结构一

注：图中的 dis. 是视神经的两个神经元的输出端，在 sy. 处与视叶内两个神经元输出端的一部分形成突触联系。后者在图中只表现出一部分，其轴突神经的延长部分远在本图范围之外。

资料来源：引自 Van Gehuchten（1900，vol. 2，p. 50）。

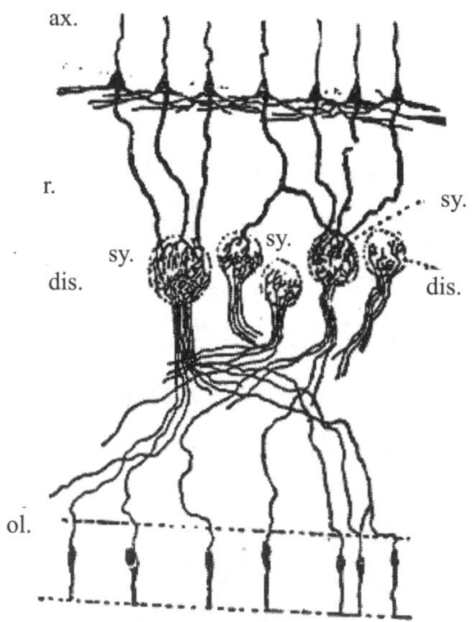

图 7—8　突触的典型结构二

注：嗅觉感受器，即第一重嗅觉神经元（ol.）。其输出端（dis.）与 7 个第二重嗅觉神经元的接收端（r.）形成突触联结（sy.）。第二重神经元的轴突神经纤维（ax.）延长到本图的范围之外。

资料来源：引自 Van Gehuchten（1900，vol. 2，p. 287）。

92

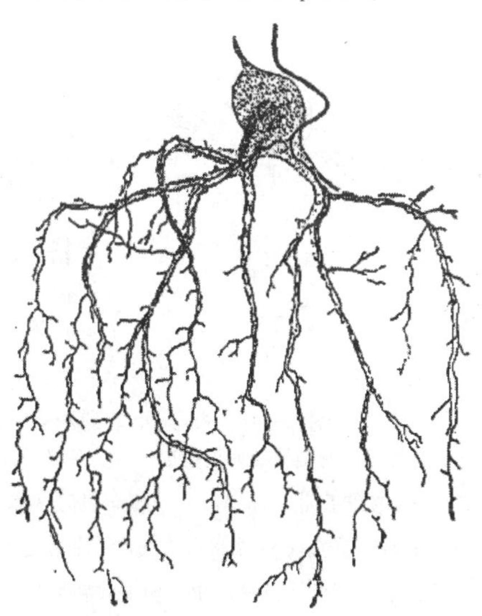

图 7—9　突触的典型结构三

注：小脑外层突触举例。一个神经元输出端的分支与一个沛金及（Purkinje）神经元的接收端相互紧密缠绕。前者纯黑色，后者有虚点，点数未详细画出。

资料来源：引自 Johnston（1906，p. 241）。

神经元的排列

图 7—10、图 7—11 和图 7—12 或多或少概略地显示了神经元排列成一系列传导线（conduction-lines）或者传导链（conduction-chains）形式的某些情况。整个神经系统就是由这样数以百万计的传导链组成的。单是一个人的行为，所牵涉的神经元的数量，可能远远超过目前全世界所有电话线数量的一千倍。它们的详细排列情况，如果像这样展示的话，那将是一项几乎永无止境的工作。

93

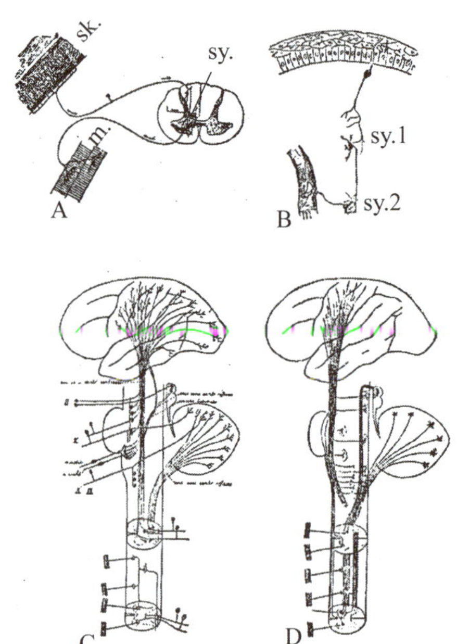

图 7—10　神经元排列形式一

注：A、B、C、D 四个图所显示的是神经元连接成串，为传递信息相互连接的情形。由 A 可见两个神经元连成一串，一个来自皮肤（sk.），一个传向肌肉（m.）中去，中间在脊髓形成突触（sy.）。B 是三个神经元连成一串，一个来自皮肤，一个传向肌肉，中间经过突触 1 与突触 2。C 的下层也像 A、B 一样，神经元连接成串。但皮肤和第一重神经元接收端的一部分没有画出来。C 上面的四分之三所表示的是其他各串神经元的一部分如何来自第一重或第二重感受神经元，而上达到大脑外层。D 表示从大脑外层到肌肉的各串神经元的一部分。

资料来源：A 引自 Van Gehuchten（1900，vol. 1，p. 517）；B 引自 Edinger（1896，p. 31）；C、D 引自 Van Gehuchten（1900，vol. 2，p. 513 and p. 512）。

94

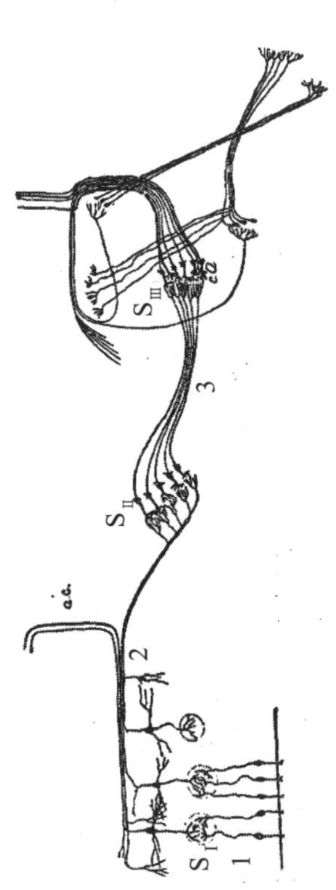

图 7—11　神经元排列形式二

注：该图显示一串神经元把刺激从嗅觉感官传至亚蒙尼斯之角(Cornu Ammonis)，从此又传向各方其他结合。标注 1、2、3 的地方依次表示这一串内的第一、第二、第三神经元。第一层与第二层神经元之间的突触注明 S_{I}，第二层与第三层神经元之间注明 S_{II}，余者类推。在 a. c. 处割断的第二组神经元传至大脑的另一半球。

资料来源：引自 Van Gehuchten (1900，vol. 2，p. 294)。

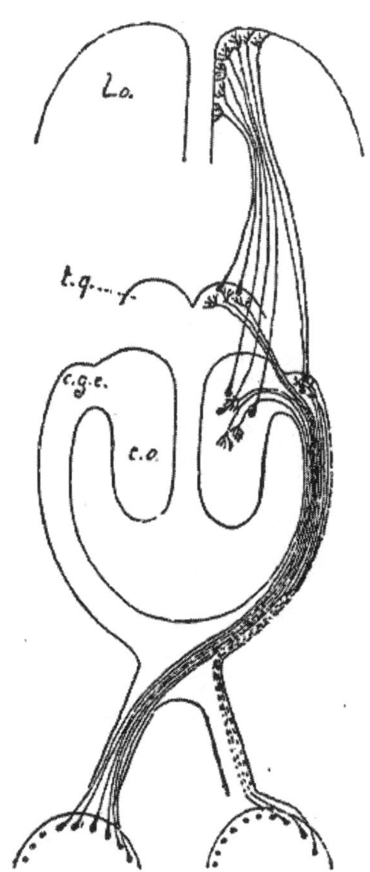

图 7—12　神经元排列形式三

注：该图显示的是一串神经元的一部分如何从视网膜的柱体和锥体细胞传到大脑枕叶的情形。图中见到的是这一串神经元的最后两节。凡是合成视神经感受部分的神经元都从视网膜接受刺激，在四叠体(corpora quadrigemina) 的外漆状体(external geniculate bodies) 以及视层 (optic layer) 中经过一个突触，由另一个神经元传到枕叶。

资料来源：引自 Van Gehuchten (1900，vol. 2，p. 253)。

目前已经注意到了人的神经元原始排列的四个一般特征：第一，整个系统是由传导单元组成的规划好的系统。它们把身体上某部位被动物“感受到”的或者能够留下印象的或者对动物生活非常重要的事件(events)，传导至身体上能够“做出行为反应”的或者能使他自己适应的或者能够改变他行为结果的另一些部位。这些事件在传递过程中要经过一个非常复杂的“转换器”（switchboard）或一套“中继站”（relay stations)。在“转换器”或“中继站”里允许这些事件进行数量极大的各种各样的组合、转换、分流和延迟，从而控制事件的流动。

第二，尤其存在着像图7—13所简略表示的、图7—14所实际展示的、几个神经元联结到一个神经元的排列形式，这会使多个分离的刺激聚合在一起，传导到一个共同的总路径上。

第三，同样存在着如图7—15所简略表示的、图7—16所实际展示的、一个神经元分别与几个神经联结的排列形式，这样就可以把一个原始刺激分配、扩散或多向传递到不同的终端路径上。

95

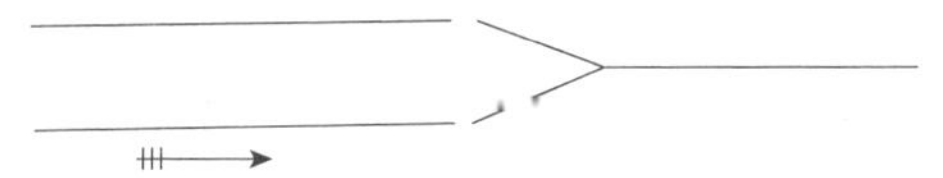

图7—13　神经传递的辐合形式

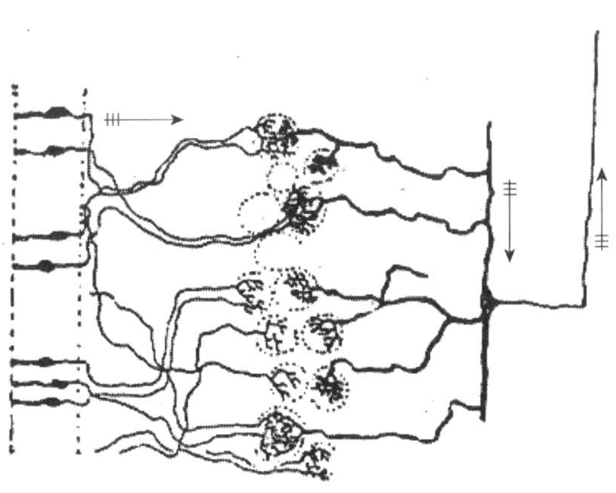

图7—14　嗅觉器官内神经传递的辐合情形

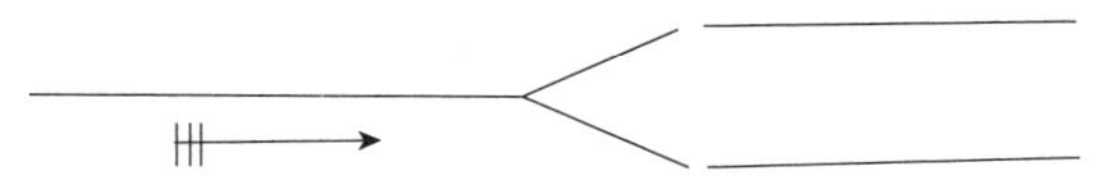

图 7—15　神经传递的分布形式

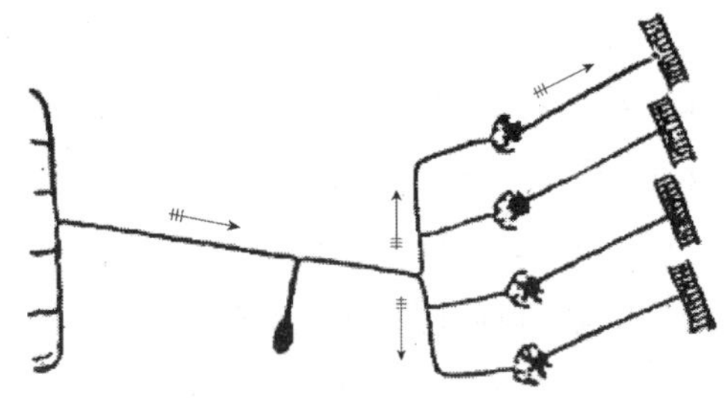

图 7—16　脊髓反射路上的分布情形

第四，特别是人的联结神经元（或者叫做联合神经元、交换神经元），它是一个能够改变刺激传递方向的极其复杂的器官，尤其能够使刺激的传递变化多端。这样，就会使相同的刺激根据各自不同的细微协同条件，产生不同的终端传递路径，也会使不同的刺激依照某种共同的条件传递到同一个终端路径。神经元联结的多样性表现为人类心理和身体活动本能的多样性，好奇、操作、视觉探索和发声，以及上百万计的由这些本能发展起来的习惯，无不依赖于这个由人类神经元排列组成的非常敏感、非常复杂、非常具有可变性的转换器。

人行为中的某个情境与某个反应的原始联结就是因为它们有这样的 96
生理基础，即由这些神经元唤起的生理反应的传导原本就比向其他神经路径传导更容易。凭借着神经元的原始排列，即知道了一个神经元（A）的输出端与哪些神经元（B、C、D）的接收端距离较近、与哪些神经元（X、Y、Z）的接收端距离较远，就能大致确定哪些反应或动作能够被已知情境唤起。行为上的原始联结，在很大程度上取决于神经元在大脑中的原始位置，即神经元输出端与其他神经元接收端的原始距离。

当然，它们也受其他因素的影响。可以设想，即使神经元 A 的输出端与神经元 B、C、D 的接收端之间的突触距离完全相同，但这三者之间传导的难易程度也可能非常不同。就像三个不同的接头（即一个是

铜的、一个是金的、一个是橡胶的，它们的电阻不同）那样，三种细胞
97 膜对某种物质的渗透性也可能不一样。因此，三个突触（既 A 与 B、A 与 C、A 与 D）本身就可能会对由神经元 A 传来的刺激有着不同的抵抗强度，所以，它们的传递就不仅仅是由距离决定的了。如果在“等距离突触”（synapses of equal distances）的渗透性上存在着这样的差异，而且是人的本性特征，那么，它们就是决定某刺激传向哪条通路、某情境原本会引起哪种反应的第二个决定因素。因此，神经元之间的空间接近性肯定是各种行为联结的基础条件之一；一个神经冲动又不能跳起一段距离，从一个神经元的输出端跳到另一个神经元的接收端，所以，某种特殊的渗透性可能就是附加的必要条件。

感受性与传导性

关于感受性的生理详情，即一个神经元的接收端（或者沿着它的传导方向，不过这种机会极少）被某事件激活的能力，我们知道的很少。而且，就这么很少的一点儿还与我们的用途无特别的相关。对单个神经元传导性的了解也是如此。我们也不知道一个神经元的作用是什么、凭什么在接收端发生的事情会影响到输出端发生的事情；而且被接受的一个又一个不同的假设没有改变这里所说的任何结论。在一串神经元中的传导性不仅包括单个神经元内部的传导性，显然还包括感受性、输出性以及突触的传导性。突触似乎有着类似于输出和传导的特殊作用，但究竟如何，却并不能肯定。

98

学习和准备能力的生理学

一个神经元的可变性不外乎下列几种：(1) 凭借它形状的改变，使它的接收端与刺激物有不同的空间关系，或者使它的输出端与邻近神经元的接收端有着不同的空间关系；(2) 接收端对影响它的力量多少变得更敏感些；(3) 作为一个传导者，它或多或少地改变传导阻力，或者改变传导作用；(4) 改变它的输出方式；(5) 它发生其他不同的变化。

在它的成长发育过程中，显然包括了第一种改变，即其空间关系的改变，大概像图 7—17 和图 7—18 所显示的那样。由神经元的某些疾病所产生的变化也是这样。至于神经元靠它自己的一般活动能产生什么变

化，主要是用假设考虑的问题。

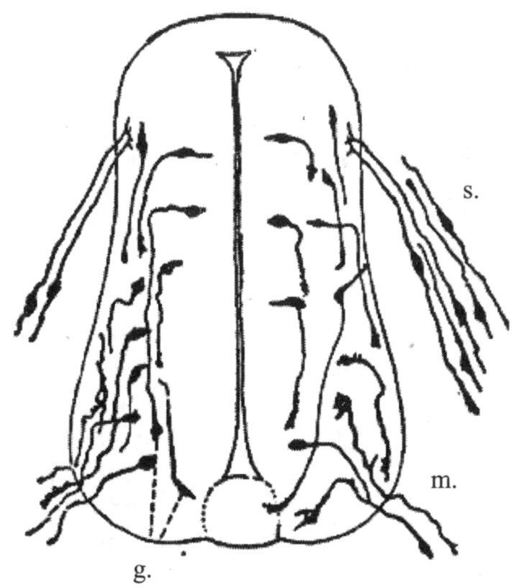

图 7—17 未成熟的神经元

注：这个图是鸡雏孵化到第 3 天时脊髓的横截面。此处见到神经元会发育到如图 7—1 和图 7—2 所示的很复杂的地步。在 s. 处，有 5 个神经元朝着中央的一端会长进脊髓，变为长长的轴突并有无数侧支，每一支在一个联合神经元或运动神经元的旁边分成许多蓬蓬然的树状突。这些神经元的另一端会延伸到皮肤或其他地方。m. 左边的 4 个神经元会延伸到躯体，与某种肌肉纤维相连接。其他神经元也会发育，其末梢会同其他感受或运动神经元的末梢发生特殊的空间上的关系。g. 处的两个神经元的末梢正在发育。

资料来源：引自 Van Gehuchten（1900，vol. 2，p. 282），转引自 Ramon y Cajal。

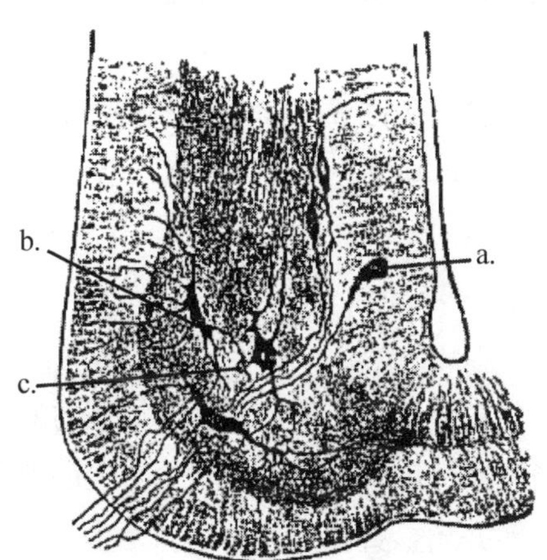

图 7—18 发育程度不等的神经元

注：a. 处表示很早的时期，b. 处稍迟，c. 处神经元的接收端几乎已经达到最后时期的复杂程度。

资料来源：引自 v. Lenhossék（1895，p. 92）。

100

第八章 原始倾向发生与消失的顺序和时期

卵子受精后，即一个新的生命开始后，不同的原始倾向发生在不同的时期。有些要延迟到出生时，有些则要延迟到出生后。每一种原始倾向的发生顺序，以及从生命开始到倾向发生之间的时间间隔都不是偶然的。当然，人类是典型生存条件下的物种，也有较大的差异。这种典型的发生顺序和典型的时间间隔必有一定的原因。

原始倾向在它们第一次出现之后，所持续的时间长短也各不相同，通常只能用它们所产生的不适，来解释它们存在的短暂和表现的程度。但在一些情况下，有些原始倾向似乎**天生**就是短暂的，即使它的训练没有使个体产生不适，也会从机体上消失。这种消失及消失的时间也必有一定的原因。

对原始倾向发生与消失的顺序和时期，已经有了两种理论解释。第一个是**复演说**(Recapitulation Theory)，第二个是**效用说**(Utility Theory)。

复演说

复演说最清楚的解释是，个体内各种原始倾向的发生顺序差不多完全依照它们在人类种系（即人类的全部祖先）上的发生顺序发生。也就
101 是说，个体从受精卵开始，直至某原始倾向发生，在时间上有一定的间隔；而从人类祖先在动物界出现开始，直到那个原始倾向发生，在时间上也有一定的间隔。两相比较，几乎完全相像。而且，原始倾向在个体身上消失的顺序和时期，也同样与人类祖先原始倾向的消失顺序和时期

相平行。这种人类个体原始倾向的发生以及消失的顺序和时期与其祖先相平行的复演理论，其理论根据是生态规律假设。这是一条胚胎（germ）发育的规律。按照这个规律，胚胎所发生的变化会形成一种附加机制，使该变化对个体发育的影响时期比原胚胎本身正常变化的时期更晚。假如，人类祖先从生命起源之后，先是在水上漂泊了 10 万年，又靠纤毛游动了 10 万年，再像蛇类动物那样蠕动爬行了 10 万年，然后又四肢着地走了 10 万年，最后像猴子那样攀援腾跃了 10 万年。让我们再进一步假设，如果每一种新倾向都是伴随着一种旧倾向的消亡而出现的。那么，按照复演说的极端说法，一个人类个体自始至终应该具有这些倾向，而且发生的顺序相同、保持的时间对应相当，而且消失的顺序也相同（当然，最后一种倾向是不可能消失的，它的消失与否取决于个体的祖先的这种倾向是否已经消失了）。

用一个图表来说明这个例子，将有助于我们在记忆中巩固复演说的
极端说法。假设人类祖先先后有甲、乙、丙、丁等四种倾向，图 8—1
左边的四条垂直线段分别代表这四种倾向，而且每条线段的上端表示该 102
倾向发生的时代，线段的下端表示该倾向消失的时代。那么，按照复演
说的极端说法，图 8—1 中右边的四条垂直线段的上端则分别代表一个
人类个体这四种倾向发生的时间，如果没遇到外界事物的影响，它们也
要按照线段下端所代表的时间消失。

显然，没有哪个研究人类本性的学者会抱定复演说的这种极端说 103
法。因为，很明显，个体再现祖先的这些倾向时，发生的早晚和保持时
间的长短各不相同。在种系上发生较早的倾向在个体的身上表现的时间
很短，而较晚出现的倾向在个体身上保持的时间较长。即使表现时间很
短的倾向也不等于零，只是一个极小的成分而已。因此，个体与种系倾
向相平行的观点通常被修改为：发生越早的种系倾向，在个体身上表现 104
的时间越短；个体倾向发生时间的先后顺序和保持时间的长短大致与种
系倾向的发生时期和保持时期的长短相对应。

因此，我们应该用图 8—2 取代图 8—1 来说明下列情况。其中，假如从人类生命起源到现代人，甲倾向较早出现在人类祖先身上，那么，它在从怀孕到成年的个体身上所保留的时间只是它在人类祖先身上保持

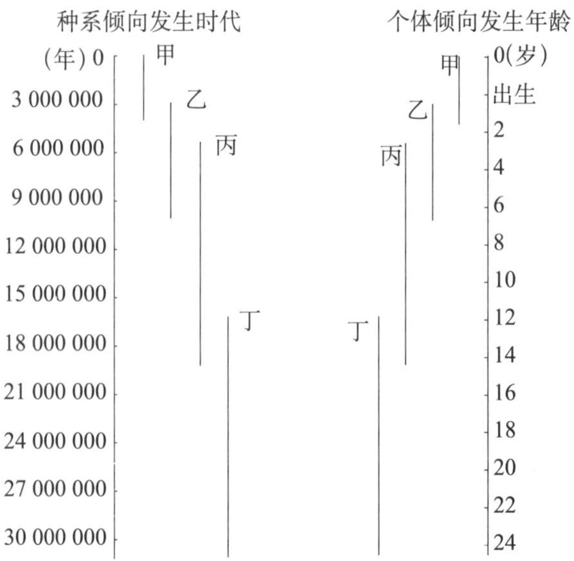

图 8—1　复演说图示

时间的十分之一；乙倾向在个体身上保持的时间是它在祖先身上保持时间的十分之二，丙倾向是十分之四；丁倾向是十分之七。为了使读者获得正确的认识，并让大家了解复演说的信仰者是怎么理解该理论和怎样用它来解释人性的，我从长引用了他们所说的最能使人领悟的几段话。下面几段就是较为普遍的陈述。

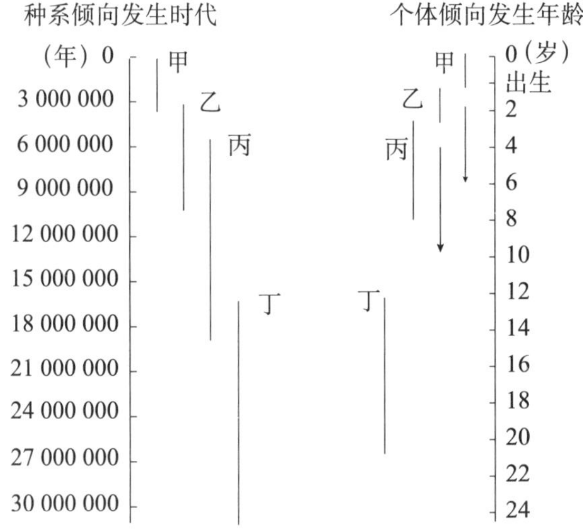

图 8—2　改进后的复演说图示

“个体发育和种系发展之间的关系准确地决定着个体心理发展的进程。高级（即有目的的和理性的）活动的发展也无处不受前期已发展起来的本能的影响，并主要受它的制约。与之相反的工作无法影响这种发展，也不能改变种系特征按照遗传规律有序地达到相应的适应状态，但却能妨碍发展的自然进程，并使人的努力成为一种变态的误导。”（Schneider，1882，p. 489）

“个体从受孕到衰老，遵循着种系发展的顺序。”（Burk，1898，p. 36）

“就像在物质世界一样，心理的发展也有一个自然顺序。正因如此，新的生命必须经历特定的发展阶段。我们理当研究它，与其妨碍 105
它不如寻求如何辅助它。因为，自然一定是正确的，没有高于它的准则。所以，对于教育家来说，没有比研究个体的自然发展更有重要价值的课题了。种系发生与个体发生的平行论强有力地支持了自然发展观，并在儿童道德发展上支持应用卡塔希思学说或接种疫苗说（the doctrine of Katharsis or vaccination）。教育应该是一种有序的、逐渐展开的过程，没有早熟，没有干涉，从较低级的阶段自然过渡到较高级的阶段；强迫是非自然的，所提供的精神食粮必须与其发展所达到的阶段相适应。平行论为这些教育理念提供了双重支持。只要我们立足于最终目标，不使儿童过分徘徊、停滞于某个阶段，就不必担心他们停留在某个阶段上，因为该阶段的训练是为下一个阶段做准备。很久以前，冯·贝尔针对动物说过的那句名言同样适用于儿童：‘每种动物似乎在胚胎（embryo）刚刚形成时，就已经确定了它的发展并支配着整个发展。’

“个体发育过程中复演动物种系的时间很短。但本书没有谈及个体如何复演人类种系的发展阶段。了解个体复演人类种系发展阶段的目的在于从中获得这样的事实，即个体复演时间的长短不在于该倾向在祖先身上保留时间的长短，而在于该倾向距离现代人时间的长短。由此，我们可以概括出这样的结论，即个体对人类发展阶段的复演要比复演最长的动物阶段（即类人猿阶段）还要长很多。”（Guillet，1900，pp. 427－428）

效用说

效用理论用原始倾向存在的理由来解释它在某时期发生的原因，即变异（variation）和选择（selection）。在其他条件相同的情况下，一种倾向出现的时间，就是我们的祖先最需要用它来保证种系生存的那个时
106 间。因此，哺乳尽管在种系发展的晚期出现，却在个体发育的早期发生。性本能尽管出于种系的早期，却处于个体发展的晚期。用四肢走路，尽管在种系上存留了大约上百万年，但在个体发育上却一现即逝，或者完全没有显现。爬行，尽管对人类祖先来说，不是一种重要的运动形式，不过发生于一时，过时消失，但在婴儿时期却是一个明显发生又及时消失的倾向。

一个效用说的坚持者，不必坚持倾向的实际发生顺序时时处于各个特别的有用的时期（即无时不比偶然随机的顺序更为有用），更不用说现在的发生顺序是有利于生存的理想顺序了。如果个体所拥有的一种原始倾向的发生顺序是非常有害的，那它一定会被屡次淘汰掉。一个较好的发生顺序必须首先表现出不同凡响，否则无从被选择而得以保存。换言之，由自然选择决定原始倾向发生和消失顺序以及持续时间的理论，与其他的自然选择理论都是同样的解释。

我还没有找到有助于理解效用说的话。或许可以假定，凡是反对复演说的理论就是效用说。但是，它们一般都只满足于指出复演说所不能解释的现象，而不是什么有建设性的学说。我所坚持的、能够解释人类智力及性格上原始倾向发生顺序和时期的效用说是：**一个原始倾向之所以一经发生就能被永久保留，是因为它与另一个倾向有某种时间上的关系。无论是什么使这种倾向发生，一旦发生，就在动物发育的总顺序上占据一定的时间和位置。无论是什么使它发生变异，一旦发生变异就是**
107 **它变异的时间。它被保留的时间（其他条件暂且不计），一定是它出现的许多时期之一，即最有利于保证人类生存的时期。同理，它消失的时期也是它最不利于人类生存的时期。**与人类原始倾向有关系的时间，即原始倾向自身发生的时间是，**经过应用而被选择的胚质因受影响而表现出变异结果**的时间。

延迟发育的本能和能力的逐渐成熟

现在，肤浅的心理学和教育学最喜欢说的是，完全潜伏着的本能，待时限一到，会在短短的几周内就一跃而起，最大限度地发挥自己的全部能量。我们也常听人说，某某时期是某某倾向的“潜伏期”或成熟期。还有“3 岁害怕，6 岁攀爬，15 岁能合作”等诸如此类的说法。同样的观点还被应用到所谓的“能力”（faculties），即非常一般的心理能力上。这种观点认为在将近 8 岁左右的一两年时间里，儿童会从简单的感觉生活中，一下子变得有了想象能力；在将近 13 岁左右的时候，又是 20 个月左右的光景，他们的推理能力从接近零的程度发展到几乎完全成熟的程度；在一两年的时间里，10 岁儿童竟然能表现出利他主义！

这些说法，差不多总会使人产生误解。在人生的舞台上，有一种本能最像是突如其来的本能，这就是性本能。可是一经仔细的研究就会发现，其实性本能也是在数年时间内逐渐成熟的。人从 5 岁到 25 岁，任何推理能力的测验结果都没有表明，哪一年的测验成绩是其他任何一年成绩的两倍。在有些情况下，不同年龄儿童的测验成绩可以大致代表能
力内在的发展比率。但是，我们拿不出任何数据可以证明一系列突然成 108
熟之说。图 8—3 所显示的是几个男孩在几年里的按键（如同按发报机的按键）速率。其中，虚线是由布赖恩（Bryan，1892）[①] 提供的估计结果，代表 6 岁到 16 岁男孩每年按键的平均能力；实线是由吉尔伯特（Gilbert，1894）提供的估计结果。图 8—4 显示了这两条曲线的平均曲线。这些曲线显示了成绩的上下浮动。最明显的是 13 岁不能超过 12 岁，而 16 岁却远胜于 15 岁，6 岁到 11 岁的进步明显比以后的进步大。但从总体上看，这种能力的发展是渐进的。至少，这种说法符合绝大多数观测者从图 8—3 和图 8—4 所看到的估计结果。

少数几个对能力发展感兴趣的研究，也是按照年龄阶段或多或少地 109
做了一些测量，都没有得到能力突然增长的证据。例如，从 6 岁到 10

① 有八分之一是用左手按键的结果。

岁期间，采集[①]本能也是渐渐增长的。感觉辨别力、记忆力、观察力等诸如此类的能力，也在不同年龄的儿童中测量过。可惜，这些在不同年龄条件下所得到的测量结果不仅包括了能力内在的自身发展，而且还有训
110 练的影响。因此，其中的进步与年龄的关系不能作为此处所论问题的证据。不过，单从表面成绩来看，也不能证明内部倾向突然增大的理论。的确，凡是稍微经过这种严格审查的每一种倾向都是如此。所以，与其说是突然成熟，不如说是逐渐成熟。

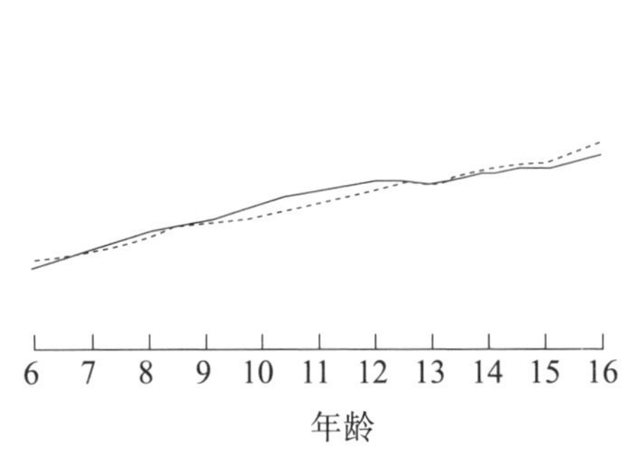

图 8—3　6 岁至 16 岁男孩在各个年龄按键的平均速率

注：实线代表 Gilbert 的估计；虚线代表 Bryan 的估计（用左手按键的结果）。

30
25
20
15
10
5
6 7 8 9 10 11 12 13 14 15 16
年龄

图 8—4　6 岁至 16 岁男孩在各个年龄按键的平均速率

注：图 8—4 是图 8—3 中两条曲线的平均曲线。

对于低等动物来说，严格地控制训练、精确地测量动物的作业成绩

---

① 根据伯克（Burk，1900）提供的 120 个男孩和女孩向老师报告的当年自己采集物体的数量，6 岁至 17 岁儿童各个年龄采集物体平均数量如下：

不同年龄儿童积极采集物体的平均数量

年龄	男孩平均采集数量	女孩平均采集数量	儿童平均采集数量
6	1.2	1.9	1.4
7	2.1	2.6	2.3
8	3.5	4.5	4
9	3.9	4.1	4
10	4.4	4.4	4.4
11	3.4	3.3	3.3
12	3	3	3
13	3.5	3.4	3.4
14	3	3	3
15	2.7	3.2	3
16	2.1	3.3	2.8
17	2	3	2.5

是可行的。可是，从那些延迟发育的本能上所发现的，也是逐渐发展的原则。例如，我（Thorndike，1899）发现，小鸡见到大的移动物体，从第一次感到惧怕到恐惧全面发育，大概需要 12 天的时间。公鸡的好斗本能早在出生后的第 6 天就见其雏形；在一个摇摆的栖木上，身体的平衡反应能力也是从第 6 天开始才逐渐地发展起来的。

由于儿童在报告上的误差，6 岁至 10 岁儿童采集数量迅速增长可能要比实际情况高，而实际的情况是平缓的。

111

稍纵即逝的原始倾向可能发生的概率

本节的主题最好从詹姆斯对稍纵即逝现象及其在人身上的表现程度的描述开始。他说：

“抛开低等动物不论，单就人类的本能来说，我们所看到的稍纵即逝规律，已经被人类生命过程中范围广泛的不同兴趣和爱好交替出现的事实所证实。对于儿童来说，生活充满了游戏和神话，学习的是‘事物’的外部特征；到了青年时期，身体训练更加系统协调，喜欢读写实小说、结交伙伴、唱歌、交友、谈恋爱、欣赏自然风光、旅行和冒险，关注科学和哲学；到了成年时期，有了抱负和处事策略，好胜好得、对人负责、在生活竞争中更显出自私的冲动。假如一个男孩，正当游戏和运动之年就独自一人单独生活，既不学习玩球，也不学习划船和驾船航行，不骑马、不溜冰、不钓鱼、不打枪，或许是终日久坐。后来，即使给他提供学习这些活动的最好机会，能够不转头就走、对最初的练习不退缩的人也不过是百分之一而已。可这要是在当年，他将是何等的渴望和快乐啊。性欲要持续一段较长的时间才能期满结束。可是众所周知，一个人特有的性行为几乎完全取决于他一开始性生活时所形成的性习惯。年轻时交友不慎，就会使人终生淫荡不羁；年轻时洁身自重，老来守贞较易。所有教育的要旨都是趁热打铁，在每一门需要持续学习的学科上，都要抓住学生的兴趣高潮，在兴趣消退之前，使他们获得知识、形成技能习惯。简而言之，兴趣是学习的先导和以后发展方向的保证。在形成精确绘画技能的开心瞬间，可能会使这些男孩子希望成为博物收藏家、解剖学家、植物学家；然后，为他们开启机械学的精密结构、物 112

理学和化学定律的奇观；再后来，让他们转向内省心理学、形而上学和宗教神秘事物；最后，学习广义的人间戏剧和处世之道。”（1893，vol. 2，p. 400）

人的本能随着人的成长以及所从事的新鲜事和新职责而消失，这段经典文字的专门描述堪称詹姆斯对它们的睿智评论。但是，值得怀疑的是，是否人在本能的广泛活动中都能显现出这条稍纵即逝的规律呢。除了稍纵即逝的规律之外，还有两种力量必须要考虑进来：第一个力量是新情境的力量，即改变人周围环境的力量，而不是改变人本性的力量；第二个是改变人本性的力量，即经过专门的获取而习得行为习惯的力量，而不仅仅是本能和能力短暂显现后就消失的力量。

例如，试想年轻人和成年人对“游戏、童话和学习事物外表特征”的热情丧失的情况。这种丧失难道一点儿都不是环境的改变所造成的吗？假如他的同伴们在股票交易所里、俱乐部里或者工厂里奇迹般地做起了儿时的游戏，就一点儿也不能唤起他做游戏的热情吗？要不是因为（或部分因为）怕他的同伴们笑话，年轻人或成年人哪会抛弃那些孩子气的事情。如果知道了这些游戏不会造成道德上和社交上的不良后果，在这种情况下，年轻人乃至成年人必然会表现出那种并没有失去的热情；不玩游戏只不过是因为那些儿时觉得习以为常的事情现在却觉得不适合了，使热心受到了克制而已。所以，男大学生才会集体玩抽陀螺或弹玻璃球的游戏，头脑冷静的经纪人才会在迎新庆典上欢呼雀跃，不苟
113 言笑的政客们才会上蹿下跳和转圈跳舞。旅游的快乐和在游乐场里的娱乐，岂不都在证明那些“学习事物外表特征”的热情在成年人身上仍然经久不衰吗？新地方、新风景、新体验照样吸引着成年男女。甚至父亲想去看马戏，却以儿子想看马戏为借口，这已成了日常幽默中的一个惯例了。最近两年，成年人几乎成了观看飞行表演的常客，这与小孩子们为了观看发动机而把小屋围得水泄不通，不都是出于“学习事物外表特征”的兴趣吗？

儿童与成年人在这方面的不同，除了考虑到情境不同之外，不都是因为增加了习惯，而不是因为本能的丧失吗？“在需要用金钱体现个人价值和身份的世界里，因受到这种刺激而设计一个真正的发动机，去跟

其他发明者进行竞争”，这与玩“造汽车”或“建桥梁”的游戏相比更能使人的本性，甚至是原始本性得到满足。然而，这种正经的嗜好却是从原始本性中派生出来的次级兴趣。如果一个人最初听童话故事只为从中获得无忧无虑的欢乐，而后来写童话故事不仅是为了得到这种欢乐，而是为了他的家庭更加富足，那么，我们就一定会预料到，这种习性已经取代了他最初无利可图的本能。年轻人之所以对揭示事物内部属性的机械学、电学、化学和生物学更感兴趣，正是因为他们早已知道了桌、椅、陀螺、弹球、马、狗等这些外部事物了，对这些已经没兴趣了。他们所表现出来的新兴趣就是转移到新事物上的原有的同一个基本兴趣，
是他们的经验改变了它们。旧目标失去了吸引力，不是因为原有的欢迎 114
它们的力量不可避免地消失了，而是因为他们在训练的过程中所获得的联结。

我在上述“游戏、童话和学习事物外表特征”的例子中所提出的情境变化和人的变化，同样适用于詹姆斯所列举的其他因成熟的原因而稍纵即逝的事例。

如果说詹姆斯对这些事例的解释还是适度的话，那么我们又该如何评说另一些人的观点呢？这些人把人的本能和能力的内部发展过程描述成按序排列的一队倾向，然后是一个个发生，一个个等待，发生后停留片刻，除非此时此刻固定为习惯，否则就永远地消失了。就像成熟的果子一样，如果不是因为家庭主妇的习惯而把它们贮藏起来，它们很快就会腐烂掉了。或者就像是一队应征入伍的队伍从办公室的门前匆匆走过一样，不是军官中意而留下来接受训练的人，就只能一走而过，一走了之。把原始倾向的显隐变化如此排列成顺序、划分为阶段和时期的描述，我认为是夸大不实之词。只在少数几点上能与内部发展的实际过程差相符合而已。

按照这些人的观点，原始倾向的发生都是突如其来的，存留的时间都是短暂的，而且它们的消失不是因为其他的原因，只是因为神经系统的联结本来就有这种稍纵即逝的倾向。反驳这种夸大其词的说法，只需看看人的原始倾向究竟是否如此。当然也要考虑到产生刺激的情境与发生反应的生物两者发生变化时，一种倾向究竟受到了什么影响。例如，

逐猎的反应时有发生。尽管现在的城市和乡村生活中缺少适当的刺激和
115 奖励，但是，只要习惯的束缚一经解除，人们还会抛开正业，高高兴兴地追逐一只逃走的猫。如果有奖励，有些人很可能愿意花钱遭罪，去同野兽过几天，回来时背着几个猎获动物的尸体。这只是因为获取猎物的方法尽力效仿了原始人徒手逐猎的方式而已。收集和储藏的原始倾向，表现在儿童身上就是简直无物不藏；在成年人中，尽管旷日费时又得不偿失，但这种倾向依旧保持着。抽屉、箱笼、屋角，十室有五，都能证明这种倾向的存在。而且，竟然有几种行业为满足这种倾向而得以维持。

原始倾向的稍纵即逝是事实，本能原本就有生有灭，但这并不是常有的事情。它们是逐渐发生的，当等到它们变成现实时，人生却为时已晚了。它们根本不像有些人所说的那样，分阶段、分时期地出现和消失。人类行为有许多处可以用某种本能来解释。这些本能只能慢慢地消失或者根本就不消失。要消失，除非这些本能活动给人带来了烦恼的结果，因此人把它们革除；否则，就是按照失用律，使其逐渐削弱。

116

第九章 原始倾向的价值与利用

本书开卷就已阐明，从人类的幸福着想，有些原始倾向应该受到爱护，有些需要加以利导，有些则应该坚决革除。

人的本性中包括好的倾向、可以利用的倾向和必须消灭的倾向。这个主张，凡是读了本书的读者都应该明了。仅母性的慈爱、好奇、残忍这三种原始倾向，就足以证明我前面说的话。但是，本来就有两种极端的观点反对我的主张：一种观点认为本性原本都是错误的、不可靠的；另一种观点认为本性总是对的。其实，第一种观点的不公允并没超过第二种观点，只是现在它已被大众所鄙视，故无须赘述。而第二种观点却颇能吸引那些殉情的痴人、主张绝对论的哲学家以及那些信仰荒谬绝伦的天演论信徒。因此，该观点在教育学说上颇有些影响。像霍尔（Hall）这样一位研究人性的著名学者尚且不免用这种观点号召他人。所以，必须慎重考虑。

“自然界永不会错”的观点

按照“自然界永不会错”的观点，进化的实际目标是人类行为的道德目的。将要表现出来的本性就是对的。虽然我们可以干涉本性，但是我们的义务是不要干涉它。训练一个儿童，就应该按照他内在冲动的发 117
展来引导他。人类的至善要在自己的进化中有兴致地、自由地度过。不能强迫改变本性的发展进程，只能按照人类的自然魔法或者加速或者延长，唯恐魔法的顺序被打乱。理想的人性是寻求自我的自然结果，按照他自己的倾向去发展，与训练无关。人类的努力应该是让内在的发展力量去做完善他们自我的工作。

这种“人类无须学习是正确的”的论调，经常被广泛地用来支持一个又一个教育实践计划的假设，这要多于它被直截了当地说成是一个一般的原则。不过下面所引用的几段话，概括起来却像是一般的原则。

“对抗这种发展（即原始本性的发展）和导致人类特性恰当适应遗传规律的各种工作是无效的，而且这些工作只能打乱发展的自然顺序，导致发展异常和错误的努力。”（Schneider，1882，p. 489）

“只有从这里（即从原始倾向或种族及个体的自然发展中）我们才有希望找到与家庭、学校、教堂以及一般文明社会中的早熟倾向不同的真正标准，并且建立诊断与测量抑制和延迟个体及种族发展的标准。”（Hall，1904，序言，p. 7）

“既然新生有机体要经历确定的发展阶段是一个自然规律，那么对我们来说，研究本性的发展过程就是必要的。我们寻求它的目的不是阻止它而是帮助它。因为本性一定是正确的，而且不存在更高的标准。”（Guklet，1900，p. 427）

任何增进内在成长过程的期望都是无助的，这种抛弃任何干预措施
118 的极端观点与通常感知到的事实相反，说谎、偷窃、暴虐、无知、无端的惧怕以及种种弱点和劣点都根源于人的本性。

施奈德和霍尔等人虽然明确表白了“本性无错误”的观点，并且把这个主张作为教育学说的一块基石。但是，他们对上述弱点和劣点并不是一无所知，也未被什么主义所迷惑，只是一时热心，忘了事实而已。对于人类这些明显错误的原始倾向，他们提出了（或可以提出）三种解释。

第一，一个自己不能单独表现的不良原始倾向，必须以一些令人满意的倾向为前提条件才能得以展现。所以，从总体上看，不良的原始倾向也是令人满意的。

伯克写道：“儿童常常具有如下一些奇怪的表现：无用的甚至是野蛮的、我们文明之外的兴趣……然而，这些奇怪而无用的经验可能是构建更高行为组合所不可缺少的基础，从而有利于现代的生活。这些中间阶段或水平对我们的文明可能是无用的甚至是有害的。但是，它们作为

进化过程的重要环节却是必不可少的。”（Burk，1898，p. 24）

用霍尔的话说，“许多一时好像很强烈的冲动在寻求表达，但后来却无声无息。这种冲动的作用是刺激另一个需要更高能量的倾向，为的是让这个更高能量的倾向来指导、抑制或取代它……而且只有借助这样的刺激，需要更高能量的倾向才能被激活发展。几乎所有的潜能都要得到发展，或者激活更高能量的倾向，使更高能量的倾向调节它或联结它，否则就没有正常的刺激发展”（1904，vol. 2，pp. 90 - 91）。所以，像婴儿手指琐琐碎碎的动作等看似无用，而实际上是伸手、抓握、把持等活动的先导。

第二，一个原始倾向，就其本身来说，可能不是令人满意的。但
是，由于它与某种令人满意的倾向或者是令人满意倾向的结果有密切的 119
关联，所以，就总体而论，它也是令人满意的。

义愤的倾向中不得不包含盛怒的倾向。没有非理性的妒忌、残忍和卑鄙的品质，就没有对爱的充分测量。按照霍尔的观点，“一个强壮的年轻人，若不能用身体与人决斗，就很难有崇高的、真正的荣誉感，而通常是一个乳臭未干的人、娘娘腔的人，或是一个苟且的人”（1904，vol. 1，p. 217）。

第三，一个原本不令人满意的原始倾向，如果经过童年的展现，而且到成年时受到这种倾向的保护，那么，总的来说它也是令人满意的。

假如一个人 5 岁成偷、10 岁称霸，但能保持从 25 岁到 70 岁都不偷不霸。那么，这些原始倾向的发展历程由于罪过较小，因而也是令人满意的。霍尔及其追随者都宣称，原始倾向的确具有这种以毒攻毒的作用。

这种年少作恶、长大后可以防毒的学说，其应用是何等的广泛！下面请看克兰（Kline）和弗朗斯（France）对自私、贪得无厌、说谎和欺骗的赞美：

“我们真的相信儿童必然复演种族的历史吗？如果真是这样的话，那么，我们就不会对争夺财产的情欲感到惊讶，不会对儿童为了得到财富而撒谎、欺骗和偷窃感到惊讶，也不会对儿童的自私行为感到惊讶。自私是生存竞争的基石，欺骗正是它的地基，而争夺财产早已成为人类和国家历史上最具优势的力量。儿童的这些情欲不过是人类几千年所形

成的贪婪本性的被压抑的力量而已。这些被压抑的本性必然寻求表达和练习，即使不在儿童期表达，也会在以后某个时候得到表达。谁知道世
120 上的那些吝啬鬼不是那些在父母的溺爱下成长起来的孩子。母亲和父亲们强迫他们赠送自己的玩具、做出不自私的行为和慷慨的行为时，他们既不相信也不理解。如果不让这些行为在儿童期表现出来，是要冒很大危险的。在儿童不能辨别孰是孰非的时候，就让他们勉强做出道德的行为是徒劳无益的。儿童因真正本性的驱使没做出成人强迫的行为，因此而惩罚他们是真正伤害他们。

“到了青春期，慷慨和利他行为会自然地出现。为什么要强迫刚刚发芽的植物开花呢？要用所有的方法去教导他们，教导他们是对的，但是，如果一种方法失败了，不要惩罚他们；就让儿童自私，就让他们说谎、欺骗，直到让这些原始的驱力全部释放殆尽。儿童的这些经验岂不给成年男子后来的生活增添了一种道德上的男子气概吗？”（1899，p. 455）

人类原始本性中的缺点

然而，这三条辅助的假设（一则是原本不令人满意的倾向可能是某种令人满意的倾向的前提；二则是原本不令人满意的倾向可能与令人满意的倾向有必然的联系；三则是将原本不令人满意的倾向作为以后抵抗类似的、更恶劣的倾向的手段）并没有揭示出“本性无错误”学说的所有缺点。尽管前两个假设在某些倾向上可能是真实的，但是，没有为贪婪、发疯似的狂怒和残忍等提供任何适当的辩解。从家庭、学校以及国家的经验中都没有发现，削弱这些本能会使什么高尚的品质就此绝望。当前与心理品质有关的知识没有引领我们期待这些本能与任何补偿优势存在必然的联系。凡是希望它们与某种有价值的心理品质的形成过程或结果相联结或相关联的绝大多数原始倾向，而且凡是能够被这样辩解的绝大多数原始倾向，要么认为把它们视为错误的原始倾向是不明智的判
121 断（例如，把它视为身体的和心理的一般活动），要么认为它们之所以能够产生良好的品质，只是由于或在情境上，或在反应上，或在情境与反应上，被人为地干预过了、利导过了、改变过了。

对于狂怒、欺辱、恃强凌弱、妒忌、高尚价值观念的迷失等这类原始本性，当它们按照人类原始本性的指令出现时，如果不加以训练、抑制和利导的话，那么，它们将来就会表现得更加猖狂并更加有害。如果要坚持“本性无错误”的论调，那么第三个假设就是必备的条件。而事实上，这个论调是杜撰出来用来自圆其说的。

若要让人相信什么心理功能会因为练习而减弱，那就必须拿出强有力的证据。这种所谓的心理免疫作用正好与众所周知的心理活动规律——练习律相反。在相信什么心理功能的一个原始冲动会因为练习而自我减弱之前，仍然需要强有力的证据。因为，在其他条件相同的情况下，原始冲动的练习几乎总是令人满意的。而心理免疫功能的早期发作恰恰与效果律截然相反。

习惯律的正确性确实是不容置疑的；通常任何原始倾向经过练习并伴随令人满意的或无关紧要的结果，都会使原始倾向增强，这也是不容置疑的；除非一个原始倾向天生就是短命的，或者它的功能受到了阻碍，或者受到其他力量的抑制或利导，否则原始倾向是一成不变的，这也是毫无疑问的。如果所谓的免疫功能在儿童早期一点儿也没放纵地发生过，那么，它的发生作为一个例外，必须给出适当的特殊理由。

然而，从未有人提出过适当的特殊理由，或者是任何值得一提的理由。甚至，霍尔自己也经常放弃这个论调，回到正统的理论上，认为教育必须改变原始倾向的方向。例如，他这样写道：我们应该“为本能设计出更有利于身心健康和自然表达的激活方式，以便我们最大限度地利 122 用浪费在犯罪上的能量”（1904，vol. 1，p. 342）。“文明的发怒需要选择恰当的对象和最大程度的转化，但是它永远也不会被根除。”（1904，vol. 1，p. 355）“按照一般的观点，年轻人应该有一时的放纵，需要极大满足的暗示，有时突然放宽他们的自主权，但是，这种自由需要精心的监督和明智的引导。”（1904，vol. 2，pp. 89－90）霍尔甚至直截了当地说：“年轻人的大学生活是人生的最好时光，除了自我的发展以外，别无旁骛。这个时期的自由发展已经表明进步和堕落相随相伴。”（1904，vol. 2，p. 399）

最后，必须要说的是，在显而易见的事实面前，那些“本性无错误”论的最忠实倡导者还是在某些方面放弃了这个论调。因此，霍尔写道：

“在我们高度复杂的文明中，各种各样的知识和技能使我们现在必须再一次远离本性……儿童必须接受专门的训练，必须见习高品质的成人生活，他不仅是自然的产物，而且要成为高尚人性中的一员。在这种文明中，即使不是最多的影响，也是很多的影响，而且首先影响的是儿童内在的反应，但此时的儿童这种内在的反应恰恰又很少。……对儿童来说，即使对他们作出最明智的规定，也或多或少地被他们看成是外来的、专制的、他律的、人为的、装腔作势的。”（1904，前言，p. 12）

吉利特（Guillet）曾宣称“本性一定是正确的”，但后来他却不知不觉地完全取消了自己的主张。“所以，每个儿童所具有的这些本能……必须转向有价值的轨道。不是压制，而是一种宽大为怀的控制。”（1900，p. 445）

事实上，原始本性有许多致命的缺点和歧点。公共利益需要每个儿童学习大量新功课，并丢掉许多与生俱来的自然本性。这主要是因为这
123 些本性是原始人类身上所具有的古老本性，只适用于原始人类的生活。这种生活是一个家庭群体在森林中的野人生活。他们生活在陆地、水、风、雨、植物、动物和其他野人群体的蛮力之中。原始本性使人所适应的生活近乎狼和猿的生活，而与现代人类的生活相去甚远。人类艺术、习惯和理性的结果，使他们在语言、工具、建筑、书籍和习俗中得以生存。

仔细想想人类胚胎（germ）早已形成的原形质（plasm）所决定的人类命运与每个时代人类自身学习机会之间的巨大缝隙，即使有些陈腐，也不是没用的。如果文明的历史和文明的约束一朝失败，那么我们恢复到几乎像类人猿般的野蛮生活是多么容易。这一点足以证明原始本性不宜节制人类的行为。

在丰富的例子中，我们可以找到已经彻底改变而且不再通用的原始本性。在彻底改变原始本性过程中所经历的均衡协调生活，就像是人类理性对事物的条件和人的需求在起支持作用。按照病菌的法令，我们害怕的不是疟疾和发烧的携带者，而是雷声和黑暗。我们同情的不是被禁止受教育的聪明年轻人，而是非常酸楚的乞丐；我们从服务员、司机和

理发师这样的人那里遭受到的鄙视，要比从自己的无聊、无知和愚蠢行为中遭受到的更多。

即使是森林中粗暴的人，人类本能也不会完全适用于他们的生活、不出现冒犯行为，这是事实。说到生存，种族是为了生存而付出行动，而不是为了生存得更好而付出行动。在生活中，某个种族可能犯很多错 124
误，大多数种族都是这样。“好”在进化上仅仅意味着“可以保证种族不灭绝”，而“最好”仅仅意味着当已发生过的事情再发生时，对继续生存最有用的帮助。

人类的原始倾向，不论是过去、现在还是将来，都不是正确的。仅仅依靠这些原始倾向，人生中能感受到的欲望很少，能满足的更少。因为，本性所表现出的欲望通常是粗糙的、矛盾的和危险的。单靠本性，所要满足的未必比现在需要满足的更多。众所周知，要塑造良好的本性，就要像国家管理社会秩序那样，必须杀掉几个、监禁几个或改造几个坏分子。本性的进步绝不是让它放任自流，而是一要改造它施展的环境，二要一代代地持续进行自身改造。现在的人文明了、合理了、有人性了，都是因为他们改造了环境，同时也改造了自己本性中的某些部分，从而有了新的理想，乃至这两方面都能使人类全体更能感到满足。由此看来，人永远在改变自己、适应自己。所以，从他自己的角度来看，人的本性并不正确。唯一正确的，或直截了当地说是好的本性，就是他能使自己比现在变得更好些。这种能力，这种为了满足而学习、而改变的能力（即效果律所显示的力量），才是世上理智而正确的主要原则。

第二卷

学习心理

125

第十章 动物学习定律

人的智慧、品格和技能都是某种原始倾向以及所受训练的产物。人的最终本性是他的原始本性在其所具有的环境中发展的结果。一般来说，人性是原始本性、学习规律和人赖以生存与学习的环境力量共同作用的结果。

动物学习举例

要想最终更好地了解人类学习的复杂性，不如暂时将其搁置，而先来考察较低等动物遇到变化情境时的学习，这是更为划算的方法。

把一些出生 6 天到 12 天的小鸡放在一个园子里（图 10—1 中标注的 YY 处），园子与迷津篱笆（如图 10—1 中的 A、B、C、D、E）连通。从这些鸡中抓出一只小鸡单独放在 A 处。它突然面对篱笆墙的情
境，不见了同伴、食物和熟悉的环境，于是做出了四处乱跑、大声鸣叫 126
和跳墙的反应。当它跳墙失败时，会产生努力受挫的不安；当它跑到 B 处、C 处或 D 处时，面对的是与 A 处一样的情境；当它跑到 E 处时，就跑出了迷津，满意地与同伴在一起、吃食物、回到原来的环境中。如果我们屡次重复把它放回 A 处，就会发现小鸡跳墙，跑到 B 处、C 处的次数越来越少，最后会直接跑到 D 处、E 处并跑出来。这时小鸡就建立了一个置身 A 处的情境与从 E 处跑出来的反应之间的联想、联结或结合。通俗地说，它学会了每当把它放在 A 处时，就从 E 处跑出来，
即它学会了摆脱困境的途径。无效的跑、跳和站立次数的减少表明，小 127
鸡跑出来所用的时间也逐渐减少。以两只建立这种联想的小鸡为例，它

们在前 5 次尝试中跑出来的平均时间是 3.5 分钟（其中一只大约用了 3 分钟，另一只大约用了 4 分钟）。但是，最后跑出来的时间始终保持在五六秒钟内。

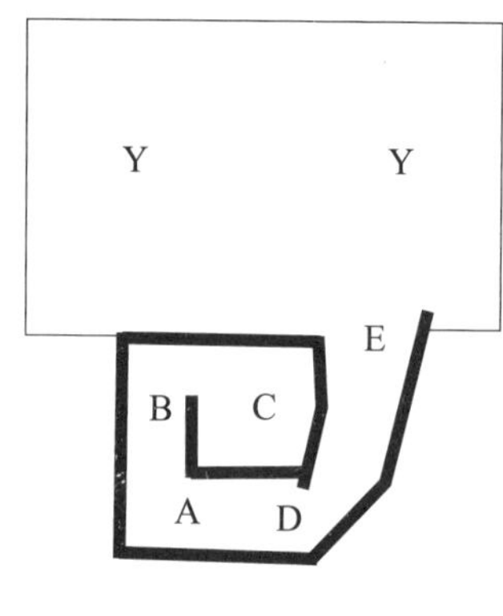

图 10—1　小鸡实验

下表展示了动物学习前后的行为变化：表 10—1 是最初一次尝试的行为特征；表 10—2 是联结完全建立以后的一次行为反应，即学习后的一次圆满反应。

表 10—1　最初实验中的行为

情境	反应	结果状态
如上文所述	唧唧地叫着等	烦恼的情境持续不变
	到处乱跳	内在倾向被阻挠
	跑到 B	同上
	跑到 C	同上
	跑到 D	同上
	跑到 E	同伴、食物和环境使其满足

表 10—2　学习之后一次实验中的行为

情境	反应	结果状态
同（1）	跑到 E	同伴、食物和环境使其满足

下图展示了从最初的尝试到联想完全建立后所发生的变化。图中的虚线分别表示龟在第 5 次（见图 10—2）和第 50 次（见图 10—3）尝试从 A 处回巢时的爬行路径。图中的直线表示木板围墙。在第 5 次实验
128 中，龟除了无效的移动就是无用的停止，共用了 7 分钟的时间才回到巢

穴；而在第 50 次实验中只用了 35 秒。这两张图是早期尝试与最后实验结果的典型代表，选自耶克博士用不同的动物在不同情境中所做的大量实验。我对他允许我选用该图表示感谢。

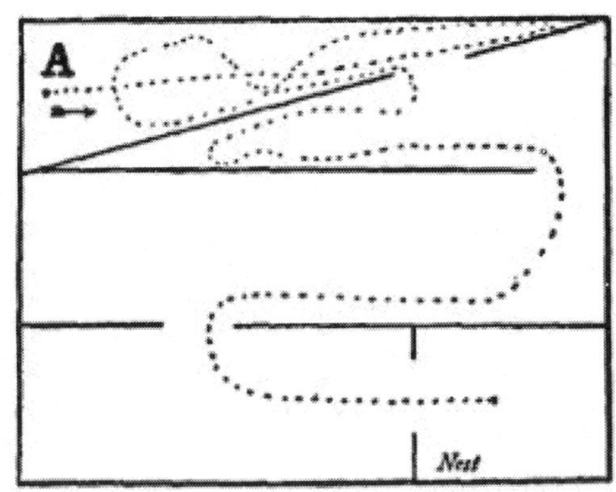

图 10—2　龟的实验

注：在第 5 次实验中，龟从 A 处回巢的路径。

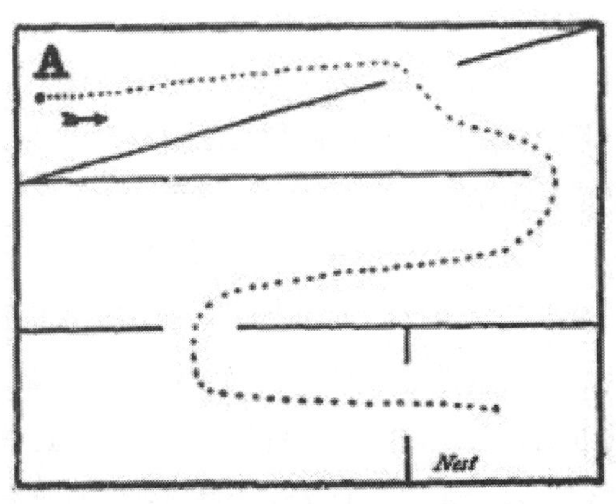

图 10—3　龟的实验（续）

注：在第 50 次实验中，龟从 A 处回巢的路径。

下面让我们来考察一种比小鸡或龟寻找恰当路径更精彩的表演。我 *129*
们用一个约 0.5 米长、0.4 米宽、0.3 米高的箱子，去掉正面和端面两块木版，正面钉上一些留有约 2.5 厘米宽缝隙的板条；端面安上一个门和一个门闩，只要在箱内将门闩横扳，门就会向外打开。我们所要观察的是，把一只 3 个月到 6 个月大的饥饿小猫放进这个箱子，箱子外面放一块鱼。小猫会有如下反应：先是想从板条之间的缝隙钻出去，用爪子抓板条和箱子内外一切可松动的地方，爪子从板条间的缝隙伸到外面，咬箱子周围的围板。如果小猫在胡乱地钻、抓、咬的过程中偶然扳动门闩（打开门），它就会获得自由和食物。如果让它一遍又一遍地重复这样的经历，那些抓、咬之类的无用动作就会逐渐减少，而只做出有成效的特定动作——例如，用爪子抓紧门闩，用鼻子向一边推。以后无论什么时候，只要把小猫关在箱子内，它都会立即转动门闩。这说明小猫已经能够在被限制在箱子内的这种情境和用某种确定动作抓箱子内某部分的这种反应之间建立联想了。按照一般的说法，小猫学会了扳动门闩打开门。对于不知情的观察者来说，6 个月的小猫能够从这样的箱子中获得自由似乎令他感到奇妙，而且根本不会将其与它们寻找食物和栖息地的寻常行为联系起来。然而，读者应该认识到，这种活动与前文谈到的小鸡在篱笆墙内所表现出来的动作属于同一类。借助于机遇的恩赐，或者更多地依赖于天赋的本能，一个特定的情境唤起了一些反应，其中的
130 一个反应恰好导致了自由。这个反应就与该情境形成了联想。不过，这里的反应是抓住某个确定的部位，而不是跑到 E 处，而且这个反应是从大量无效行为中选择出来的，在选择上比前者复杂得多。

在上述列举的例子中，与情境建立联想的是“有准备”的适当反应，而且这种“有准备”的反应也适合学习。猫跑出来的反应是它在正想出来的时候偶然做出来的（正如我们所说，猫正尝试出来），而且是一种可能出来的方法，所以说它也适合学习。然而，这些“有准备”的反应不一定都适合学习。如果我们关住一只猫，并且只有在它挠自己的时候打开门放它出来、让它吃到食物，那么，经过足够次数的实验后，我们就会发现一把猫放进箱子里它就会立即挠自己。然而，在开始的几次实验中，猫不是为了出来而挠自己，而是因为它放弃了徒劳的乱抓、乱钻，停下来休息时挠自己。这种与抓抓自己、舔舔自己、小鸡啄啄翅膀这样的“不可能”或“不适合”的反应所建立的联想，真的与原始本性或先天习惯反应中那些有准备的、有生物倾向的逃跑、求食和寻求同

伴反应所建立起来的联结一样。

上述所举的例子中，动物只形成了单一的联想，其实这种联想可以联合成一个系列。例如，小鸡可以先学会爬上一个斜面，然后从鸡架中出来。学会之后再加上一个鸡架；小鸡必须先走过一条薄板，再穿过围墙上的一个洞，然后才能进入到第一个鸡架。经过多次练习后，每当把小鸡放到第二个鸡架时，它就能立即走进第一个鸡架中，然后再从那里跑出来。接着再加上第三个鸡架，使小鸡再形成一个联想，能够从第三个鸡架进入第二个鸡架，然后再进入第一个鸡架，最后跑出去。在这样一系列的联想中，前一个反应把动物带入到下一个情境中，从而引起第二个反应，以此类推，直到最后。有三只小鸡如此这般学会了准确无误地穿过一长串迷津，在这样的“学习”中它们一共建立了23个联想。 131

上述所列举的小鸡、龟和小猫的学习，有一个消极的特征，就是缺乏推理和演绎思维，更看不出何种“观念”的有效运用。假使把读者引入迷津、笼子里或者远离家的地方，他对这些情境的反应中一定会包含许多关于情境的观念、判断和思考，而且他的行为很有可能受到推理所产生的一系列观念的大量“调节”。在令人烦恼的情境与解除烦恼的反应之间可能会加入一个小时的内部考虑、思考、计划等的时间。可是却没有迹象表明，决定困境中小鸡或小猫的行为的因素中有关于迷路、笼子、食物的观念出现。它们的反应是直接由感觉到的情境决定的，而不是由观念决定的。三个案例中的学习只能用呈现在感官前的情境与反应之间结合的加强或减弱来说明，反应在神经系统内就是动或不动的问题。较低级的动物偶尔也会表现出有观念的迹象，并对行为产生影响。但是，它们的学习，大体上可用反应与情境的直接结合作出解释，无须观念为中介。

动物学习的特征

这些例子和以它们为典型代表的数以百计的动物学习案例说明了准备律、练习律和效果律，而不牵涉任何貌似起作用而实际无作用的模
仿、观念发动动作和高级的推理能力。世上有某种受动物欢迎而不回避 132
的事件状态，这就是动物满意的情境；也有它们无法忍受的、排斥的或

极力摆脱的情境。由动物的行为所成就的情境与反应之间的联结，因为伴随满意的事件而加强；也因伴随烦恼的事件而减弱、消失。练习可以使联结增强，经常不用也会使联结减弱。这就是大部分动物学习的实质和总的特征。

这些例子还证明了学习的五个特征，它们的适用范围和重要性仅次于准备律、练习律和效果律。

第一个特征是，对相同的外部情境做出多种反应。被困在鸡架中的小鸡做出了多种反应，所以才有可能从中选择一种或几种反应与将来的情境建立联结。当小鸡在 B 处跳篱笆墙失败后，它的内部状态有了改变，所以它再去跳墙的可能性减少，而更多的可能是叫或跑。当它跑到 C 处仍然面对围困它的篱笆墙时，可能唤起的内部状态是启动它跑和往回跑。所以，由于篱笆墙的限制，加上无效的叫、跳和跑的失败，它把原始本性和先前学会的反应一个接着一个地做出来。

这个多种反应或变式反应原则至少涵盖百分之九十的动物和人的学习行为。按照通常的解释，这个原则并不普遍适用。因为，即使只做出了一个反应，也有可能改变动物的行为，也可能学习，并可能使联结增
133 强，从而使做出这个反应更确定、更迅速，而且更耐久；或者是使联结减弱，以至于情境重现时，动物比以前更不可能做出反应；在反应与不反应的交替训练中，不做反应也是变式反应的一种。可是，如果我们对变式反应原则的解释包括这样的情况，即动物或者做出积极的反应，或者做出不积极的反应的情况（也就是说，当情境再次出现时，动物的反应或者有了改变，或者没有改变），这条原则就是普遍适用的了。

五个辅助原则中的第二个原则是我们称之为学习者的定势（或称之为学习者的态度、调节或决心）规律。把学习简单地等同于围栏中的一只小鸡，用这种抽象的观点是不能充分描述学习的。一只小鸡，由于其年龄、饥饿程度、活力、困意等状况不同，可能对外部情境有着不同的态度。依据该原则，一只想睡觉又不太饿的小鸡被困在围栏内时，它的“定势”不大可能引发逃出束缚的举动；如果它想寻找同伴和食物，可是神经系统没有做好准备，也不会做出有准备的反应；通俗地说，如果它不是“特别想出来”，就不会在意出来不出来。正如伍德沃斯

（Woodworth）在解释同样的动物学习案例时所说的那样：“首先，我们必须假定动物有一种调节和确定行为目标的心身机制。正如我们想说的那样，动物必须具有想出去、想找到食物的欲望。不论动物的意识如何，作为一个有机体，它的行动表明了它的行为定势。这种调节机制持续发动反应，直至锁定目标为止；它是动物坚持不懈、努力达到渴望目标的原动力。因此，它的行为反应是这种调节作用与兽笼各种特征的刺激共同作用的结果。每个反应都与这种调节作用有关。”（Ladd and Woodworth，1911，p. 551）

依据该原则，在任何外部情境中所做出各种反应都是动物的“定 134
势”和“态度”的产物，反应所导致的满意或烦恼都以“态度”为前提。按照效果律，“成功的”反应是“态度”与外部情境的联结，这是普遍的原则。任何学习过程都以当时动物的“定势”为前提。

动物的学习还表明了这样一个事实，即情境中的某个要素在确定做出的反应上具有优势作用，这在人类的学习中是一个极为重要的因素。例如，我在实验中用过的猫，经过一段时间后，能够根据我的行为做出反应。我的行为只是情境中的一部分，却能比情境中的其他一般特征更能决定猫的反应。这表明猫学会了对我给出的信号做出习惯反应，这在最初它是不会的。同样，一只已经学会了从 12 个箱子里打开门、跑出来的猫，学会的开门方法无非是拉一个环、转动一个木条或按压一块板等。现在把它放在一个新的箱子里，它会比以前“更注意”箱子里的小物件。这表明以往学习所建立起的联结，并非针对整个情境，主要是针对情境中的一个或几个要素。因此，当猫已经学会了转动门闩、逃出箱子之后，箱子的朝向是南是北、是东是西并不重要，不会导致行为差异；把箱子的十分之一漆成黑色或者把箱子增大五分之一，也都不会使猫产生太大的行为差异。实际上，猫仍然会像从前一样扳动开门的机关。当然，动物不会像一个有思想的人那样，完全严格地将反应只与情境中的某个重要部位建立联结。只要那个部位的附加物有些改变，就足
以使它们产生困惑，远比给人造成困惑容易；而且在某些情况下，那些 135
附加物一个都不能少，否则动物做不出正确的反应。然而，它们仍然能够清清楚楚地与整个情境的某个局部、部位、特征建立联系。乃至再低

等的动物，我们也会发现，它们对整个情境所做出的反应可以或多或少地区分为对各个组成部分的反应，即它们明显地具有倾向局部活动的普遍规律，或者说“零碎活动”或“部分活动”的普遍规律。[1] 情境中的某个局部、某个成分或某个特征具有独自引发反应的优势，并能排除同时在情境中出现的其他几个或一切成分，好像反应是专门与某个特定成分建立联结的一样。

如果把一只从没有被关进过箱子或笼子的猫放到前面所描述的箱子里，它的反应大致是尝试从板条的缝隙钻出、抓板条、抓箱子里一切可以摇动的物件、从横板条的缝隙伸出爪子、能拉动的东西就拉，等等。总之，它对这个人造情境的反应同它被束缚在丛林时所做出的本能反应一样。如果把一只以前好几次在同一类箱子里学会搬弄门闩的猫，重新放到一个新的箱子里，那么，它做出的反应将会是由两部分反应所构成的混合反应，其中一部分反应是本能倾向与束缚它的障碍物的结合，还有一部分是它在与新箱子相似的箱子里学会的反应。

这两个例子说明了**相似律**(low of assimilation) 或**类化律**(low of analogy)。对于任何情境来说，比照它的本能反应或者以前没有习得的反应，现在做出的反应将会是本能反应与在相似情境中建立起联结的习得反应。所谓情境乙与情境甲相似，就意味着情境乙有时能够以相同的方式唤起情境甲所唤起的感觉神经元。

136 在低等动物的学习中清楚表现出来的最后一个重要原则，我称其为**联想的转移**(associative shifting)。寻常动物对言语信号做出反应的“技巧”(tricks) 就是一个方便的例证。例如，在猫的面前举起一块鱼，对它说“站起来”。如果这只猫很饿，而且它又没有养成相反的行为习惯，它就会对鱼做出站立的反应。此时，与反应建立联结的是整个情境，包括站在那个位置上的人、发出的语音信号和鱼。经过恰当的安排、重复多次的尝试之后，即使省略了鱼，情境中的其他因素也能唤起它的站立反应。此后，联结可以转移到单独的口头信号。如果采用某种限制手段，以满足它对情境中一个成分的注意为必要条件，那么，它对整个情

---

① 或者称之为局部反应定律或部分反应定律更好些。

境 A、B、C、D、E 的反应可以转变成对情境 B、C、D、E 的反应，再转变成对情境 C、D、E 的反应，进而转变成对情境 D、E 的反应，甚至对情境 E 的反应，而且，在情境中加入 F、G、H 等新的成分，在同样的限制条件内，我们就能获得学习者与它所感知到的情境相联结的可能做出的任何反应。这样，那些在一开始时完全没有能力唤起的特定反应，后来就完全有能力实现。其实，情境在一开始时就可能引起一个完全相反的反应。所以，你完全可以把一只猴子训练得每当你把一根香蕉放在笼子底下的时候，它就跑到笼子顶上去。

动物学习所表现出来的这些简单的、半机械化的现象，即多种反应、动物对外部情境的定势或态度、情境中个别成分或局部唤起某个反应的优势作用、对与其相似的新情境所做出的相似反应，以及通过逐渐 137
改变情境使一种反应从一个情境转移到另一个新情境而反应不乱——这些从动物学习中揭示出来的特征，同样也是人类学习的基础。当然，人类的学习更复杂，层次更高，例如，学习拉小提琴、微积分知识和工程学上的发明等。可是，如果我们不清楚在学习之初，发生在身体上的粗率反应是如何与感知到的情境相结合的、其中又依靠什么力量形成了联结，那么，要想理解现代文明人细巧而有计划的学习是断不可能的。而且，当我们对这些无论多么细巧、多么复杂、多么先进的学习作出解释的时候，这些简单的事实——联结因应用和令人满意而被选择、因不用和令人烦恼而被淘汰，做出多种反应和内心的定势是学习的前提，情境引发部分活动、其中的个别成分具有规定反应的优势力量，反应能够类化、联结能够转移——仍然是解释它们的主要事实，或唯一需要的事实。

138

第十一章
人的联想学习

学习的种类

人类的学习大致可分为以下几类：（1）像普通动物所形成的联结，如同10个月的婴儿学习敲鼓；（2）用观念形成的联结，就像两岁的孩子听到“妈妈”这个词就想起了妈妈，想起糖果的时候就说“糖果”一样；（3）分析或抽象，例如，学音乐的人能够对一个音的上亚音做出反应；（4）选择性思考或推理，如同小学生利用语法规则和词根的意义解释拉丁文词句的意思一样。

一般动物所形成的联结常会出现在婴儿早期的学习中；出现在自学游泳和滑冰的过程中；出现在仅凭反复尝试的方法学打曲棍球和高尔夫球，并提高击球的距离和准确程度的过程中；出现在书法、表演风格、文风、交际手段等差不多所有不假思索就能进步的能力上。这种为了适应某个情境而不假思索地直接选择了反应（即不论反应与情境之间是否引起观念）的情况，也会出现在人类学习的实验研究中。

例如，一个全神贯注于打字的人，看了书上的字就马上在打字机上
139 把它打出来。一开始不必逐字思索，也不必思考以前是如何打的，或打字的反应现在有了什么变化，其打字的反应自然会发生变化，打字的效率也会逐渐提高。布克（Book）曾说：“从学习者的内省记录来看……一切新的适应或简捷的方法都是在无意中获得的，学习者并没有有意识地那样去学。……他们忽然觉得在某些部分的工作上使用了一种新方法，觉得是很不错的方法，以后就会有意地使用这个方法。”

(1908, p. 92 and p. 95)同样，一个要有意解决机械难题的人，很可能会在他随便摸索的过程中，偶然得到解决的办法或者是一部分解决的方法；而且在第二次尝试时，获得的方法比第一次还要早一些，学习就进步了。而这种进步几乎没有从难题的观念或自身动作的观念中得到多大的帮助。鲁格（Ruger, 1910, p. 21）曾经研究了这种解决机械难题的学习过程，也曾提到过许多近乎动物学习的例子。例如，“我完全不知道自己是怎样做的。我只记得把中心环移到棒的一端，两部分就突然分开了”。对此，他还说了一段一般的解释：

“在这种难题测验中，人类被试的行为与动物的行为相比较……表现出许多动物行为的特征。在许多情况下，在取得了几次成功之后，解决难题所需要的时间仍然很长，而且是上下起伏波动的；在已经做了一系列的尝试实验后，后面的尝试时间往往比第一次获得成功的时间还要长。无助于问题解决的动作有时会无数次地重复，但却仍然保持一成不变。有时在几回成功的尝试中，第一步动作已经做对了，但却又退回去重做几次，中间还夹杂了一些莫须有的摸索动作，然后才进入下一步。……几乎没有一回不见有这些随便摸索的动作。而且在许多情况 140
下，这些摸索动作是成功解决问题的一部分。”（同上，9 页）

如果读者把一个六角星的图形放在镜子前，并只看镜子里的图形把六角星的轮廓描画出来，错误的动作会逐渐减少，这就是类似于动物学习的一个例证。正如斯塔奇（Starch）所发现的那样，一个人可能一遍又一遍地做那些自己明知是错误的反应。就像他所说的那样：“显然，要想把线画对，唯一的方法只有不断尝试，直至成功。”（1910, p. 21）

不论从理论上讲，还是从表现出来的事实上看，学习确实只有两个要素，一个是情境，另一个是内部条件可以改变的动物，除此之外，没有任何其他因素；那些能够使动物感到满意的神经活动过程被保留下来，而那些使动物感到烦恼的神经过程被抛弃。事实表明，某些学习只需要在反应与情境之间做出选择性的联结。

其他情况下的学习也遵循着同样简单的联结模式，只不过是联结中有观念。最熟悉的是儿童的心算训练。我们把“6 加 5，减去 2，再除以 3，再乘以 5，然后再加上 9，除以 6，最后等于多少”的问题与将小鸡放在长迷津中的问题相比较，所不同的只是第一个问题在说出“6”之后，并在说出答案之前，在情境和反应这两方面都含有观念的成分。

用普遍意义的术语来说，形成牵涉到观念的联结大部分用“知识”来解释。听到和看到的文字与它的意义，事件与它发生的日期，物体与
141 它的属性和价值，像“9＋3”和“36÷4”这样的数学问题与它的答案，一个人与他的性格，一个地方与附近的建筑物，等等，所有这些，用情境与反应联结的术语可以列出一长串，其中，至少在人的内部有我们称之为观念或判读等的成分。

人还可以学会对情境中的个别成分单独做出反应，可是对于那些低等动物来说，这些成分却淹没在总体情境之中。人类的家具、对话和行为，对一只狗来说，只是一些模糊印象（就像读者看一张颠倒着的不熟悉的风景画一样，或者像老外听中国人说话一样，再或者像第一次掉进3米深的水里一样，或者像半夜里被地震惊醒一样）；可是对一个人来说，这些分别是可以理解的“物体”、“语句”和“动作”，而且人还会用颜色、数字、大小、形状、音量来定义和对待它们。人可以从生活情境中分析出许多成分，并对其做出单独的反应。

这些分析的学习和长长短短的推理及选择的学习，会在后边详细论述。而这些简单联结的形成，不论其情景与反应中有无观念，显然是应该首先考虑的事实。

习惯定律

这类学习几乎可以更好地称为联结的形成、习惯的形成、联想记忆和联想，显然是在前面的第四章和第六章讨论过的准备律、练习律和效果律所产生的结果。凡是经常伴随在一起发生的事情，或其结果足以令
142 人满意的事情，在行为上就放在一起、保持在一起；而凡是长期分开的事情，或其结果足以令人烦恼的事情，就不能放在一起，而分开保持。这种联结、联想或习惯形成的规律为教育提供了两个明显的一般原则：（1）凡是伴随在一起发生的事情就应该放在一起，凡是没有伴随在一起发生的事情就应该分开；（2）令人满意的联结受到奖励，而令人不满意的联结不受欢迎。或者在结合的方式上，练习和奖励令人满意的联结，

阻止和惩罚令人不满意的联结。这些学习过程的心理规律和教育原则是教给初学者的基本教育原理之一。它们似乎非常清楚，甚至不需要说给初学者，更不必在此多说。但是，一考察教育理论和教育实践的著作以及教科书、课程设置和学校里的课堂练习，就会发现这些心理规律和教育原则不是被忽略，就是被误解，几乎从来没有在教育实践中自始至终地被应用过。

当教育理论家们用那些诸如注意、兴趣、记忆和判断等一般能力的术语来解释学习，而取代大量联结的时候，或者当他们求助于**学习**、**发展**、**适应**和**调节**等模糊的势力，而取代决定行为的练习律和效果律的时候，或者在他们假设只有良好的行为观念才会产生良好行为的时候，这些规律和原则就被忽略了。

在学校的教育实践上，它们也被忽略了。当学生会熟练地计算“7＋9”、“3＋5”、“8＋4”等个位数加法后，即一旦掌握这个知识后，就假定他们自然能够学会诸如“17＋9”、“23＋5”、“38＋4”等两位数加一位数的加法了；当小学生知道了学习“分数除法”的困难时，就不用跟他们解释为什么要把乘数“颠倒相乘”或乘以“乘数的倒数”了；在学习拉丁文时，只要学生们的单词拼写熟练了，就不给学生讲解诸如bonus-a-um、boni-ae-i、bonoae-o等动词的结构变化了，或者不讲诸如amo、amas、amamus、amatis、amant、amabam、amabas等单词的各
种变化了；他们把增加功课或让学生留级作为学校里常用的惩罚手段， 143
或者作为对问题学生的帮助手段，直到学生毕业。

作用于人类联想学习上的准备律、练习律和效果律表现出与动物学习相同的副律，即变式反应、有机体定势和总体态度的引导作用、个别情境成分的优势作用、按照已建立的联结对新情境做出的反应、反应的转移。但是，由于人类学习所依赖的本性不同，学习所处的环境不同，所以，这些副律的作用方式和效果也不同。再者，这些副律的普遍重要性虽然在前一章已经被证实，但却过于简单，这里需要逐条补述。

变式反应或多式反应——一个人在家庭、社会和学校生活中，尤其在自我教育的影响下，通常自始至终都会表现出“正确的”反应。因此，当一个人用早餐时，无须学习从几条路线中选择一条到餐桌的正确

路线，或者从一开始就有人引导他走上应该走的路线；一个人凭借已有的经验，一看到“9×7”，就倾向于作出“63”的反应。但是，有许多例子可以证明变式反应是学习的第一步。有时候，我们总想一开始就做对反应，而且永不做错，可是却常常不能如愿。例如，在学习外语发音、英文写作的针对性和力度上，以及在台球和网球技术的掌握上，都不能事先担保做出的反应是正确的。有时，我们甚至想精心地设置环
144 境，使设置好的环境简单到只能做出正确的反应，而不能做出其他任何反应的程度。可惜，这样的努力往往得不偿失。所以明智的做法是，不如让学习者多方尝试，其中比较好的反应自然会使他感到满意，或者用社会的奖励决定他的选择。更何况，我们还做不到这种精心的设置，还不知道正当的动作或思想是什么，以致不能为学习者预定唯一的反应。所以，就像许多小学生学习了“1/4÷1/8＝2”那样，他们之所以只回答等于 2，而不等于 1/2、1/32 或是 32，都是因为教师的认可。

态度、倾向、事先调整或“定势”——这是一条普遍的行为定律，即对任何外部情境所做出的反应，不仅依赖于情境的自然状况，还依赖于人的自身状态；而且，即使把人自身状态的一部分归结为情境，其反应仍需依赖剩下的自身状态。由此得出这样一条普遍的学习定律：任何引起人变化的原因，都要看那原因起作用时，人的自身状态如何。人的自身状态可以细分为两种：一种是比较持久和固定的态度或曰“定势”，另一种是比较短暂的和多变的态度或曰“定势”。

事实本来是清楚的，可是却被那些对行为控制感兴趣的心理学家们忽视了。他们一方面把行为的控制假设为极其简单的基本联想机制，另一方面又假设行为控制来自极其神秘的意识力量。“打印出来”的同样的文字，对孩子的学习却有不同的影响，全看孩子是关心文字的意义，还是在意文字的拼写。247 和 126 就是两组数字，可是决定学习结果的却因小学生事先心理倾向的不同而不同，他们或者只是抄写数字，或者是做加法、做减法或做乘法。手里握着相同的扑克牌，玩“克里比奇”是一种打法，玩“惠斯特”桥牌却是另一种打法。

145 马尔贝（Marbe）、瓦特（Watt）、阿赫（Ach）、梅塞尔（Messer）、比勒（Buhler）以及其他人已经报告了他们在联结的思想过程实

验研究中经过仔细观察所得到的证据，所以，个体的“定势”决定反应已是明显的事实。从这些相当自然的实验中可以发现，在一个小时前，由实验指导语或问题定式所形成的态度，比那些由具体的知觉和表象所同时形成的一大堆意识更直接地决定了思想的活动。任何人都能够很容易地从他自身的那些明显不同的反应中获得这些相似的证据，即先前不同的指导或不同的工作经历决定着他对同一情境所做出的不同反应。

那些比较持久的态度或“定势”对反应的影响，在不同的人群中表现得更为明显，比如英国人与法国人、诗人与画家、一家之长与单身男人、音乐爱好者与忽视音乐的人、渴望赞誉者与自我支持者等。对任何情境的反应都是由这些不朽的调教左右的，而不单是情境本身已与人形成了什么具体的联结。

态度或“定势”不仅决定着人的所做所想，而且还决定着他满意什么和厌恶什么，这差不多也是明显的事实。饥饿状态不仅能推进某些实际联结的形成过程，而且会使某些传导单元做好传导的准备。准备律对人行为的影响，尽管不如它对粗略的外部反应的影响那么直接，但也始终表现在人的行为上。如果让一个孩子准备做减法，他一看到 6 和 7，
却想起了 13，就不如事先让他准备做加法更使他感到满意。相同的事 146
件状态，可能受到欢迎，也可能遭到拒绝，所以，不同的态度或“定势”对学习有截然不同的影响。同样是学习射击，“定势”却可以决定究竟是把人打死，还是只把人打伤。同样是棒球比赛，却既可以比赛看谁投得远，也可以比赛看谁能把对手三振出局。同样的一个击球，可能会使一个容易满足的高尔夫球选手感到骄傲，但却会使另一个目标高远的选手感到烦恼。一个游戏规则如果稍加修改，一年前还很受欢迎，现在却可能使人感到极不满意。在《威尼斯商人》这部戏剧中，一个激进的演员，当他第一次决定把夏洛克演成一个悲剧人物而不是喜剧人物的时候，他不仅要重新设计一套打动自己的面部表情和手势动作，而且还要看到观众的哭泣、静默的忧虑和惊愕之状才能使他获得新的满足。在词汇联想实验中，当要求写出词的同义词时，人却偏偏想出了它的反义词，因此会觉得这是何等的乏味、何等的令人懊恼。

态度或“定势”实际上具有双重的重要功能：既有助于决定一个人

想什么或做什么，又能确定他满意什么和厌恶什么，这两方面都是显而易见的。不论是儿童的学习还是成年人的学习，都必须利用情境所提供的条件。要让学生始终怀着热诚之心，敞开胸怀，用科学方法对教学的主题做出反应，而且还要不时地面向课程所提供的具体情境，从中吸取最有价值的东西。这正是教育理论的一大部分需要研究的问题。赫尔巴特学派（Herbartian）提出“准备阶段”；麦克默里（McMurry）主张要为小学生确定一个明确的目标；杜威的观点是，学生应该有恰当的需求和解决问题的态度；巴格利（Bagley）所要求的是，在学校的训练中，要把培养学生形成一般方法、步骤的思想观念作为一种控制力量表现出来：这些就是明显的例证。

147 **情境的部分活力或个别活力**——决定一个人对同一个情境做出不同反应的最普遍的看法就是，情境中的某个成分对反应的影响占有优势。在人类的学习中，情境中一些成分的部分活力或个别活力也是引起反应的一个规律。没有人会像低等动物那样，对情境不分析、不确定，不分高下地与整个情境建立联结。不过婴儿有时也会这样做，当他要表演自己的一个小把戏时，往往会要求在相同的房间、有相同的人在场、听到同样的声音和音调才表演。然而，除了早期婴儿和低能人之外，任何情境都不可能平均地发挥作用。情境中的各个成分，有一些被我们忽略了；有一些我们只是轻微地意识到了；还有一些与思想、情感、动作等活跃的反应建立了相应的联结，积极地决定着一个人的未来。

那些人类个体能够摆脱情境的其他部分而优先识别出来的成分，远比动物所能识别的成分更为精细、表面上看来更不容易识别。人的大部分智力习惯由那些所见所闻的事物引起，而这些人能识别出来的东西对于猫和狗来说，却永远无法从整个视听领域内被识别出来。人的许多智力习惯是由文字、词汇和句子引起的，是由形状、数目、颜色、意向、功能等特性引起的，是由空间、时间、相似、因果、类属等各种关系引起的。而这些属性和关系对于低等动物来说，就如同一首大乐章交响曲的旋律无法感动没有音乐天赋、没受过音乐训练的 6 岁儿童一样毫无影响。

148 总体情境中的个别特征或个别成分之所以具有决定反应的潜在力

量，既得益于分析思维的帮助，其本身又是分析思维的结果。分析思维是人在新情境中取得成功的主要因素。知识的进步远不在于所遇到的世界总体情境有多少，而在于能够从早已熟悉的情境中洞察其结构和关系。

人对细微而隐蔽成分的反应习惯，尤其是对潜伏在总体情境中且必须抽取出来的关系的反应习惯，其反应结果与对总体情境的反应习惯，或者对那些容易从情境中提取出来的成分的反应习惯所产生的结果之间大有不同。因此，选择性思维、抽象作用和对关系的反应与记忆、习惯和接近联想之间形成了鲜明的对比。前者固然也是习惯，只不过归因于准备律、练习律和效果律，并受个人能力和训练的制约，而且是与情境的成分、事实的某些方面或它们的符号所形成的联结而已。这一点前面已经提到，后面我还要进一步论述。

同化或类化反应——本能律、练习律和效果律不仅能够解释对以前经历过的情境的反应，还能解释人对新情境的反应。人对任何新情境的反应，都是他对相似情境的反应，或是对相同情境成分的反应。因为，他与新情境没有任何联结，所能形成的联结只能是新情境与相似情境的已有反应的联结。

如果沿用老的僵化的观点看待习惯，习惯就是一系列牢不可破的联结，其中的每个联结都是人对所遇事件的具体反应。如果用这种观点看
待习惯的话，就只能用它来解释经常重复的联结、非常可靠的联结和永 149
不改变的联结，而无法解释新经验所形成的联结了。就事实而论，我们可以用人的这种或那种态度或“定势”来解释这种新联结，也可以用情境中个别成分的优势作用来解释新联结。然而，尽管如此，不论是在以前经常经历过的情境中，还是在很少经历过的情境中，或者是在从未经历过的情境中，总能发现练习律和效果律的作用。

凡是人在情境中所习得的反应，凡是在人本性前提条件下所做的任何事情，总逃不出应用、失用、满意或不满意对行为的作用。当人面临一个新情境时，不存在随便臆想出来的**迷魂药**，会使人的本性行为无法预料地抽风般地反应一通。习惯并不是远远地站在那里，任凭什么新奇古怪的东西来左右人的行为。事实恰恰相反，当一个新情境出现时，确

实没有什么比与旧情境联结的行为更容易表现出来。孩子见到新物体、野人见到新工具、发明家新造火车和汽车、学童初学代数、外国人学习讲英语，在这些所有的事情上，显然是那些旧习惯和原始倾向一起，共同决定了新的反应。同时，这些事例也证明了上述规律。

如果情境是全新的情境，甚至一点儿也不像以前反应过的情境，而且它既不能唤起人的任何原始倾向，又不与任何能引起原始倾向的事物相似，在这种情况下，类化的反应必然失败，而且所有的反应也都将失败。面对这种新的问题情境，人的本性简直就成了瞎子和聋子。可是，人类学习所涉及的新经验却是这样的一些新经验，对新情境所作出的反
150 应遵循着这样的规律：当人面对一个新情境“abcdefghij”时，所做出的反应会是本能反应或习得反应中与之最适合的反应“abcdelmnop”，或者是“abcdegrstu”，再或是“fghiabyd”，等等。

由于“相似”这个词比较模糊，从而使类化反应规律也变得稍微有些含糊不清。例如，在“情境 A 与情境 B 相似”这种情况下，就意味着“情境 A 能在人的神经元上引起情境 B 所引起活动的一部分”。这里所说的相似，不一定是那种按照逻辑或科学原理考证之后，令人不得不承认的相似。例如，在化学家的眼中，金刚石与煤炭相似；可是对那些从未见过金刚石的人来说，当他们见到金刚石时恐怕不会按照相似规律把它称为煤炭。据我们所知，科学家每一次大的发现，其目的都在于开导人类大脑的神经元，使原来由本能和日常练习所形成的不同反应变成相似的反应，而对那些被原始本性和日常经验同化了的事物做出不同的反应。

还有一组明显的习惯需要注意，即由于类化的作用，人经常用类似的反应来替代一些反应，或者交替作出这些反应，或者有时与这些反应相结合。如果情境中有了新奇之处，儿童就会呆呆地说“我不知道”、感到困惑和迷茫等，这些反应是他们早就养成的一种习惯。成年人身上多少也会保留这种习惯。由此可见，人们不仅对情境中的相同点做出反应，对不同点也做反应。对某些不同点的反应，按照本性就是呆看、好奇、观察或惊讶，等等；一经训练，其反应又会变成“我不知道”或
151 “这是什么”，等等。正如前文所说，任何情境的影响都是它各个成分的

联合影响。成分中，凡是以前与某反应建立联结的，按照习惯规律会产生同化现象或类化反应。可是，一旦遇到怪异的地方、令人迷惑的地方，或者真正新奇的地方，按照本能或习惯，就会使人惊讶地看，使人自认为无知。因此，就会发生以前在同样的事情上令人满意的问话。可以说，这些反应与其说是类化反应的例外，不如说是把当前的新奇点当成以前的新奇点来看待的例证。

反应的转移——由于本能和习惯的作用，隶属于情境“abcde”的反应可以移属于“abc”或“abcfg”的情境上。这个道理既可以用来解释同化反应，又可以用来解释反应的转移。从情境“abcde”开始，我们可以把情境中的旧成分逐一抽掉，再加入一个个的新成分，直至把原来的反应转移到与原来情境完全不同的新情境（fghij）上。否则，新情境“fghij”可能永远也不会建立起联结。从理论上说，这个情境变化的公式可以写成：abcde→ abcdef→abcfg→abfgh→afghi，最后到全新的情境“fghij”。按照这个公式，可以使任意一个反应与任意一种情境建立起联结。只需注意在每次转移时，务必使原有反应的发生比对抗反应的发生更能令人感到满足。理论如此，而实际的转移范围真能如此吗？把人的欲望从可以满足欲望的事物上转移到原本令人毫无兴趣的事物（如一张印刷品）上，把厌恶感从确实令人厌恶的事物上转移到十分忠厚、平和的名词（诸如“政党”、“财阀”、“工团”）上，原来也不是不可能的啊。

在反应转移的全部事例中，最重要的就是令人满意的反应与令人厌恶的反应之间的转移。这两种状态既然是左右行为的力量，怎么能全然不顾本性，或者竟然与本性相反呢？而且，即使获得了这种转移，其生理机制也不清楚。可是，事实却不容置疑，除了上一节提到的限制条件 152
外，满意和烦恼确实可以转移到任何情境中。例如，简单的户外运动，儿童们见了无不快乐，个个欢喜雀跃；还有日常见到的形形色色的各种感觉经验。但不幸的是，这些却会令一些人感到烦恼。所以，终究会有那么一天，要么人们最大的收获就是做他喜欢做的工作，劳动就是自己卓越的奋斗目标，而且思想坚定，毫不动摇；要么就是在人的脸上永远看不到幸福的神色。

153

第十二章 分析和选择的学习

一般的分析与选择

一切学习都是分析的。(1) 所形成的联结绝不源于全部的整体情境或一时的全部情境状态。(2) 任何形成的联结中总不免会有许多小的联结，起因于情境的各个部分，而形成于反应的各个部分，而且每一个都有一定程度的独立性。因此，如果情境的某部分归入新的组织，那么，反应的一部分也有脱离旧的隶属而独自出现的趋势。通常用符号 $S_1 \to R_1$ 或 $S_2 \to R_2$ 表示一个联结，其实都应该作为（$S_{1a}+S_{1b}+S_{1c}+S_{1d}\cdots S_{1n}$）→（$R_{1a}+R_{1b}+R_{1c}\cdots R_{1n}$）来解释。从情境中分析出来的一些成分能影响动物，而其余的保留。凡是这样抽绎出来的用以改变学习和将来行为的成分又各与神经元有着具体的联系，一组神经元选择一个成分，另一组神经元选择另一个成分。当对原来的情景重复作出反应时，这一组一组的神经元虽然仍旧相互协作，但它们并不合成一个不能分解的绝对单元，所形成的联结仍然各有其优先权。

形成的联结从不绝对起于动物身外的全部整体情境。因为，按照动物感觉与注意的原来范围，它已经把情境中的某些元素忽视了，而且后
154 来习得的兴趣又格外能使它有所拒绝或有所欢迎。如此的取舍，是否对将来的反应有特殊的效力，需在“选择学习”部分做更详细的描述。

由于人的感觉神经元就是这样的一套能分析的器官，又因为人的联络神经元有把由感觉神经元传来的神经冲动进行整合和扩散的机能，所以，每一个总体情境与总体反应的联结都是由许多情境成分与反应成分

所形成的小联结组成的。例如，婴儿“高高兴兴地叫妈妈”的行为，就是建立在一见到“微笑的母亲”（称为情境 S_{1a}），其感觉神经元立即引起一个神经冲动，加上总体情境中的那些其他附属情境（这些附属情境称为 S_{1b}、S_{1c}等）一起与身体的反应形成了总体联结之上的。但是，这种“微笑的母亲”情境（即 S_{1a}）与“高高兴兴地叫妈妈”反应中的子成分之间又形成了小的联结，并与总体联结中的其他成分各自有些独立性，而且独立性的差异程度很大。在一种极端的情况下，总体联结的各个成分可以很密切地协作，甚至叫做“融合”。以至于从表面上看来，一个情境成分归入一个新的总体情境之后，几乎完全不能保 155
留在旧的总体情境中所形成的联结倾向。例如，读者可以牢记图12—1A中与三个图形组合对应的三个字母组合。当你看到图 12—1B时，尽管图形组合的排列顺序发生了变化，但你仍能正确地说出这些图形组合所对应的字母组合。当你迅速看完图 12—1B，再看图12—1C时，这种图形组合所对应的字母组合应该是 trandig。可是，你恐怕不能正确地说出它们了。

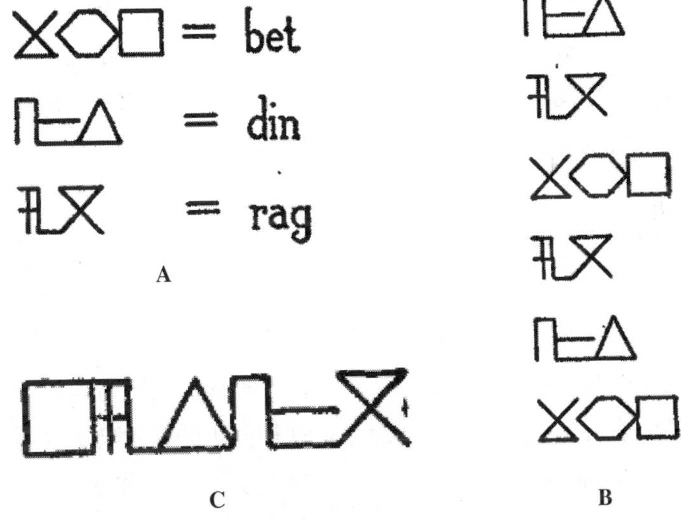

图 12—1 建立联结实验

在另一种极端的情况下，总体情境中的各个成分相互独立而各自分离，甚至在新组织的情境中几乎完全不能引起旧的同属反应。例如，先训练被试当视野中的色彩从白变红时，对他的右手突然一刺，使其闭眼而张开右手。然后再训练他当视野中的颜色从白变蓝时，他的右手受到一个湿冷的刺激，使其眼睛仍然保持睁着而且紧握右手。形成上述完整的联结后，对被试的右手突然一刺，同时视野中的颜色却是从白变蓝，这时被试或许会张开右手而不闭眼睛。

现在试设想有一个情境，按照本性或按照准备率、练习律和效果律已经形成了某种联结。再设想，这情境中的一部分在新组织的情境中出现，而且清楚分明并有特殊的势力，或者说它独自出现。[①] 按照部分活
156 动与类化反应的原则，它所能发生的影响势必尽量发生，于是这一部分情境势必引发以前所形成的总体反应，又特别能够引起以前与小部分情境所形成的特殊反应。假如这个特殊反应具有充分的势力，就可以成为新反应中的主要分子，因为现在的新情境不过是那个旧成分加上新组织的情境而已。

在低等动物和婴儿中，情境似乎比较能够发挥整体作用，情境与反应之间连接的结合，即所谓的联结也比较能够发挥整体作用。所以，如果让狗当众表演一个特技，例如，按照人的口头吩咐跳上一个箱子向人要东西，恐怕只对它说句话是不行的。说话人的声调、面部表情和身上的气味等可能得缺一不可。可是它一跳到箱子上就会做出向人要东西的反应。然而，即使是在低等动物中，情境中的成分与部分反应所形成部分联结也是常见的。除智力障碍者以外，现代生活的训练使人对情境所形成的部分联结数量浩繁，其中不乏一些精细的联结。这样的训练使人形成了一种能力，即只要心理有了反应定势，一遇到情境中的某个成分，立即发生某种反应，而且几乎完全不顾情境中的其他成分有何不同。的确，在人的智力活动中，辨别、抽象、区分等的作用几乎与联想的结合同样重要。几何、语法、物理、法律等知识的学习大概与习惯记
157 忆的程序几乎相反。为初步论述起见，这种分析的学习确实容易与纯粹的联想学习有所不同。但是，正如下文所述，它们的基本机制是相同的。

人的一切学习，甚至所有行为都是有选择的。人们从不把一个情境

① 它从来不会独立出现，而是事件总体状态的一部分。“独自”仅意味着它非常与众不同，而且是总体情境中最有影响力的成分。

照原样一概接受，或者像镜子那样一律地反映、一律地表征。他们的心理活动从不像一块白板那样把外界情境一一完整地记录下来；也不像照相机里的底片那样，凡是拍摄到的东西就不分轻重一概保留在底片上；更不像一块电表那样，指针随着用电量的多少而随时变化。即使是在外界条件的限制和强迫下，人不得不照原样接受、照原样去做，他的感觉器官似乎仍然能够拒绝情境中的一些不重要的成分，而且绝不会像其他情境那样发生影响。人有原始的倾向或习得的倾向，早把情境中的一些成分忽视，而把其他一些成分大大地增强了。

所有的行为确实都是选择的，而且在一些特殊的情况下尤其如此。所以，通常总把它们与前章所讲的联想行为相比较。其中很值得注意的一件事就是，外界事物中或心理上非常精微的一个细节能够决定一个人的思维活动方向。有的心理学家说，习惯形成时，即有记忆和时空接近联想时，情境决定人的行为反应，而无需人为的努力。所有的总体联结起源于具体情境，其余的作用只需用学习定律来解释。但另一种情况却是，人在某些一时的思想中，有意选择了某情境并决定了后来的思维方向，而使情境本该引发的行为反应没有发生。这明明就是人在左右情境 158
嘛。论及此，将不得不引出推论或推理的能力。

由于本章是对选择学习的初步描述，所以，这种对比是必不可少的。而且将有选择的思维活动与具体的几种联想做出这样的区分还有永久的价值。但是，我们将会看到，推理的学习与学习定律既不对立，也不分离。考虑到人类的本性和所受到的训练，推理实为学习定律的必然效果。仔细考察有选择的思维活动，就会发现除了准备律、练习律和效果律之外，无须用其他规则来解释。在联想的学习中，本来就有“情境的部分活动”之说，而选择不过是其中的极端事例而已。现在，把学习的特殊情况归结为抽象和推理等神秘的能力，并不能使我们格外地理解和控制它们。

学习所形成的联结常常不外乎起于总体情境，或起于一般所能鉴别的情境成分。唯有当人们遇到新奇的问题时，其行为才不限于这种学习，或者与之相反。所以如此的原因有二：其一是，那些精细而微密的联结必然起于微密而不常鉴别的成分，与那些粗糙而常见的联结不同，而且有时相反。但两者都出于练习律和效果律，并无二致。其二是，在遇到新奇问题时，心理定势或态度极可能把通常的反应逐一拒绝，因为它们不适合某种欲求的目的。联结虽多，而能够使一时的态度感到满足的很少。可以想到的思路也就以此为限了。

精细的分析

159 从总体情境中分离出一个精微的成分（而不管其余的情境成分如何），并与反应中的一个成分建立永久的联结，这样的学习可以举出一些常见的例子、一组事物的数量、一个对象的形式、一个数值在个十百千位上的数字、负数的负号、声音的高低、一个对象的热量等都是。要了解这些学习的作用，不如看我们在辅导这种学习时所用的方法各有什么意义。

辅导孩子进行分析学习的首要方法是，要求学生对总体情境要抱着一种一部分一部分细致观察的态度，把一个个成分都注意到，尤其是在接近某个特殊成分时要特别注意。例如，教孩子对“5”做出反应时，可以举出5个男孩、5个女孩、5支铅笔等，并且对他说：你看看有几个小孩子站起来了。只有赵大站着吗？是不是只有两个？我指着他们，你叫他们的名字，仔细数数看。赵大是1个，钱二是1个，孙三又是1个；赵大和钱二是2个；赵大、钱二和孙三加在一起是3个。以此类推，用心地数。心理的态度取向会使孩子对事物“数量”属性的关注有超越关注其他属性的势力。而且要特别提醒孩子关注数量“5”与“1+
160 1+1+1+1”所建立的联结。

用于促进情境分析的第二种方法是设置很多具体的情境让初学者对其做出反应。这些情境都包含某个成分（把它称为“甲”），而其他成分各不相同（称之为“乙”）。学生的反应也分为两种，一种是与甲的联结，另一种是与乙的联结。

例如，儿童每次见到一组相应的情境，即可做出一个相应的反应：“5个男孩”、“5个女孩”、“5支铅笔”、“5英寸”、“5英尺”、“5本书”、“他走了5步”、“我敲了5次桌子”，等等。心理定势是看实物的数量是多少。这样，反应中的“5”就与情境中“5”的成分发生了多次联结，而与其他成分的联结却只有一次。该情境中的其他成分也各自有其专门的小的联结。例如，看见一排男孩子，其反应中的一部分很容易是说“男孩子”。但是，这些反应成分与情境中“5”的成分只有很微弱的联结。这些微弱的联结虽然有时能融为一体[①]，有时互相重叠，但大致是相互抵触的。因此，那些不受抑制的情境中的“5”个事物与反应中的“5”的联结就会格外清楚明显。

经常用来促进分析的第三种方式是用一对一对的情境让初学者作出反应。每对情境中的一个情境具有某个成分，而另一个情境却有**相反的或很不相同的成分**，其他的情境组织则完全相同。例如，教儿童学习对“五分之一”的事物作出反应，不仅要让他对“饼的五分之一”、“蛋糕的五分之一”、“苹果的五分之一”、“十英寸的五分之一”、“20 人一队士兵的五分之一”等做出“五分之一”的反应；而且在他们作出反应的同时，还要逐个与“5 张饼”、“5 块蛋糕”、“5 个苹果”、“5 个十英寸”、“5 队士兵，每队 20 人”等**相对比**。同理，教人学习“十分之一”、“百 161
分之一”、“千分之一”时，也要与“十倍”、“百倍”、“千倍”做对比。这些方法都是利用了形成联结的学习定律，使反应中的一个成分脱离了总体反应而隶属于情境中的一个成分。它们都是利用应用、失用、满意、烦恼的势力，使本不能独立的成分像实际独立的成分那样影响人，使所形成的联结竟然不顾那些包含这个成分的总体情境。对此，用符号作一般的说明最方便。

试用 AB、AC、AD、AE、AF 和 AG 来代表一类情境。其中 A 所代表的情景成分都相同，而其他成分各异。假如按照本性和练习律，儿童对这些情境的反应分别为 R_1R_2、R_1R_3、R_1R_4、R_1R_5、R_1R_6、R_1R_7。又假设人的神经元有能力使这些反应像 R_1、R_2、R_3、R_4、R_5、R_6、R_7 那样，各自独立地发生。现在，让一个人对 AB、AC、AD、AE、AF 和 AG 等各个情境各反应一次，则按照使用律，各个联结的强度如表 12—1 所示。

---

① 当然它们也导致了反应的融合或交替，但是很少。

表 12—1 **联结的强度一**

	A	B	C	D	E	F	G
R_1	6	1	1	1	1	1	1
R_2	1	1					
R_3	1		1				
R_4	1			1			
R_5	1				1		
R_6	1					1	
R_7	1						1

162 由表 12—1 可见，R_1 与 A 的联结次数是 R_1 分别与 B、C、D、E、F、G 联结次数的 6 倍，也是其他反应 R_2、R_3、R_4、R_5、R_6、R_7 分别与 A 联结次数的 6 倍。假如现在有一个新的整体情境 AH 出现，则 A 的规定反应将比以前更有势力，而且 R_1 将比 R_2、R_3、R_4、R_5、R_6、R_7 对包含 A 的情境作出连带反应的机会更多。如表 12—1 所示，表的最上一行是刺激成分，左边是反应成分，中间是反应次数。

现在，再进一步地假设，情境成分 C 与 B 相反，或明显不同；E 与 D 相反，或明显不同；G 与 F 相反，或明显不同。所谓"相反"或"不同"是指在反应的成分上，R_2 与 R_3、R_4 与 R_5、R_6 与 R_7 完全不同，
163 甚至不能同时发生在同一个生命体上。要表示这种情况，可以用 $R_{非2}$ 代表 R_3、用 $R_{非4}$ 代表 R_5、用 $R_{非6}$ 代表 R_7。假如一个人对 AB、AC、AD、AE、AF、AG 等情境各反应一次，则按照使用律，联结的强弱应该如表 12—2（表 12—2 的结构与表 12—1 相同）所示。

表 12—2 **联结的强度二**

	A	B	C（非 B）	D	E（非 D）	F	G（非 F）
R_1	6	1	1	1	1	1	1
$R_{非1}$							
R_2	1	1					
$R_{非2}$	1		1				
R_4	1			1			
$R_{非4}$	1				1		
R_6	1					1	
$R_{非6}$	1						1

如表 12—2 所示，情境成分 A 与 R_1 的联结次数也是其他情境成分

分别与对应的反应成分联结次数的 6 倍。A 和 R_2 的联结与 A 和 $R_{非2}$ 的联结相抵触，所以，R_2 和 $R_{非2}$ 实际上都不能发生。[①] 只有 A 的成分不受牵制，可以自由活动。A 与 $R_{非4}$ 的联结、A 与 $R_{非6}$ 的联结有无效力，自然也不言而喻了。

试再用一个“非 A”代表一个与 A 相反，或至少与 A 明显不同的情境成分。所谓“相反”或“不同”也采用前文的含义，即对非 A 的反应（不论是原始的还是习得的）都与对 A 的反应很少有相同的成分，或绝无相同的成分。而且不能与对 A 的反应同时在同一个生命体上发生。现在，让一个人对 AB、非 A 和 B，AC、非 A 和 C，AD、非 A 和 D 等各做一次反应，则按照练习律，各个联结的强度如表 12—3 所示。

表 12—3　　联结的强度三 164

	A	非 A	B	C(非 B)	D	E(非 D)	F	G(非 F)
R_1	6		1	1	1	1	1	1
$R_{非1}$		6	1	1	1	1	1	1
R_2	1	1	2					
$R_{非2}$	1	1		2				
R_4	1	1			2			
$R_{非4}$	1	1				2		
R_6	1	1					2	
$R_{非6}$	1	1						2

由表 12—3 可见，A 成分与 R_1 联结 6 次，与相互抵触的各对反应（R_2 和 $R_{非2}$、R_4 和 $R_{非4}$、R_6 和 $R_{非6}$）的每个成分各联结一次。非 A 的成分与 $R_{非1}$ 联结 6 次，与 R_2 和 $R_{非2}$ 等反应各联结一次。B、C、D、E、F、G 与相互抵触的 R_1 和 $R_{非1}$ 联结的次数相等。所以，按照练习律，R_1 与 A 相联结；而 A 与其他任何反应的联结都相互抵触；B、C、D 等与 R_1 虽然各有微弱的联结，但也都相互抵触。A 成分在所有一切情境中占有

---

① R_2 和 $R_{非2}$ 不可能同时发生。有时它们可以间隔发生，有时它们其中的一个在生理上占优势而独自出现。但是按照练习律的效果，A 不能引起 R_2，也不能引起 R_3，都因为在两者之外还有一个不服牵制的联结与反应存在。

优势地位，相比之下，它与 R_1 的联结强度极高，超过其他任何联结。

假使 AB 和 AC 等情境变为 ABCDEF 或 AGHIJK 等情境，而 R_1 R_2、R_1 R_3、R_1 R_4 等变为 R_1 R_2 R_3 R_4 R_5 R_6 和 R_1 R_7 R_8 R_9 R_{10} R_{11} R_{12} 等（**其中** R_1、R_2、R_3、R_4 **等也能各自独立发生**），上述的三种作用仍能同样出现，只是说起来比较周折。反应之中假如有两个反应必须连带发生，例如，R_{13} 必须连带 R_{26}，而且 R_{26} 也必须连带 R_{13}，则表中的实际
165 数据会有变更。但是，只要 R_1 没有这种不可回避的连带关系，那么，三个表中的组织结构仍然可以应用。假如 R_1 与其他反应（例如 R_2）有这种连带关系，A 成分就当然不能与 R_1 单独形成一个联结了。即在前面的表格中，如果 R_1 发生 R_2 必然也发生，反之，出现 R_2 必然也出现 R_1，则 R_1 和 R_2 应该作为一个反应单元来分析。

AB 和 AC 等情境出现的次数还可以不相等，以致所形成的联结强度与表格中的实际数量关系不同，但只有一般的作用没有区别。

以上讨论了应用律和失用律如何使相当的反应成分隶属于某种细微的情境成分的效果。除此之外，满意与烦恼的影响效果也有三类：一是当总体情境引起 R_1 R_2、R_1 R_3 等反应时，如果其中的联结能够使人感到满意，则一开始就能增强其联结势力；否则，必然在淘汰之列。二是，如前文所述的情境互相进行比较，致使 A 特别能够与 R_1 形成联结。这样的联结也能因为其使人满意而增强联结强度。而 A 与 $R_{非1}$ 的联结倾向或非 A 与 R_1 的联结倾向分别因为使人烦恼而被淘汰。[①] 三是不论何处，凡是 A 能引起的相当反应，不论有无形式上的比较，只要其联结能够使人满意，其联结强度就势必增强。

所以，不论是辨别什么乐器发音的高低，还是求什么数值的平方
166 根，不论是证明多长或什么比例线段的三角形，还是证明任何一对事物的相等，以及判断任何人、任何事的实在与否，凡此种种，实际上无一不是联想的学习。除了应用、失用、满意、烦恼之外，无须引出其他势

---

① 成分之间的复杂联结当然也因使人满意而增强其联结。假如有 axyz 的情境，a 清清楚楚地导致了 R_1，其他成分 xyz 也分别导致了 R_{61}、R_{62}、R_{63}。假如，a 是“七”、x 是“铅笔”、y 是“在老师的桌上”、z 是“背景、温度、同学、一般的背景”等，而反应是“七支铅笔现在在桌子上”。令人满意的结果将会通过加强总体联结来加强 a 与 R_1 之间的单独联结，虽然它是一个松散且在很大程度上独立的一部分。

力。“在这些实际情况下，只因许多情境共同具有某个成分，而其他成分各异。所以，当反应与情境联结时，与某成分的联结很牢固，而与其他成分的联结很微弱。换句话说，只因许多情境共有某个成分，所以，当那个成分与反应联结时，凡是与许多情境成分无一不建立联结的，就会与那个成分建立很牢固的联结；凡是与少数情境成分建立联结的，与那个成分的联结也比较微弱。例如，一个三角形的物体与说‘三角形’和想‘三角形’就建立了很牢固的联结，而与说或想‘白’、‘红’、‘蓝’、‘大’、‘小’、‘钢’、‘铁’、‘木头’、‘纸’等的联结就不很牢固。所以，一个情境所能引起的不仅是总体反应，其成分中若有曾在其他总体情境中出现过的，也能与一个反应成分形成联结。如果一个动物遇到含有某成分的情境就反应，而遇到没有该成分的情境就不反应，则按照练习律和效果律，单独与该成分建立联结而不顾其他成分，是理所当然的。情境中的一个成分能够有这种特殊的能力来规定反应，并不是超出了形质的神秘作用，而是因为有了这样的情境。一切学习无不如此。”一只关在箱子里的猫能够踩压踏板、开门逃出来，它是不管箱子朝南朝北，也不顾温度是 50 度还是 80 度的，更不顾是一个人站在前面还是两个人站在前面。而且不论是十分饥饿的猫还是有些饥饿的猫，不管箱子外边是鱼还是牛乳，都是这样。因此，所谓分析的学习都不过如此，这 167
只不过是个极端的例子罢了。一切学习都是分析的，都是代表总体情境各成分活动的。至于人类，因为有某种本能以及练习的过程，情境中很细微的成分也会发挥作用。

进行分析的学习，人们不一定要对事物费尽心思地比较。这样细致的分析并不多见。只要能把一个成分找出来，并独立确定反应，就是最后的成效。人先天的联想可能都是杂乱无章的，而且旷日持久。所以，聪明一些的 3 岁儿童心里如果有了“数量”的观念，见到许多事物中都有“两个”的特征，反应中就会有“说 2”或“想 2”的成分。可是，他们最初的这种分析不一定来自有形式的训练。而在学校里，教师却专门教人如何进行有条理的抽象。其教学的起点正是因为儿童已经有了不完全、不适当的分析。所以，在幼儿园里，数目、色彩、形式、大小等的分析训练，都假定儿童至少能够初步将一个与多个、白与黑、大与小、圆与非圆作为独立的成分来反应。儿童即使受到了系统的训练，也非一劳永逸。其后如果不经人指导，儿童仍需自己进行尝试，才能使训练过的更加牢固、扩大而更加精细。所以，一般儿童在学校里学到十进位的加法后，只不过对进位加法有了初步的反应能力。正确的反应仍需继续学习，才能知道“4×40＝160”、“4×400＝1 600”、“800－80＝720”、“800－8＝792”、“800－800＝0”、“42×48＝2 116”、“24×48＝1 152”等是正确的、令人满意的，而“4×40＝16”、“24×48＝832”、
168 “800－8＝0”等是错误的、令人烦恼的。分析能力无论是经过偶然的、非系统的过程形成的，还是如上文所说的那样，经过精心准备、逐步考察和比较形成的，其作用实际上都没什么区别。

偶尔，一个成分似乎从在总体情境中一跃而起，并把相应的反应成分一同带出来，而且特别鲜明。对此，上文所讲的抽象联想似乎毫无解释作用。正如鲁格在解决机械难题的过程中所发现的那样，有时总体情境中的某个特征消失在总体情境中，有时却突然闪现，并导致问题的成功解决。这种情况的一般原因是那个成分在充满工作活力的总体联结中已经建立了有优势的小联结，不过是由于人的内部情境一时不允许它活动。但是，人一直保持它对问题的专注并处于准备反应的状态，一旦它获得了足够的优势，就会唤起它的反应。

此外，还有一种可能是，人的神经元本来就有所谓的“偶然的”活动，即不知来由的活动，或许也有可能使某成分突出显现，并结合了某种反应。这里，我虽然把人所形成的联结尽可能地罗列出来了，但是仍然不能揣度这种联结所以形成的原因。这种不劳而获的联结为数极为稀少。无论如何，此处无须赘述，因为按照假定，它们的来历非人所能知。

高级的选择

在人的思想和行动中，一个情境有时竟能激起以前从未受过原始倾向或者练习律和效果律影响所形成的反应。这样的行为显然超出了本能和学习的范围，甚至与本能和学习相反。凡是适应新事物的反应、相似
169 性联想和由目标驱使而非历史形成的行为反应，都在此列。最后的这种

有意而为的思想，通常被认为是与“纯粹的联想和习惯”最有区别的一种。

然而，对新事物的成功反应、相似性联想以及有意而为的反应，只不过是表面上似乎违反了联想学习的基本规律，实际上反而是联想学习的典型事例。

人对新事物做出的反应，之所以能成功，都是因为有习惯的作用，尤其是按照部分活动与同化的规律对某成分、某情境反应的习惯。例如，已知一个直角三角形的勾（即三角形的底边）为796.278mm，股（即三角形的高）是137.294mm，就能算出三角形的弦（即斜边）一定是808.022mm；或者说，某人在今天早上出生，则将来必定有死期。

人不能超越联结的规律而具有什么推理的能力在那里神秘地活动。正如前一章所说，要想明确此理，不如看他是如何应对新情境的。譬如，一个儿童以前学习过一位数和两位数的加、减法，以及个位数乘法（见下面的第一行算术题）。现在让他计算两位数乘法（即第二行的算术题）。

+	+	+	−	−	×	×	×
8	37	35	8	37	8	9	6
5	24	68	5	24	5	7	3
		23					
		19					

×	×	×
32	43	34
23	22	26

他势必把上下两个数相加，或者用上面的数值减去下面的数值；或者用“3×2”和“2×3”的乘法来运算，得到的计算结果可能各是66、 170
86和624；或者是当他看到数字上边的乘法运算符号是一个新成分时说“我不会”，或说“我不知道怎么做”。这都是因为第十一章“同化”部分所说的理由。假如这个孩子比较聪明，他可能会打量一下乘法运算符号，并且知道数值太大；因为这两点，又可能使他回忆起“9×9”只有

81、“10×10”只有100等。因此，他会说：“我不会。”这样的孩子算是一个聪明懂事的孩子。再不然，他也可能想到“3×2”和“2×3”，并得到66、86和624的答案，但并不满意，所以弃之不顾。看了儿童的这些所作所为，就会知道，在情境中什么成分会影响他们，这些成分能引起他们做出什么反应，而这些反应又招来什么连带的动作。假如这个孩子足够聪明，竟然能够根据十进制法则和乘法运算符号的含义，推断出两位数乘法的运算步骤，按照每个数的位数作出反应，把6个10与9个10、20个2与3个30加起来，就算他真的发明了这种简易的加法。但是，即使他理解到这是23个组，每组32个，用乘法算对了这道题，也是因为联结的作用，不过是更为精细些而已。

长期以来有人认为，凡是错误的推想（即对新情境做出反应但失败了），都是因为在联结与类化上依照了学习定律，因而发生了错误。可是，成功的反应何尝不是因为联结与类化，按照同一个定律而获得了成功呢？只是事实没有那么显而易见罢了。学习定律没什么不同，不同的是习惯的性质。习惯发生了变异，变异加上选择，选择可以引导后来的
171 思想。从我的角度来看，有些思想家的眼光有时不免有些奇怪，只因为那些细微的成分在他的思想上有一定的势力，却与我们无缘。我们也有新机械、新化合物、新电器。在野蛮人看来，我们的眼光可能也很奇怪。照他们看来，杠杆、螺旋、减速器、氧气、氢气、电力、点位，一切成分无不埋藏在一片混沌里。野蛮人遇到这些新情境反应失败，而我们反应成功，是因为我们能够使不同的成分格外地鲜明，而且，这些成分又各有其连带关系。

以上讨论的是对新事物的反应。至于相似性联想，也不过是因为一个成分有引起所联结反应的倾向。此理，詹姆斯早已说明。abcde之所以能够引起awxyz，只是因为a与wxyz由于本性、练习律或效果律的作用曾经联结过。

现在论述有意而为的行为。有机体的态度、定势或适应是决定哪种联结应该活动、哪种结果会使人满意的最重要事例。

詹姆斯早已用事实说明，习惯组织本身之所以能够在思想上确定方向或目标，只因那组织上包含了某种性质，有关于当前的问题、目的或

需要。

第二个事实是，人的定势或态度怎样使联结令人满意或令人烦恼。这个问题议论广泛，所以有些意义不明确的地方。据说，有人认为，人之所以选择和保持那些令人满意的联结，是因为这些联结是“确切的”、“正当的”、“适合的”，以及类似的原因。因此，他们明言或至少暗示，人的“意志”、“有意注意”、“问题的知觉”或其他同类的事物禀赋具有神奇的势力，能规定联结是否“正当”或是否“有用”，因此有所取舍。

其实，有意而为的思想作为与其他的思想作为并没有什么不同，都 172
是因为其联结令人满意而保留，令人烦恼而淘汰。人的定势或态度不但能使某种传导单元开始活动，而且还能使某种传导单元准备及时应用，而使另一种传导单元不能及时应用。使这个满意、那个烦恼，这两种影响难分轻重。不论其他，有意而为的思想作为至少应该是一串变异的反应，或者“复出的反应”。在这一串反应中，一节一节，凡是能满足思想者一时嗜好的就被选择而保留，因而在将来的反应上有超越其他反应的势力。在做学问上，在与本能的需要只有间接关系的事情上，这些满意、烦恼对学习的影响大多被人忽视。因此，它们的联结强度不够强，而且时有时无。但是我们哪能把它忽视了。科学家解决科学问题的原动力就是他饮食、睡眠、休息、娱乐的原动力。精明的思想家比不精明的思想家，不仅观念丰富，而且容易产生“正当”的观念。“正当”的观念格外令他感到满足，无用的、误会的观念格外使他不安。“大脑的组织自有其规律，自然会呈现相当的观念。”这句话没有错，而且人**宁愿呈现相当的观念而非其他观念**。

173

第十三章 心理的功能

学习是联结，人之所以是非凡的学习者，主要是因为他能形成许多联结。前两章所描述的过程，在现代文明生活条件下，施加于一个具有普通学习能力的人身上，不久就会使他成为一个非常精细而复杂的联结系统。联结的数量以百万计。其中不仅包括与具体事物的联结，而且还有与事物和事件的细微而抽象的元素、方面或成分的联结。

任何事物或元素都有许多不同的联结，每一个都与人的“定势”或态度相协调，共同决定与其联结的反应。联结除了使神经元发生真实的生理传导外，它们还或多或少地有着传导的准备，以确定在那些给定的情境下，什么反应会使人满意或恼怒。

在这些联结中，有的产生可观察的运动反应，诸如言语、手势或运动，有的只在内部、在神经元上直接并立即产生我们称之为“感觉”、“有意注意”、“表象”、“观念”和“判断”等的反应，而且这些内部反应的数量很快就超过外部反应的数量。联结反应的丰富程度远非我们所列举出来的这些。人生充满着时现时隐、半现半隐和似现似隐的反应运
174 动。这些反应表现为所谓的“内部”言语和所谓有意注意时表现出来的眼睛与喉咙的紧张等。

不仅有外部情境（人的身外事件）与内在反应的联结和内部情境与改变外界环境的活动的联结，而且还有内部事实或事件的某个条件与另一个条件的联结以及由此而形成的一长串联结。我们所研究的人类学习的绝大多数，终始于人脑内部事件的一些状态，即一个心理事件与另一个心理事件之间的联结。

这些联结形成的定律对于教育和人类工程学的其他分支都有重要意义。学习是联结，教学是设置情境导致适宜的联结并使学生获得满足。可以写一大部书详细展示那些算术、拼写、德文和哲学练习与人的已知本性建立了什么样的联结，那些风俗和法律、那些道德和宗教教义、那些职业和娱乐与人的已知本性建立了什么样的联结，以及某些渴望得到的联结是如何经济地形成的。这样一部书将是学习应用心理学（Applied Psychology of Learning）或教育科学（Science of Education）中有实用价值的一部分。[①]

学习心理学还应该承担起恰当地解释下列问题的工作任务，首先从准确地定义人的本性开始，接着要考察联结形成的原因，即人这样做、这样运动的原因，联结形成时为什么只注意到客体的该特征而不是其他特征，对于一个给定的问题做出反应时为什么会有这样的观念，什么使他满足而拒绝其他，他为什么欣赏这幅图画，为什么从事物的某种状态
中抽取出数量关系等所有他一生的学习所得。心理学应该争取列出用以 175
解释习惯、观念联想、抽象、推理、品味和休息的联结及联结的要素，应该测量每一个联结的强度，发现它们相互助长和相互抑制的关系，还要追溯它们的起源，预测它们将来的必然经历以及对给定的情境将确定形成什么样的新联结、改变什么样的旧联结的效果。就像一位地质学家用物理学和化学的定律来解释地球表面的变化那样，心理学家可以用准备律、练习律和效果律来解释人类本性的改变，即在人的知识、兴趣、习惯、技能以及思维能力或鉴赏能力上的变化。可是，这样的任务只能待之将来。

学习过程是一个简单的形成联结、保持联结和迅速导致联结的过程。可是其结果却是一个由有组织的趋向和无组织的趋向构成的混合体，甚至对一个3岁的孩子，这些趋向也是难以描述和预测的。从来没有人能够把任何一位3岁以上且具有一般学习能力的人的所有反应倾向都列出来，更不用说去追溯它们习得的历史。

心理学所做的，无非是考虑了几组粗略确定的倾向，对它们做了大

① 关于学习定律比较基本和一般的应用，可见于巴格利的《教育过程》、科尔文（Colvin）的《学习过程》和我的《教学原理》等著作。

致的描述，观察了它们在某些重要的情节上是怎么样改变的，尤其关注了生活中一些渴望得到的结果的效率。“智力”、“性格”、“技能”和“气质”这四个术语，或多或少地区分了人的四大类联结。在智力这类
176 联结中，“知识”、“习惯”、“动力”、“兴趣”和“观念”这些术语又进一步划分了联结的类别。“加法运算能力”、“阅读能力”、“对音乐的兴趣”、“勇气”和“商业诚信”，这些术语都是复杂倾向或几组联结的例子，它们的区分比上述划分更为具体，而且跨越了几个类别。这些复杂的倾向、或联结的组别、或联结的类别，就是本章和下面五章的讨论主题。

联结的组织

把人的这些为数众多的原本的联结和习得的联结划分为“特征”、“能力”、“功能”、“复杂倾向”，对此存在许多不同的观点。最常用的划分方法是把人的行为视为达到目的的工具，所以，按照学习的结果将其分别表达为“医学知识”、“加法运算能力”、“打字能力”、“绘画技能”等。但是，人类本性这个大总体，既可以用任何分类方法去划分，也可以把数以百万计的情境与反应的联结捆绑在一起，综合成人的真实本性。因此，根据事物与人关系的重要性，我们可以得到诸如人的植物学知识、政见、对运动的兴趣、对水的依恋等特征或功能；根据人与世界的某一基本特征的关系，我们可以得到颜色视觉、音高的识别这样的特质或功能；根据人类本性的先天机制与行为的关系，我们可以得到性生活、饮食习惯、自卫反应等一些行为类别。我们甚至受简便测量人类行为工具的影响，把人的倾向分组为标记 a 字母的能力、拍打的速率、数字的记忆、估计重量的准确度等。

那么，就让我们用“心理功能”这个术语来概括任何一组联结和任
177 何一组联结的任何特征，以及不论是有能力的学者曾经选择研究过的还是将来选择研究的，如同我们称之为智力、性格、技能和气质整体中的一部分。如此宽泛的定义，会使我们用一个方便的术语概括一切人类所能学习的事物，以及任何人曾经研究过的学习心理学。这样，我们就能够在数量、质量和有用性上报告学习心理学中的一些“小功能”（诸如能说出几个无意义的音节，然后说出几个音节的组合）和一些“大功

能”（如学说方言）。为了利用有关人类学习动力所思考过的和所做出的成绩，必须做出如此宽泛的报告。

人类心理功能的研究，可以从真正的起点——人的本性开始，然后追述每个联结是如何形成的，最后得到每个原始倾向和在练习律、效果律和准备律下操纵环境境况功能的全部历史。这样一个从头做起的研究思路，想法令人钦佩，但是在我们现有的知识背景下，这样做是不可能的。

有人坚持从实际的情境与反应的联结和准备发生的联结入手来分析其心理功能，并在获得对功能的全部解释之前，做完所有子成分的研究。例如，就总体效率而言，如何经过练习而提高，如何因疾病和过度练习而暂时下降，等等。在实验之前，精简所选择的联结和准备状态， 178
这确实是一种明智之举。例如，在分析学校里训练的功能上，将其划分为阅读能力、拼写能力、加法运算能力等，这样精细的划分是尤为必要的。可是实际上，以前几乎所有的学习心理学研究都没有做到功能的精简，更不要说最简单了。除了记忆研究（记忆不相关的内容，如一串数字或无意义音节）之外，其他大部分学习功能的研究（如加法、乘法、发电报和打字等）都是模糊的、复杂的。虽然这些研究结果不像学习研究所期待的那样（充分地分析到每个影响因素）具有广泛的意义，但是它们是在学校、商业或职业的改进和节减学习研究计划的基础上获得的重要成果，也是提供给我们的最可利用的知识。

心理功能的特征

心理功能有“广义”和“狭义”之分。例如，“拼写能力”不同于“拼写 cat 这个单词的能力”，“运动控制能力”不同于“画圆圈的能力”或“拍的速率”，“记忆力”不同于“记忆一系列无意义音节的能力”。上述每个例子中的前一项都是比较宽泛的、更具兼容性与复合性的联结组合和准备联结的组合。理论上讲，功能的差异如此之大，小的功能只代表一个情境与一个反应之间的单一联结，或一个单一传导单位的准备状态；大的功能可以代表数百万这样的联结或准备状态。心理学家实际所研究的功能几乎覆盖了如此广泛的范围。

心理功能有“长”有“短”，“长的”包含一长串联结，“短的”只
179 有一组联结。对疼痛的感受性（身体的某个部位因受到最小的压力或电刺激而引起的疼痛感觉）明显不同于画圆圈的能力或拼写 cat 的能力，它的神经联结系列较短。按照一般的假设，我们至少可以说，上述第一个例子只涉及第一感觉神经元的活动和连接神经元传导到大脑中枢的功能；而在第二和第三个例子中，其功能不仅涉及第一感觉神经元和到大脑中枢的连接神经元，而且涉及连接中枢至引起画、写、说肌肉活动的神经元。总之，对疼痛、苦味、红色的感受性与诸如行政能力、策划军事活动的能力、成功诊断疾病的能力，不论在联结系列的数量上，还是在始于情境组、止于反应组之间联结的级数上都存在差异。为方便起见，把假设是“平行排列”的神经元联结系列数量的多少用“广义”和“狭义”来区分；把假设是“成串排列”的神经元联结数量的多少用“长”和“短”来区分。

心理功能或多或少是可以预知的，实际发生的联结数量与可能发生的联结数量之间的比例可能不同。“拼写 cat 的能力”、“知道 289 的平方根是 17 的知识”、“拍的速率”，这些更适合于实际发生的联结的功能；而“记忆一串无意义音节”则更适合于可能发生的联结的功能。“绘画技能”、“运动控制”、“经商能力”，以及“对数学的兴趣”，这些
180 术语一般既是指实际发生的联结，也指在一定条件下将会形成的联结。同样，可以用术语指定那些已经做好传导准备的传导单元的功能，即指向令其满足的事件状态的已经有准备的反应倾向，或在给定条件下将来可能实际发生的倾向，或两者兼而有之。

心理功能既可以主要描述动作的形式，也可以主要叙述与动作相关的事件内容。拿“一串无意义音节的记忆能力”、“佳肴的鉴别力”和“细节的注意力”与前面提到的“经商能力”和“教学效率”做比较，前者注重的是心理功能的形式，而后者注重的是行为的内容。于前者，功能被主要地定义为用什么方法进行操作的事实，即记忆它们、鉴别它们、注意它们；于后者，功能被主要地定义为在什么事情上进行了成功操作的事实，没有详述操作的形式是什么。

心理功能的形式与内容之间的区别，即做了什么与所做的事情之间

的区分并不是非常有用。谈到一个心理功能的内容和形式时，必须申明它的实际情境和实际反应，否则思考和实验都无法进行。在这里作出内容与形式的区分有历史的原因，心理学开始研究心理活动时就假定有知觉、记忆、想象、鉴别、注意等“能力”，并假定这些活动适用于许多种类不同的内容。因此，作为遗产，我们有许多对心理功能的描述，比如“佳肴的鉴别力敏锐”、“有意注意的能力薄弱”、“记忆力优秀”等。181
如果这些说法有实际可利用的意义，那么，它们无非意味着所有可能的联结的两个规范的方面：一方面是指反应上的差异；另一方面是指对某个要素作出了主要的反应，等等。这些描述在讨论心理功能的改善和在某方面的效能提高上起着重要的作用。这种描述在涵盖它们的所有方面时尤为方便。

心理功能又可以侧重态度或能力。某些心理功能，比如“爱读好书”、“渴望得到赞许”或“被蔑视的苦恼”等主要指（或专指）某种事态能使人满意或烦恼的功能。另一方面，比如“拍的速率”、“列举反义词的能力”或“关于俄文的知识”等，则主要指（或专指）某情境唤起的观念和行为。其他的描述，比如“对数学的兴趣”、“音乐欣赏力”以及“室内装饰的品味”等，则明显是一些做这个、做那个，想这儿、想那儿，欢迎这个、珍惜那个，这个使人满意、那个遭到拒绝与回避或引起烦恼等复合的倾向。

心理功能总是行为上一些实际观察到的或可观察的事件，而不是行为背后任何虚构的东西。无论它的范围是广是狭，操作系列是长是短；不论是现实记录下来的能力，还是将来在给定条件下可预测的能力；不论是强调能够引起人做出具体反应的特定情景，还是没有具体规定的情境；也不论是讲述他将做什么，还是讲述什么东西能够使他满足：每一种心理功能的每个案例无非关注的是行为的历史或未来。而且，假如我182
们有足够的知识，就会在神经元上发现它们所代表的某些联结或准备联结的倾向，或者有可能在给定条件下观察到某些联结和联结倾向的外在表现。

效率和进步的概念

可以通过两种途径改变人的本性，一是在原有机体上增加新的心理功能，二是改变已有功能所能适用的情境。同一种功能可以适用于无数不同的情境。加法运算能力可以有一百种不同的种类；对于不同的人、在不同的时代，化学知识意味着上百万种不同的事情，这只需看每个例子中的知识都包含了什么样的事实和能力。

教育尤其关注的是改变心理功能的条件，更关注总体的改变是变得更好了还是变得更坏了，即研究者认为是更合适还是更不合适。我们希望知道的是，进行什么样的训练能够“改善”某人的加法运算能力、化学知识、推理能力或音乐的欣赏力。因此，改变任何一个人心理功能的条件经常用术语描述为收获或损失多少，进步或退化如何，效率增加或降低了多少。

在对改进功能的两种条件做比较研究的案例中，描述这样的案例需要判断它的效率，即达到某些目标的实际成功率和可能成功率如何，产生成效的数量和质量如何，从某观点来看其价值如何。

183 我们常说某人的字写得比去年更好了、他的自制力增强了、因缺乏练习他的球技不如从前了，或者说他记忆无意义音节进步了百分之十，等等，这么说没有什么确切的意义，这是每个案例中存在的一个大问题。科学地描述某人学习的进步需要比较学习前后两种学习效率的差异，所有精通研究的思想家都关注于鉴别同样的事实。

当然，在所有事例上，凡是用到效率、进步和退化这类术语的，就意味着前后两种学习有某些类似的地方。否则，精通研究的心理学家和教育家绝不会采用它们。当然，这些说法的意义也是明显的，即它们所用的功能不同，例如，一个是自制力的效率，一个是记忆无意义音节的效率。所以，两者之间的相似与差别需要精心鉴别。

按照规则，确定某人在某时心理功能的效率，应该在某种确定的条件下，定义并测量他学习结果的数量和质量。所谓进步，也需要在同样的外部条件下测量学习结果的数量和质量，或者在取得同样数量和质量的成果时，看哪种学习条件[①]更差些。学习实验所得到的结果必须是在实验者控制的相同实验条件下取得的，学习的进步也要用学习结果的数

---

① 或者说，在学习结果的数量和质量相同的情况下，身处逆境学习者的能力比前者更胜一筹。

量和质量来表示。

学习结果的数量和质量，不论是记住的单词、算出的算术题答案、用打字机打出的字母、字谜游戏的答案，还是翻译出来的几行字，等 184
等，都要用某种分数或几种分数来表示。因此，测量某人学习打字的进步情况时，就可以用在一定时间内所打的次数来计算。每打一个字母或标点符号且不用按上档键的，计作 1 次；每打两个单词之间的一个空格，计半次；每打一个大写字母或特殊符号需要按上档键的，计两次；按回车键另起一行，计 3 次。测量小学生学习加法（两位数加两位数）的进步情况时，计算他做对题的数量，答案中每错一个数字扣半分。拼写单词的进步情况可以根据他所能拼写出的单词的难易程度计分。刚刚能拼写出像“he”这样难度的单词时，计 25 分；刚刚能拼写出像“will”这样难度的单词时，计 30 分；刚刚能拼写出像“for”这样难度的单词时，计 35 分；刚刚能拼写出像“they”和“every”这样难度的单词时，计 50 分；刚刚能拼写出像“also”和“penny”这样难度的单词时，计 60 分；等等。

由于用分数来表示效率、进步和退化的情况，所以我们要时刻牢记这些分数的真正含义。因此，如果我们用上面拼写单词的记分方法，发现某儿童在前半年里拼写成绩从 25 分进步到 35 分，在后半年里从 35 分进步到 50 分，当我们说后半年里增加的 15 分是前半年得分的 1.5 倍时，我们一定不要忘记告诉人家：后半年增加的 15 分意味着“从拼写像‘for’这样难的单词，进步到拼写像‘they’和‘every’这样难的单词”；前半年增加的 10 分意味着“从拼写像‘he’这样难的单词，进步到拼写像‘for’这样难的单词”。仅仅是分数的增加容易产生歧义，甚至误解。

让我们认真思考下面的例子。例如：从每分钟写 50 个字母进步到 185
每分钟写 100 个字母；从每月打字挣 50 美元进步到每月赚 100 美元；从每分钟写 50 个单词进步到每分钟写 100 个单词；判断两条线段（一条线段长 100 厘米，另一条线段长 100.1 厘米）长短的正确率从 50%进步到 100%。

在上述例子中，第一个例子的进步，对于一个识字并有普通智力的成年人来说，经过几个小时的练习就能做到；第二个例子的进步，只有少数打字员才能做到；而第三个例子所描述的进步，几乎没有人做得到。在前三个例子中，这个“50”的确可以代表一些能力的提高，可是在第四个例子中，它纯粹是个零。因为在第四个例子中，是从“没有任何”能力或者白痴也可以有的能力（纯粹凭借机遇就可以有50%的几率获得正确判断），进步到眼睛和大脑都无法企及的能力。在每个案例中，值得关注的不仅是数值所表达的数量关系和学习曲线的斜率，而且更应该考虑的是由分数所表示的行为实情。

186

第十四章 进步的数量、速率和极限

练习曲线

用于表示一定数量的练习导致一定数量的进步的最简便方法就是画出“练习曲线”，线上各点的高低代表每次测验所得的分数。在图14—1中，横坐标轴上每六十分之一英寸长的刻度代表练习打字一分钟，纵坐标轴上的刻度是每分钟打字的数量，练习曲线上连续分布的各点高度表示每次练习的得分，从每分钟打 6.3 个字上升到每分钟打 24.7 个字。图 14—2 显示的事实与图 14—1 完全相同，只不过是由连接图 14—1 上每个水平线段的中点而形成的练习曲线。

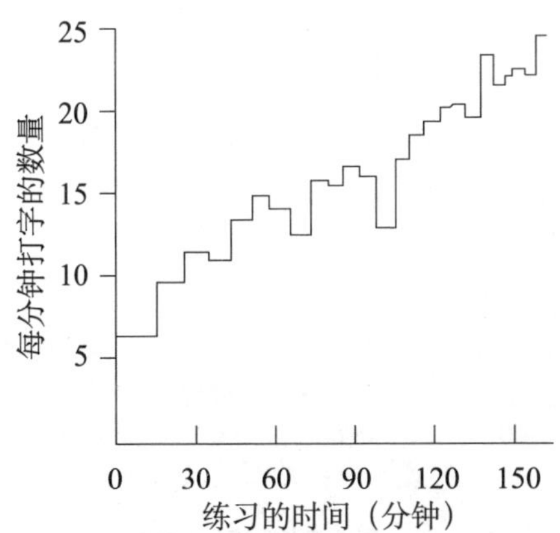

图 14—1　练习打字的进步情况一

注：用打字机打出由相同的 100 个单词构成的一段文字，每天练习一次。横坐标代表每次练习所用的时间；纵坐标代表单位时间内打字的数量。187

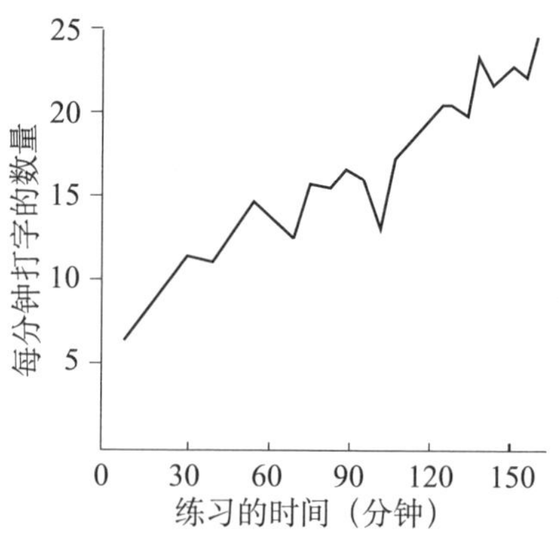

图 14—2　练习打字的进步情况二

注：同图 14—1 一样，唯一不同的是由连接图 14—1 练习曲线上每个水平线段的中点而形成练习曲线。

以下数页的练习曲线（见图 14—3 至图 14—11），分别显示了颠球、打字、加法运算、用写德意志体写字、学习速记、按照密码用某些数字代替某些字母、在一张印有大写字母的纸上标注出 A 字母等练习的进步情况。看这些曲线就会获得每种练习的一般情况。考察时应该注意所用时间与所取得进步之间的关系。

188

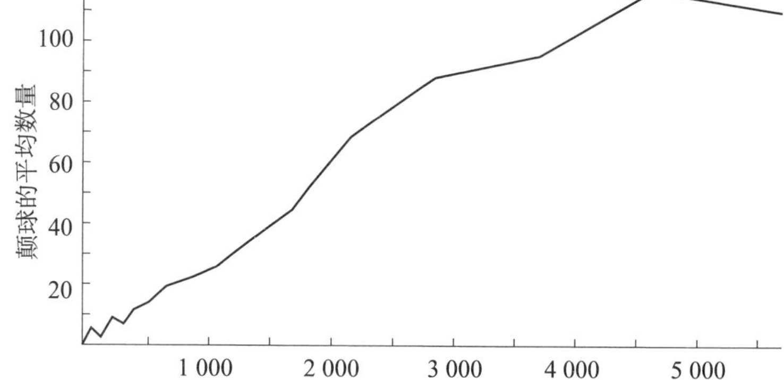

图 14—3　被试 F 练习颠球的进步情况

注：在每次练习期间内，连续成功颠球的平均次数。横坐标的刻度是练习的次数，纵坐标根据连续颠球的数量测得。

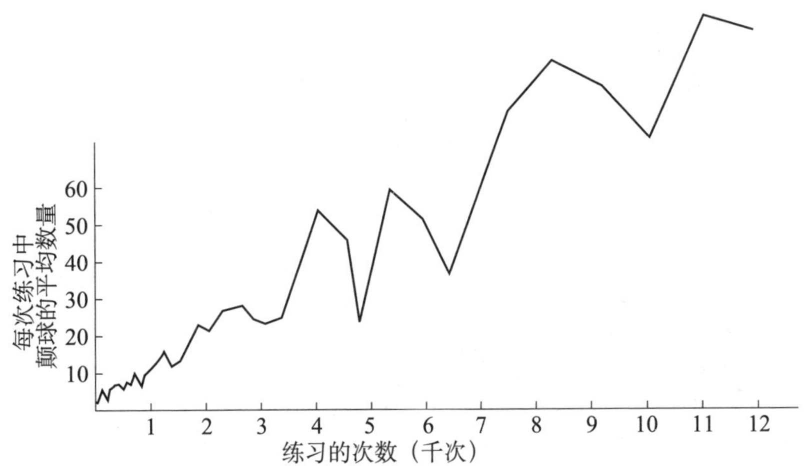

图 14—4　被试 A 练习颠球的进步情况

注：横坐标的刻度设计同图 14—3。

189

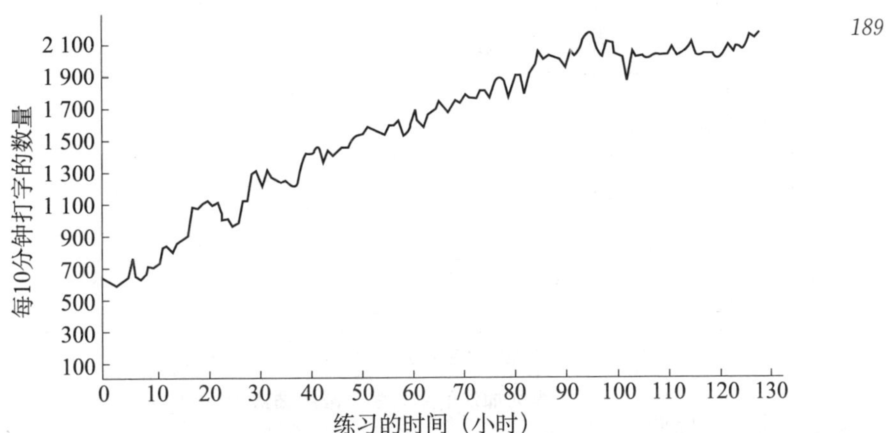

图 14—5　被试 Y 用触摸法练习打字的进步情况

资料来源：引自 Book，1908，第 21 页的插图。

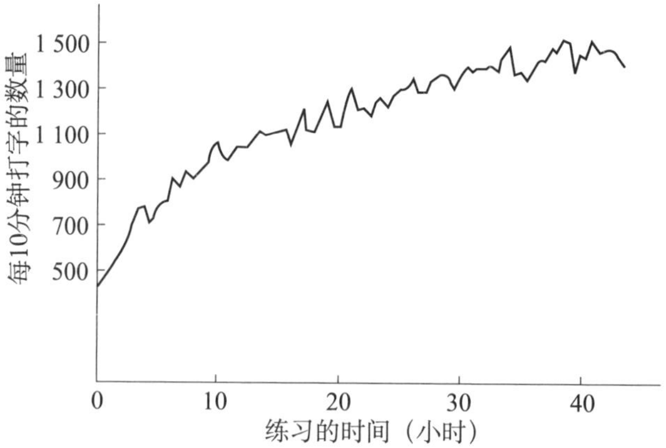

图 14—6　被试 Z 正常练习打字的进步情况

资料来源：引自 Book，1908，第 21 页的插图。

190

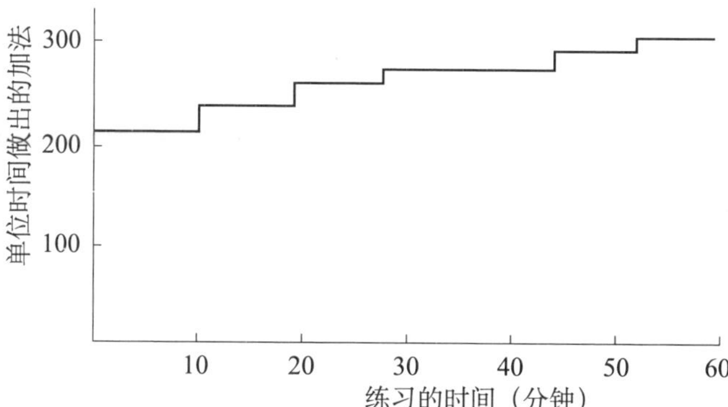

图 14—7　一位 19 岁的成年学生练习 10 个一位数纵列加法的平均练习成绩曲线

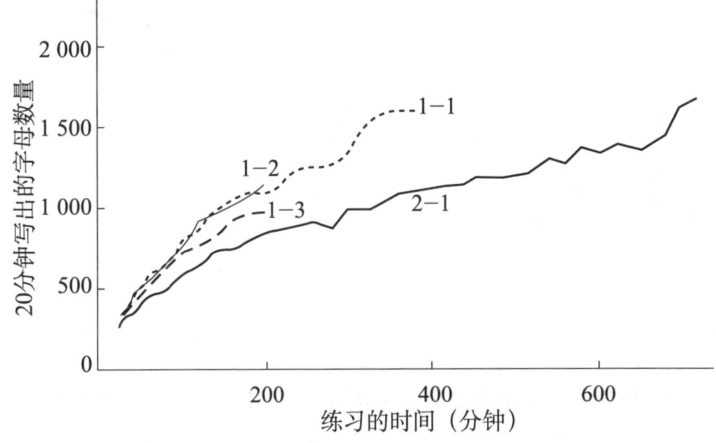

图 14—8　四组女学生练习用德意志体写英文字母的进步曲线

注：第一组每人每天练习 1 次，每次 20 分钟，进步曲线标记为 1－1；第二组每人每两天练习 1 次，每次 20 分钟，进步曲线标记为 1－2；第三组每人每三天练习 1 次，每次 20 分钟，进步曲线标记为 1－3；第四组每人每天练习 2 次，每次 20 分钟，进步曲线标记为2－1。

资料来源：引自 Leuba and klyde，1905，p. 362。

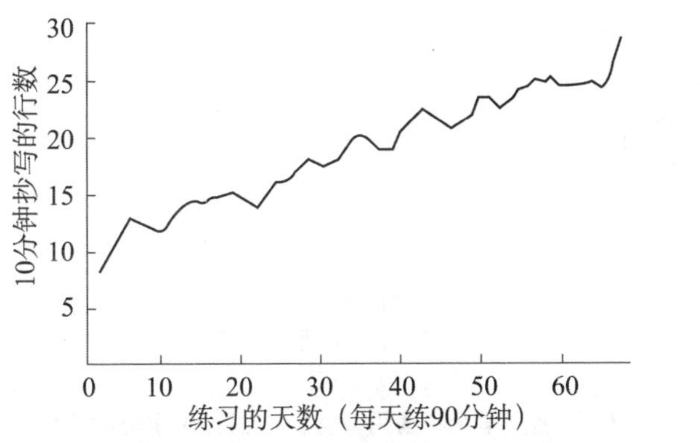

191

图 14—9　用速记法抄写课文的进步曲线

注：抄写的内容选自詹姆斯的《与教师的谈话》一书，每行约 8. 3 个词。

资料来源：引自 Swift，1903，p. 226。

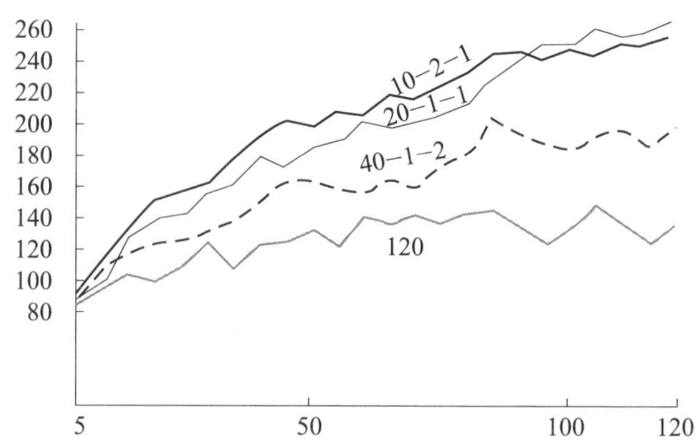

图 14—10　四组大学生用数字译写英文课文中字母的进步曲线

注：第一组每人每天练习 2 次，每次 10 分钟，曲线标记为 10—2—1；第二组每人每天练习 1 次，每次 20 分钟，曲线标记为 20—1—1；第三组每人每天练习 1 次，每次 40 分钟，曲线标记为 40—1—2；第四组每人只练习了 1 次，用了 120 分钟。横坐标的起点不是 0 而是 5。

资料来源：引自 Starch，1912，p. 212。

192

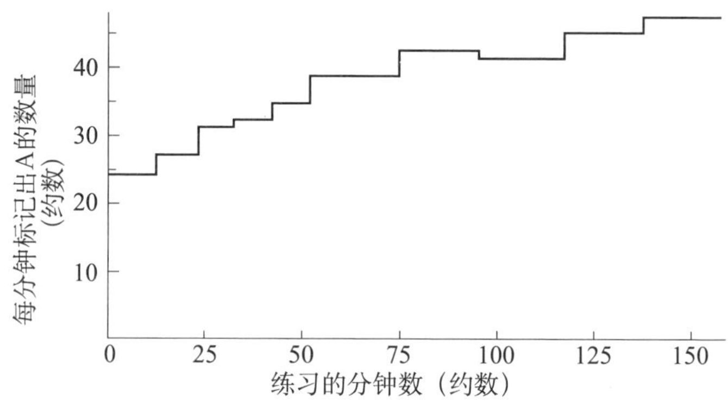

图 14—11　9 名女学生在通用教材上标注出 A 字母的平均进步曲线

注：每页只用 1 次。采用惠特利记分法计算成绩（Whitley，1911，p. 120 ff.）。惠特利记分法比较复杂，因此，此曲线只是大致绘制的。

在这些练习曲线中，除了有特殊标明的之外，都是每日用数分钟进行练习，经过许多天练习取得的成绩。这里，我再引用一个在学校情境中小学生经过练习取得进步的例子。

柯比（1913）曾以 700 名四年级小学生为被试，前后用 60 分钟的

时间①让他们练习纵列加法运算（每列有10个一位数相加）。前15分钟
内他们平均可以完成31列，其中做对的有24列；最后15分钟他们平 193
均完成50列，其中有37列正确。所以，他们的计算速度提高了50%以
上，正确率同样也提高了50%以上。这项研究作为一项教育实验是在
学校情境中进行的。任何一个小学生都完全可以在课外花时间练习加法
运算，但是这样大规模的实验还为数不多。柯比的这个实验结果已经得
到哈恩（1913）的证实。

柯比还测试了600多名三年级小学生前后50分钟②练习除法运算的成绩。采用的填空测试题目如下所示：

50＝（　　）6，余数是（　　）；29＝（　　）3，余数是（　　）

43＝（　　）7，余数是（　　）；35＝（　　）4，余数是（　　）

在开始的10分钟内他们平均可做40道题，其中正确的有37道；最后10分钟平均可做73道题，其中70道是正确的。做题的数量和正确率几乎都增加了一倍。该项实验像上述加法运算的实验一样，可能也会受到他们课外练习的影响，但影响可能很小。

实验条件下学习进步的频率和速度

据我所知，不论什么心理功能，没有有意识的练习就看不到它的进
步。而且在练习中没有适当地应用效果律，也不会有进步的结果。有时 194
某个人的实验看不到进步，其他人的实验却能发现。当然也有一些实
验，个别人没有进步。更有一些实验，由于研究者没有发现任何进步，
所以没有报告。但是从总体来看，可以相当有把握地说，任何人的所有
心理功能，只要有理论或实践意义，都可以看到进步；除非有些功能在
一般生活的练习中已经达到了它们的极限，但这种情况很少。

在实验中，练习所显示出的进步速度，在某种程度上似乎与学生在学校里、工人在职业上和一般人在工作及娱乐上的学习进步速度有明显

① 整个加法练习时间共75分钟，将前后各15分钟内的成绩做比较，这样大致可以得到60分钟的练习效果。

② 整个练习共用60分钟，将前10分钟的成绩与后10分钟的成绩进行比较，这样大致可以代表50分钟练习的效果。

的差异。例如，读者可以把表 14—1 中所列出的成绩给一些有理解能力并有工作或教师经验、或者两者兼而有之的男人和女性去估计自己预期所能达到的进步效率的程度（见表 14—1）。当给他们看表 14—1 时，先要把表中最后一行的内容遮盖住，不让他们看到。因为那是实验得到的实际结果。待他们估计出自己的结果后，再打开进行比较。读者也可以自己考虑，如果合理分配 7 个小时的时间练习三位数乘法心算，能使心算速度提高 2 倍并使错误数量减少吗？或者用 40 个小时的时间练习打字，能从完全不会打字（假设现在或以前没有练习过打字）进步到跟
195 手写一样快吗？或者从完全无知开始，能经过 3 个小时或稍长一点儿时间的练习，学会用德意志体写英文字母并达到每分钟写 50 个字母的速度吗？

表 14—1　　三例经典实验

这三例实验数据之所以如此排列，是为了便于读者估计进步的数量，并与实际的进步情况进行比较。

实验 1

功能：加法，一位数连加法口算，口头宣布每个加数并口头说出计算结果。

被试：医院护士 10 名，21～35 岁。

最初能力：5 分钟内，10 位被试口算连加法所能计算出来的题目数量分别是：180，200，225，225，290，150，220，235，250，260。

练习的总时长：2 小时 25 分钟。

练习时间分布：星期日除外，每天练习 5 分钟。

练习后的能力：5 分钟内，10 位被试所完成的题目数量分别如下：

________，________，________，________，________，________，________，________，________，________。

380，430，368，460，540，280，380，570，440，540。①

实验 2

功能：纵列加法，每列 10 个一位数相加，每列计算出的总和写在纸上。

被试：19 名大学生中最中等的 7 个人。

最初能力：5 分钟内，7 个人完成一位数加法的数量（计算答案是两位数的和再加上一个数字）分别如下：225，232，240，244，257，257，261。

练习的总时长：大约 55 分钟。

练习时间分布：每天需要完成 48 列相加，开始需要 10 分钟，练习后降到 6 分钟。

---

① 这 10 个数字分别表示上面列出的与之相对应的 10 个人的最初的口算能力。

练习后的能力：在 5 分钟之内，7 个人所完成的题目数量如下：

________，________，________，________，________，________，________。

304，417，317，400，306，374，378。①

实验 3

功能：从打满 2 页的英文字母中标记出“a”字母。
被试：9 名大学生。
最初的平均能力：第一天先试标记 2 页，第二天练习平均用时 527 秒。 196
平均练习时长：2 小时 10 分钟。
练习时间分布：每天 1 次，连续 17 天。
练习后的能力：348 秒。

在相同功能上进步速率的个体差异

不论什么功能，只要有方法测量，就可以发现在进步的速度上存在极大的个体差异。柯比（Kirby）发现，经过 60 分钟的练习之后，在 15 分钟之内，每个被试所做加法的进步小至零，大至能完成 60 列 10 个数字的相加运算。每个被试的进步情况见表 14—2。在除法运算的进步上也有同样的差异。当然，有些极端的得分，部分地因为在最初的实验中记分的不公正，使那些身体有病、对测题有误解或受其他不相干因素影响的被试得分不公平的低；或者由于测题的排列对被试极为有利，而使其最后的得分不公平的高；或者由于这两种不公平的记分同时发生在同一个被试身上，当然，这种情况极为罕见。假使因为这些原因，我们把个别被试的得分做宽泛的调整，即假设在实际测验中没有进步小于 10%的被试，再像提高得最低分的成绩那样，把个别得最高分的成绩降下来（经过这样调整后的数据见表 14—3）。尽管做了这样的分数调整，可是个体之间的进步差异还是很大。

导致学习进步个体差异的原因可以从以下三个方面考虑：(1) 方法上的差异。果真如此，则可以教会某人使用有效的方法，使其与他人一样，这样能够使他们的成绩更接近一些。(2) 以前训练上差异。这是在一定时间内无法改变的事实，但可以预防。(3) 本性上的差异。这是无

① 这 7 个数字分别表示上面列出的与之相对应的 7 个人的最初的计算能力。

法回避且必须认可的。对于解释任何功能进步上个体差异的教育理论来说，沿着这三条主线来分析其主要原因是极为重要的。不幸的是，这种全面系统地测量进步速度个体差异的研究为数很少，而且差异原因的实验性分析几乎还没有开始。目前我们仅知道，所发现的多种差异可能是本性的差异所致。

197 **表 14—2　　加法运算上进步速率的个体差异一**

引自柯比的著作（1913）。表中数据是 503 名四、五年级小学生的测试结果。他们练习 10 个数的加法运算，共练习 45 分钟，时间分配为 2 节、3 节或 7 节。在 45 分钟练习之前或之后的 15 分钟内，被试正确完成的题目数量各不相同。表中所列数据只是练习之后 15 分钟内正确完成的题目数量与练习之前 15 分钟内正确完成的题目数量之差及被试的人数。

少做 12～15 题的有 4 人。
少做 8～11 题的有 9 人。
少做 4～7 题的有 24 人。
少做 3 题及以下的有 49 人。
多做 1～4 题的有 65 人。
多做 5～8 题的有 72 人。
多做 9～12 题的有 80 人。
多做 13～16 题的有 61 人。
多做 17～20 题的有 64 人。
多做 21～24 题的有 17 人。
多做 25～28 题的有 20 人。
多做 29～32 题的有 18 人。
多做 33～36 题的有 11 人。
多做 37～40 题的有 9 人。
多做 41～44 题的有 2 人。
多做 45～48 题的有 4 人。
多做 49～52 题的有 2 人。
多做 53～56 题的有 0 人。
多做 57～60 题的有 1 人。
多做 61～64 题的有 2 人。

198 **表 14—3　　加法运算上进步速率的个体差异二**

根据表 14—2 的实际数据，考虑到记分上的不公平因素，经过提分与降分的处理后，所得数据大致如下：

多做 1～4 题的有 13 人。
多做 5～9 题的有 73 人。
多做 10～14 题的有 137 人。

多做15～19题的有141人。
多做20～24题的有81人。
多做25～29题的有38人。
多做30～34题的有20人。
多做35～39题的有6人。
多做40～44题的有2人。
多做45～49题的有3人。

进步的极限

当然，心理功能的效率极限在实验研究中是很难达到的，除非那些范围“极窄”的功能，例如：知道1个或极少几个单词的词意、背诵一首诗，或在打字机上打出一个简单的句子。说明心理功能效率极限的最好事例应该从那些工作或游戏的高手中去寻找。在这些活动中，他们投入了极大的热情和智慧。诸如在打字、速记、发拍电报、打高尔夫或台球等方面的冠军“纪录”才有些近乎那些功能进步的极限。这些极具天赋的个体所达到的成绩最有可能与上述所说功能极限有关。

每分钟在打字机上打出大约包含350个字母的70个单词、用速记法记录最快的谈话而无一错误、一分钟内在电报键上发送49个单词的
电文或单击486次电键、单手向空中抛接4个球而无一落地、在几秒钟 199
内做千以内任何两个接近数字的乘法运算、在10度角范围内把高尔夫球打出200码等，这些专家级的特技不是任何人都能企及的。这些特技是少数极具天赋能力的人经过长期的、聪慧的和用心的训练的结果。另一方面，换一个平常人，如果有充足的训练时间和足够的用心，并加以专家的指导，我确信其进步会超过我们的预料。为什么我们在写字的时候写得又慢又潦草、加法算得慢而又常出错误、简单的问题也回答得很慢并在容易决定的行动上延迟不决、很少缝纫且又针脚不匀、经常忘记别人的名字和自己的约期、习惯发脾气等，其主要原因并不是我们不能做得最好，而是在这些事情上没有尽我们所能。也就是说，我们有太多其他需要改进的地方没有去做，或者不知道怎样指导自己练习，或者实际没有真正关心如何改进，或者这三种情况兼而有之。

在我看来，许多人的工作效率远低于他的效率极限，甚至当他能够直接达到极限时也没兴趣想办法去达到。而且当他认为自己做得最好时，还远在他所能达到的效率之下。我敢说，在纽约杂货店里的上千个会计员中，虽然有人做过上千个小时的加法练习，然而与他们可能达到的极限相比，平均起来说，他们的运算速度还没有达到他们所能达到的三分之二，而错误却增加两倍多。这种现象还可能表现在教师中，大多数教师经过三年教学后，其教学效率似乎就没有提高了，但是我相信，
200 大多数这样的教师还能够教得比他们现在做到的好很多。甚至在竭尽追求最好成绩的比赛里说“我就是这个水平了，不论怎么练习也没用了”这种话的人，可能也并不意味着他在功能上真的达到了生理极限。

我不能证明我在前两段文字中所下的断言，因为用那样的人、在那样的方法和兴趣下进行练习的实验还没有做过。我也拿不出这些断言的证据，因为它包括了太多琐碎的事实，其各种来源也太广泛了。我只能举几个实际例子，在我看来，这些事实很能说明，一般人并没有达到他们可能达到的效率。

第一，凡是科学研究的任何心理功能，没有一个经过练习过程而不提高其效率的。只要功能的范围有限、成功和失败容易辨别清楚，而且进步的速度不是急速上升的，就都可以观察到。

第二，还有一些个体的表现是惊人的，这些人在学校和职业上经过了再长不过的时间练习，效率却一直停留在同一个水平上。可是，一旦遇到更有利的条件，就会发生显著的进步。例如，阿沙芬堡（Aschaffenburg，1896b）让 4 个经验丰富的排版人每天排版 75 分钟，每天一次，连续 4 天。他们都是在各自的公司里用自己的字模排字，其他情境不变。不是因为前几天有什么不可理解的原因使他们各自的排版速度都不高，就是因为他们在一个观察者的刺激下有心显示自己的技术水平，而使排版速度明显提高了。

排版的第一天和第三天都是“普通”的日子；第二天和第四天却是禁酒日，但是他们都在排版 15 分钟后喝了酒。所以，他们的排版成绩以每天的前 15 分钟里所排字母和空格的数量计算，列在表14—4 中。

表 14—4　　排版成绩

日期	甲	乙	丙	丁	4 个人的平均成绩
第一天	577	524	599	600	575
第二天	649	506	601	614	593
第三天	601	598	669	664	633
第四天	725	594	656	723	675

第三，在寻常的工作中，由一个新刺激所引起的兴趣和努力，或者一个新的训练方法，也能产生类似的进步。例如，撑竿跳的纪录在这 20 多年里提高了几英寸。由此可见，20 年前的撑竿跳运动员，假如他们采用了好的方法，或者取胜心切，或者二者兼而有之，就能跳得更高些。从前的杂技演员认为，能单手向空中连续抛接 3 个球、鼻子上顶一把椅子保持平衡，就很了不起了。可是，后来有人却能单手向空中连续抛接 4 个球，鼻子上顶一把伞、伞上再竖一把椅子并保持它们的平衡。后来，之前的杂技演员发现他们自己也能做到这样。

因此，在我看来，不论在学校里、工作上，还是在道德上，心理训练都一而再、再而三地超越了虚假的极限，即超越了原有的效率水平或高原期。那些保持原有效率水平的人，要么他有比超越原有水平更重要的事情去做；要么就是认为，就提高效率水平而言，不值得花时间去做。那些认为自己天生如此、将来再不能提高了的人，或是因为他没有真正关注自己的进步，或是不知道必要的方法。可是，所谓完全绝对的极限，即功能组织已经尽力而为了的情况，是少有的。

202

第十五章 进步的原因与情境

导致进步的成分

研究进步的程序有两种：一种是首先考察效率（即成绩）的总体变化，进而分析导致其变化的各个成分；另一种是，首先从一些最简单的学习事实中发现一些基本的变化，然后考虑如何展现这些事实中的某些变化，当它们以某种方式同时出现时，考察其所导致的总体效率（如分数）的变化。我相信，无论采用哪种研究程序，最终都会得出同一个结论，即变化是联结数量的增加或减少，或者说是满意或烦恼的增减而已。当一种功能发生改变时，不是某些反应与某些情境相联结，就是某些反应与某些情境相分离；或者某些事件的状态使个体更满足，或者某些事件的状态使个体更烦恼。练习曲线的上升往往伴随着习惯、态度和兴趣系统的平行生长。

联结的增加有时通过外部行为表现出来，例如，会做加法的人见了 $\begin{array}{r}47\\ \underline{32}\end{array}$，会直接写出 79；有时可间接地从口语报告表现出来，例如，会做加法的人看见 $\begin{array}{r}4\\ 8\\ \underline{8}\end{array}$，会顺口说出 20；有时隐藏在神经系统之内，只能从派
203 生反应中观察到，例如，会做加法的人遇到 $\begin{array}{r}47\\ \underline{32}\end{array}$，就会作出“想 79”的反应，以前在 1 000 回中有 900 回能想到 79，现在 1 000 回有 999 回能

想到79[①]。联结的减少也同样以上述三种形式分别表出来：一种情况是遇到$\begin{array}{r}47\\ \underline{32}\end{array}$这道题时，必须经过“运算”才能写出结果；另一种情况是遇到$\begin{array}{r}47\\ \underline{32}\end{array}$这道题时，需要说出“几加几得几”；第三种情况是遇到$\begin{array}{r}47\\ \underline{32}\end{array}$这道题并做出“想79”的反应时，不是原来的1秒钟，而是8秒钟[②]。

前文中谈到的“增加”和“减少”均可用“加强”和“减弱”来代替。所谓“增加”一个联结，就是把一个联结的强度从零增加到一个联结强度，或者在原有联结强度的基础上再增加一个强度；所谓“减少”一个联结，就是把一个联结的联结强度减弱至零，或者在原有联结强度的基础上减弱一个联结强度。

当一个联结被减弱而另一个联结同时被加强时，这就是我们通常见
到的情况，即由于优势反应的替代所引起的进步。 204

满意与烦恼的增减也有三种表现，即表现在外部行为上、学习者的口头报告上和神经系统的内部活动上。关于神经系统内部的活动，只能从当事人对自己内心状态的评价中了解到。当一名诚实的学习被试在实验中抱怨自己所选择的学习任务时，即他选择的是记忆无意义音节而不是他以前喜欢阅读的小说时，所有胜任观察的人都能判断出被试当时所表现出的满意与烦恼情绪的变化。除了上述外显行为表现之外，还可以根据他的口头报告了解情绪的变化，他可能会报告自己的学习热情已随着所记音节数量的增加而提高了。除了上述两种表现之外，就是他大脑内部某个传导单元准备传导的势力有了微弱的增强，或者它正与其他正在发生的事件联结着，所以没有看到与传导单元传导势力的微弱增强相对应的、可观察的满意之感增强的事实。

接受与拒绝、喜欢与厌恶、满意与烦恼的生理学和心理学所受到的关注很少，而且，它们的改善作用只在人“放弃厌恶的工作”或“获得成功的热情”等总体事件中得到粗略的描述。然而，每个人都能看到它们在提高能力上的重要作用。例如，音乐创作和英文写作，这些活动在

---

① 这里所说的内部过程可能是全部，也可能是一部分，例如，减少一个联结。

② 这里所说的内部过程可能是全部，也可能是一部分，例如，增加一个联结。

很大程度上取决于个体对创作内容的好恶与取舍。这种好恶与取舍对诸如加法运算、打字、打台球等活动同样具有影响。练习不仅能使正确的反应与某个特定情境建立联结，而且还能使我们在形成这种联结时感到满足。例如，在打高尔夫球时，当在某情境下，挥动球杆做出反应，看见球沿着自己期望的路径低速滚动时，个体就会产生满足感，对球杆的好感和兴趣也会稍微有所增强。由此，引人击球的情境与挥杆击球反应之间的联结就增强了，进步也就出现了。再以打高尔夫球为例，我们不可能每次都遇到这种理想的情况，即击球落地的位置和滚动路径都与情境建立最紧密的联结，而是从中选择几次我们认为是正确的动作。此后，我们在每次击球时都如此这般地挥舞球杆，用行话来说，就是我们“感觉良好”的动作。这种逐个淘汰不满意的反应发生在所有心理创作活动中。甚至在那些看似顺畅而没有选择的纯粹联结中，即所有反应都同样
205 令人满意（比如熟练的加法）时，也同样会发现不同的反应和反应的选择。一想到其他的事情或精力稍不集中，那些普遍觉醒着的“联结”就会出现。为了防患于未然，满足于对适当工作任务的不懈努力是提高工作速度的一个重要成分。因此，更大的满足是提高速度的重要成分。

进步的外部条件

进步的条件最好从以下四方面论述：一是外部条件，如练习时间的长短、每天什么时候练习、进食数量等；二是生理条件，如酒精和咖啡酸的含量、某种疾病的影响等；三是心理条件，如兴趣和烦恼；四是教育条件，如操作练习的组织和教给学习者的方法。

在外部条件中，我们只讨论一个简单的问题——练习的分配，即练习时间的长短和间隔时间的长短。

功能训练的时间总量相同，比如 10 小时。可 10 小时的分配方法有无数种。例如，10 个 60 分钟，20 个 30 分钟，40 个 15 分钟，5 个 60 分钟之后可有 10 个 30 分钟，或者每个练习的时段依次分别为 100 分钟、80 分钟、60 分钟、50 分钟、40 分钟、35 分钟、30 分钟、3 个 25 分钟和 13 个 10 分钟，等等。对于每种时间分配方法，各阶段之间的时间间隔又有无数不同种时距。对于指定的一种功能和一个人，指定总的

训练时间并指定功能进步的具体指标，以及在功能之外又指定操作和限
制的条件，那么，我们就可以找到最佳的时间分配方案。所谓的“最 206
佳”，可以定义为使功能进步的速度最快，或者定义为使功能进步的总体效率最高，或者定义为使学习者在训练过程中感受到的满足最大，或者其他一些可以理解的方法，等等。

如果不论操作情境，一定会有一些简单的定律适用于所有功能和处于所有进步阶段的所有个体。例如，10 分钟至 20 分钟的练习时间，无论从哪个方面来看，都要比比它更长或更短的时间好；又如，无论每次练习的时间有多长、练习什么功能、练习的人是谁，间隔 24 小时至 48 小时的时间一般比其他时间间隔更好；或者最佳的间隔时距一般是练习时间的二十倍；或者随着功能的进步越来越接近极限，最佳的练习时间变得越来越短、间隔的时间变得越来越长。

实验结果大致表明，在时间分配上应尽量避免采用很长的练习时间与很短的练习间隔时间。[①] 但另一方面又表明，练习的时间应尽可能比学校里通常所用的时间长，而间隔时间应尽可能比学校里学习与“复习”所间隔的时间短。[②]

柯比（1913）以 1 300 名三年级和四年级儿童为被试，以加、减法
运算为实验任务，考察了练习时段对学习效果的影响。实验中采用的最 207
高时段为 20 分钟。在加法作业中，实验的安排具体见表 15—1。

表 15—1 加法作业

在校时间	22.5 分钟练习组	15 分钟练习组	6 分钟练习组	2 分钟练习组
第 1 天	15	15	15	15
第 2 天	22. 5	15	6	2

① 多长的练习时间被认为是“很长”，取决于功能的进步情况和个人的满意程度。例如，对于做加法运算或记忆无意义音节（由 32 个无意义音节组成一串的无意义音节系列）而言，练习两小时应该算是很长了；而对于打高尔夫球或下棋来说，两小时未必算长。多短的间隔时间算是“很短”，取决于练习时间的长短和功能的性质如何。进行 20 分钟的加法练习，间隔 5 分钟就很短，间隔 5 小时可能都是短的。上文所述内容，即这方面的知识目前还很缺乏。

② 这里所说的“练习时间”不是指一节课的全部时间，仅指用于功能练习的那部分时间。例如，读九九乘法表、拼写各州的名称、练习书写速度、背诵 10 个生词、用德语文章做口语练习等。一般说来，这类学习的时限通常约为 5 分钟。

续前表

在校时间	22.5 分钟练习组	15 分钟练习组	6 分钟练习组	2 分钟练习组
第 3 天	22.5	15	6	2
第 4 天	15	15	6	2
第 5 天	……	15	6	2
第 6 天	……	……	6	2
第 7 天	……	……	6	2
第 8 天	……	……	6	2
第 9 天	……	……	3	2
第 10 天	……	……	15	以后每天 2 分钟，共进行 22 天*
……	……	……	……	……
……	……	……	……	……
……	……	……	……	……
第 24 天	……	……	……	15

* 最后几天练习的时间为 3 分钟。

在除法作业中，实验的安排具体见表 15—2。

表 15—2 除法作业

在校时间	20 分钟练习组	10 分钟练习组	2 分钟练习组
第 1 天	10	10	10
第 2 天	20	10	2
第 3 天	20	10	2
第 4 天	10	10	2
第 5 天	……	10	2
第 6 天	……	10	2
第 7 天	……	……	2
第 8 天	……	……	2
第 9 天	……	……	以后每天 2 分钟，共进行 20 天
……	……	……	……
……	……	……	……
第 22 天	……	……	10

这两个实验是出于实用而做的，与其中有多少儿童在实验过程中做
了多少课外练习关系不大。我们假设学生在短时段中进行的课外练习与 208
长时段中进行的课外练习的数量相同，实验结果显示，学生在短的练习时段下的成绩较好，两分钟的练习效果最好。然而，我们须注意，这个结果是建立在所有时段的课外练习数量相同的基础之上的。如果儿童的练习全在课外进行，那么，四个星期的练习要比一个星期练习的效果更好。练习时间短优于练习时间长，其优势可能没有那么明显，针对这个问题我们会进一步探讨。

以上两个实验得出如下结果：在加法实验中，22.5 分钟、15 分钟、6 分钟和 2 分钟练习组的成绩分别为 100、121、101 和 146.5。在除法实验中，20 分钟、10 分钟和 2 分钟练习组的成绩分别为 100、110.5 和 177。

进步的心理条件

就进步的实质而言，在基本心理条件上的一个显而易见的结论是，令人满意的联结有机会增加，令人不满意的联结有机会消失。只要有所变化，就一定会发生联结的扩充或淘汰。

任何可以改变的功能，只要有练习，就会发生变化。但是，无论刺
激发生什么样的变化，学习者都有机会在较宽的范围内取舍各种有用的 209
反应。鲁格注意到，在解决操作式智力游戏问题时，善于操作的学生有时会故意摆弄迷具，希望有机会找到启发他下手的位置；或者故意变换解决问题的假设，其目的也是希望从中观察到下手的地方。

不论怎样变换问题的情景，都是为了寻找并直至建立更好的有用联结。例如，鲁格就曾说过，高效率的学生具有这样一种特征，那就是他们特别注意考察和检验自己的假设，正因如此，他们自己将成为建立新联结的强者。

令人满意的联结一旦出现就会被选择，不令人满意的联结则被淘汰，这并不是功能经过单纯的练习就能取得的必然结果。有许多人在许多功能上都错过了偶然的优势，却仍然执迷不悟地坚持错误练习并固守错误。一种功能如果进行这样的练习，则不论他会取得成功还是失败，

不论是增强了好的联结还是增强了不好的联结，工作的效率不论是在平均水平之上还是在平均水平之下，个体练习的结果都只能是他初始状态的偶然变异而已。正因如此，一位毫无文学品位的诗情隐士，可能连续数年都写不出更好的抒情诗。正因如此，在事实上，如果一个人不考虑言语修辞之美，又不接受社会压力的影响，则虽能口述千言万语，但说出的话在音调、音色、语法或风格上也毫无进步。也正因如此，在判断两个砝码哪一个重的实验中（一个砝码重 100 克，另一个重 101 克，而且砝码的重量标识被掩蔽起来），如果除了被试自己练习之外没有其他反馈，那么练习是不可能取得进步的。

210 无论如何，在其他条件相等的情况下，只有那些重复使用并令人满意的合意联结，以及那些不被使用并令人烦恼的不合意联结才能发生改变。功能进步最重要的心理条件尽在于此，即是说，重复使用和令人满意的力量直接支持合意的联结、反对不合意的联结。其中有三种情况直接来自学习定律的结论，应该首先讨论：一是将要形成或破坏的联结容易识别；二是令人满意或使人烦恼的情境容易识别；三是应用且令人满意或烦恼的联结容易识别。以下五项统称为“兴趣系列”，即工作兴趣、对进步的兴趣、积极好问的态度、注意、把工作当作自己渴望的有意义的事情。它们之所以具有一定的影响力，是因为它们有助于产生变化，更因为它们能产生相关的且合意的变化，因为它们能增强好的联结，淘汰坏的联结。

“将要形成或破坏的联结容易识别”，“令人满意或使人烦恼的情境容易识别”，“应用且令人满意或烦恼的联结容易识别”，这三句话的意思可举例说明。就某人来说，他在加、减、乘、除法运算上取得进步，平均说来，要比在解决应用题上取得进步容易些。一个原因是，关于做加、减、乘、除运算，所需要建立或巩固的联结（除了长除法中的商数须尝试选择而定外）都有严格的定义，只需分别练习即可。另一个原因是，成绩（正确答案的数量与做题的速度）是否令人满意也容易确定，
211 令人满意的成绩往往伴随着他人的赞许、作业时间的缩短或者其他额外的奖励。而在解应用题时，学生不能轻易地说出需要形成什么具体的联结，自己不能单独练习这些联结，也不知什么样的联结能令自己满意，更不知道如何做才能使自己感到满意。

再以学习写作为例，在单词拼写、标点符号的使用、句子语法、文章格式等方面的练习容易取得进步，而要写出言辞雄厚有力、表达清晰且有文学魅力的文章则比较难。其中一部分原因是，对于前者所要形成或避免的联结能够预知，可以分别练习，理论上令人满意的活动也可以确定，当它们发生和作者满意时也容易被识别。而对于后者，在思想上的联结是好是坏，以至于怎样写是令人满意的，怎样写是令人烦恼而应避免的，确实很难识别。正因为这方面的进步差异如此之大，所以，在高中教作文写作的大部分教师们在评价文章的想象力、幽默感、言辞力度和美感等一般品质的进步上没有明确的要求。在少数个别案例中所指定的表现“文采”的情境与反应的联结一旦被确认、控制或赏罚，就取得了比以前更快的进步。例如，有一条明确的写作规则是“在开头的第一句话中使用‘and’（与）一词的次数每个月不能超过一次”。这样的规则虽然呆板而狭隘，但能在行为上产生固定的联结，而固定的联结确实有助于进步。

练习打字很容易取得进步，而书写却不易进步。其主要原因如前所
述，可能是因为打字时，字母、字词及其与所需要的系列动作之间的联 212
结更清楚，高效率者与低效率者更容易区分，而且打字效率更容易被奖励所激励。

关于上文所提到的“兴趣系列”，目前还没有直接的定量实验。因此，还没有什么新的事实在此处报告。有些被心理学家直接观察过的学习过程，尽管未被实际测量过，但已经是公认的事实，例如下面所引用的几段话：

“养成全神贯注的注意习惯或兴趣，保持一种普遍有益的心境，这对学习的重要性实不亚于养成上文所讨论过的任何一种‘操作习惯’。”(Book，1908，p. 71 f. and p. 74)

“从前面的有关颠球、速写、打字、记忆等实验中所获得的一个重要发现是，单调的技能是技能快速获得的一个重要因素，而且在相同条件下重复这些实验也得到了相同的结果。在工作中，单调期与快乐期交替出现，同时保持强烈的热情尤为重要。正如上文所述，与单调相联系的沉闷未必是练习曲线上出现‘高原期’的原因，但它很有可能延长

'高原期'。尽管这种失望之感并非总是与练习曲线上的'高原期'相并行，但一般如此。而且一个有趣的事实是，当快乐与信心恢复时，有时会预示着新的进步。”(Swift，1906，p. 309)

恐怕没有人会怀疑，在诸如加法计算、打字或无意义音节学习等功能练习中，兴趣有助于功能的进步。前面所引用的那段话，虽然没有被有兴趣的学习与无兴趣学习的实际比较所全部证实，但根据常理，这些论述可能是正确的。

213 没有一个深邃的思想家会怀疑兴趣自身对进步的推动，即因上进而满意，因后退而烦恼，也有助于进步。所以，下面引用的几段论述应当不会引起争论：

“强烈的快速书写愿望和在一些案例中对实验意义和价值认识的增强，都是推动学习者采取新颖而经济的方法的动力。”(Book，1908，p. 96)

“一个人不知道自己做错了而继续犯错误，当这种做法成为习惯时就会阻碍其进步。如果能够发现错误，尤其还能引起强烈的情绪反应，那么，这种做法就会被抛弃。”(Cleveland，1907，p. 303)

“当学习有效时，人心会专注于当前所做事情的成功。”(Swift，1910a.，p. 151)

目前还缺少证明上述观点的直接证据与测量结果。兴趣对任务与进步的作用，可以通过一些间接的证据来证明，比较下面实验 a 与实验 b 的结果即可证明。实验 a 与实验 b 考察的是同一功能的进步情况。实验 a 中的学习者了解到实验的目的是为了考察进步的程度，因此，他们会关心自己所取得的成绩；而实验 b 的目的是考察各种药效、休息时间长短的作用或学习曲线，所以这组学习者较少关心自己的成绩。此前没有研究者做过这样的比较，而且这种实验做起来也很麻烦，不够精确。结果就如同所设想的那样，功能及其进步可以合理地解释为兴趣的作用。实验结果发现，实验 a 的进步看起来远超过实验 b 的进步。

214 “兴趣系列”的其余三个方面，在此只进行简单介绍，无须深入讨论。杜威认为学校工作一定要精心安排和组织，以唤起学生的问题意识(使学生产生需要，只要努力学习就可满足需要)。杜威的论述很精准，也很诚实。大部分人可能都同意他的观点，即便不完全赞同，也至少承认学生带着需要和问题学习，会进步得更快。同时，这种需要通过努力学习就可实现，问题通过努力学习也能成功解决。现代教育学的基本原则是，学习任务对任务完成者应当有意义（学生要带着目的学习，赋予学习以意义），这个主张也可能为人们所认同，至少相信与那些一系列奴隶式、机械式的智力急转弯任务相比，如果学生了解任务的性质与目的，就会进步得更快。此外，认同度最高的主张就是在对功能进行练习时，专心练习的效果要好于不专心的练习。

对工作的兴趣、对进步的兴趣、工作意义、问题意识和集中注意是五种推动进步的动力，也为大家所认同。我们可以再加上两种可能存在争议的动力，一是没有不相干的情绪激动的干扰，二是没有烦恼。

关于情绪对学习的作用，理论与实践上存在冲突。在智力功能上，大部分人认为，除了对工作及其工作的成功怀有殷切渴望而又平静的热情之外，其他所有激动的情绪都能分散注意力，其中不仅包括强烈的爱
情、悲伤、耻辱和厌恶，甚至还包括观察者轻微的恐惧、成功带来的狂 215
喜、对竞争者或自身的愤怒，这些情绪都在消耗能量并阻碍进步。

至于在道德功能上，诸如学习积极工作、说真话、公平对待每个学生或雇主，大部分人倾向于认为，适当的情绪热情有助于增强道德功能的进步。强烈的反感和因反感所导致的懒惰足以使人养成工作习惯；追求真理的执着热情有助于人说真话；有强烈平等意识的人创造公正。在一些培养宗教和道德信仰的实践上，有人甚至提倡，无论如何都要以某种方式打动人心，然后才有机会引导他们热心向善。

在谈到技能进步时，大部分人反而再次倾向于拒绝所有粗暴的情绪，甚至一切微弱的情绪激动——排除了由成功所引起的满意感和由错误所引起的拒绝感，然而这两种情绪实在算不上情绪激动。

在上述三段问题讨论之前，我首先使用了“不相干的情绪激动”一词。这个词在理论家之间引起了争论，争论的焦点是，究竟什么样的情绪激动是“不相干的”。这些争论有待实验证据的定夺。但至少在我看来，这些证据似乎应该表明：(1) 一切情绪激动及情绪激动本身好像都是“不相干的”；(2) 情绪激动的唯一价值在于它能产生（或代表）进步的满足

和失败的烦恼，而不在于它对进步或失败的影响；（3）因此，用一个没有情绪激动的相同心理结构来说，情绪激动属于次级产物。

首先，证据显示，我们必须把诸如逃避、攻击、退缩、慈爱和懒惰等本能反应中原有的倾向、定势和态度与被激活的情绪区别开来，后者
216 有时可能伴随着态度而被激活，但不总是这样。本书前面的章节已经提到了这样的事实，即在本能的反应中尽可能把内心所觉察到的干扰完全排除，也不会无损于本能反应。我们不能根据情绪的强弱推测本能反应的强度。舍弃本能而谈习得的习惯，这样做说理更清楚。以打纸牌为例，心态平静的人才能具有真实的热情来研究这种游戏，甚至为了研究它而宁肯有所牺牲。而心里觉得狂热冲动的人远做不到这点。当遇到说谎能为自己获得好处的机会时，心里不觉得激动的人或许会有回避说谎的态度，而实际被情景所感动、觉得厌恶和轻慢的人反而不能。

其次，如果一谈到“感到愤怒”就意味着拒绝，一说到“觉得可爱”就意味着喜欢，那么，本性中原始的依附关系就可能被破坏。热爱、厌恶等内在的情绪激动与满意和烦恼之间的原始相关关系可能会发生改变，使得原来行为复合体中的某方面特征，即使没有另一方面的特征，也能独立存在。一个人可能会因自己的懒惰而导致暴怒，因此，在无所事事的暴怒中包含着愤怒和无事可做的烦恼。相反，如果一个人因为懒惰而感到烦恼，但从此不再放纵，而常思悔过，他就不会感到通常所说的暴怒、厌恶、轻慢或其他激动的情感。

再次，就意识到的激动情绪的纯粹品质而言，所有激动的情绪都惊人的相似，都惊人的与活动方向无关，因此，也与学习无关（除了那种认为弥散的中性刺激令人满意的理论观点之外）。我们可以不承认在一
217 种情绪的意识方面只有兴奋与抑制、紧张与松弛、满意与不满意。但我们必须承认，当愤怒、蔑视和得意等情绪达到相同程度时，**它们之间的最大区别在于它们倾向去做的事情不同，所能得到的满意情境也不同**。它们在纯粹情绪意识上的区别变成无关紧要的事情。可是有人却令人感到奇怪地提出，愤怒、蔑视和得意这三种情绪在意识状态上的区别就如同红色、绿色和蓝色之间的区别那样清楚。

又次，大多数有专长和有成就的学习者表明，在功能的练习上与之

相关的情绪激动越少，进步就越快。无论是在数学、科学、音乐、绘画的练习上，还是在自我控制和奉献的练习中，成绩高、进步快的人平均总比成绩低、进步慢的人在工作中少受情绪波动的干扰。此外，就同一个人来说，平均来看，工作时情绪激动越少，学习得就越好。对于成功的脑力劳动工作者来说，可以自然选择和淘汰脑力工作的方法，而情绪激动就在被淘汰之列。

最后，在一些快速的进步看来最可能是由情绪激动引起的案例中，这些快速的进步也并非由于情绪激动的作用，而是由兴趣和成功的结果导致的。当然，任何心理活动都能产生某种兴奋，如同抑制人的所有活动，结果导致抑郁一样。一般的满足与特别的成功都有令人激动的特点。但是，无论从理论上讲还是从实际上看，由工作成功所引起的激动与因情绪激动而导致工作成功两者截然不同。

因此，对情绪激动与功能进步之间一切关系的最好解释，莫如首先 218
假定兴趣是功能练习和进步的积极力量。而情绪激动，如果它能产生兴趣的话，也只有间接的价值；如果它是由兴趣引起的，其价值就是兴趣的标志而已。所以，情绪激动通常被假定为不能产生有效的兴趣。每种情绪的动态力量远在行为之上而独立存在，不需要内心有粗暴的激动。当没有情绪激动时，兴趣会更持久、更专心、更有效。

在讨论担心或紧张情绪时，还得重复类似于上述的论证。现在假定两个人的心境完全一样，只是其中一个有紧张或担心心理，紧张或担心只能消耗能量、分散精力，简直就是自寻烦恼。热心以及成功带来的满足和失败带来的烦恼，只有在心情放松时才能表现出来，不一定是因为竞赛和怕失败等而心里紧张。实际上，人的兴趣不牵涉粗野的紧张更好。解释这一点比解释兴趣与情绪激动的关系更容易。当然，有些人确实是不到令人担心的时候不肯工作。然而，要想矫正这些人的缺点，与其让他们更紧张，不如用更高的成就目标唤起他们自身更大的兴趣，这才是唯一经济实惠的治疗方法。这就好比，与其给他们增加一剂心药，不如让他们服用心理滋养品。

在从事智力、道德和技能等积极的心理活动时，有一点不太强烈的情绪激动比一点都没有更有利于活动的进行，稍有一点紧张感比兴趣平淡的愉快更有利于活动的进行。按照我对行为真相的解释，情绪平和而放松确实有利于活动的进步和活动者自身。

进步的教育条件

219 进步的**教育条件**包括学校行政上所筹划的所有条件。一谈到学校的课程安排，就会使我们回到一天的时间安排、练习时间和间隔时间的长短等已经在“进步的外部条件”中讨论过的话题；而一说到教室的温度、光线、空气流通情况以及对患有传染病的儿童的隔离等管理问题，就使我们回到了“进步的生理条件”的讨论；一谈到教材的选择与组织以及教师的教学方法等话题，就使我们回到刚刚谈到的兴趣、放弃担心、容易识别的联结等“进步的心理条件”上。课程的时间安排以及学校卫生条件与进步的关系，此处无须讨论。但是，教材的选择与组织以及指导学生反应的方法关系到进步的速度，需要对前文已经阐述过的几项原则作出评论和阐明，从中提出对我们来说是新的而重要的原则。

假如学生对已知功能的练习有了一定的目标，那么，教材的选择、组织和呈现，以及对学生反应的肯定、批评和纠正就是使学生获得下列收益的手段：(1) 尝试形成某种联结而不是其他的联结；(2) 让这些联结形成一定的顺序；(3) 自己尝试形成的联结更容易识别[①]；(4) 使正确的联结更令人满意，使错误的联结更不易重复出现；(5) 更满足于功
220 能的一般练习；(6) 更满足于功能练习所导致的功能进步。

任何一种教育成就都显示了这六个目标。我随便举几个例子加以说明。给小学生列出算术例题和难题的答案，这种做法虽然符合上述第(3) 和第 (4) 项收益，但与第 (1) 项收益不符。因为，如果学生知道了答案，就知道了自己要做什么和怎样才能做得更好，但这也可能导致他根本就不能形成正确的联结。

美国近 20 年现代语言教学方法的主要变化，为第 (1) 和第 (2) 项收益提供了重要说明。现代语言教学已经在联结的选择和排序上发生了变化。以前的语言教学**把教学内容组织成一系列语法规则和范**

---

① “更容易”自始至终意味着，自己尝试形成的联结比离开他自己的设备所形成的联结更容易识别。

例，形成一个便于语法教学的系统，附加少量的读、写、说，练习应用这些语法规则系统。而现在的语言教学则**把教学内容组织成无数独立的用法，并在很大程度上按照语言应用的兴趣、机会和实际的联想方式，确定教学内容的排列顺序**。

教初学者阅读时，教师会因为其联结的不同、联结的顺序不同而喜欢采用各种不同的“方法”。以前在读音训练时使用变音符，现在不再使用了，其原因逐渐清楚了。这是因为学生按照第（3）项收益所获得的联结仅仅是由变音符所引起的联结，其价值远没有根据第（1）项收益所获得的价值大。按照第（1）项收益所形成的联结是看到普通印刷品上呈现的音节所导致的联结，形成这种联结的实用价值比看见变音符所形成的联结价值更大。现在的阅读教学从“三只小熊”的故事开始，而不是从单个词或单个句子教起，主要因为从第（4）、第（5）和第（6）项收益中所获得的效益大于从第（2）和第（3）项收益中所失去的效益。如果将阅读的内容用动作表演出来，或者用学生自己的话说出
来，学习的效果会更好。这不仅是因为能够增加他们的学习兴趣，更因 221
为教初学者阅读，不仅与读音有关，而且与意义有关、与某些白纸黑字的视觉符号有关，这符合第（3）项收益。

规定时限的算术练习之所以有效，是因为能获得第（6）项收益。优美读物之所以能促进学生的演讲和写作水平的进步，就是因为它能带来第（3）和第（4）项收益；也有第（1）项收益，但这种联结不能经常被认识到。正因为这种联结是通过内部言语形成的，所以，在十个小学生中至少有八个小学生，自己说出来的话是他阅读过的，自己写出来的是他说过的话，他实际上是通过阅读来训练良好的演讲和写作。

现在的地理课教学，用家乡风光的介绍开头，取代以前的一开始就讲地球是椭球体的证据，这种在第（2）项收益上的改变，是因为以前的讲法颇使人怀疑第（1）项收益所形成的联结只是口头的。而真正形成这种认识的过程，相对于第（4）、第（5）和第（6）项收益来说，是非常间接和人为的效果。

有教育指导的学习与没有任何指导的独自学习相比，更强调所形成的是哪种联结。例如，一套好的算术教材，它的年级划分、预习内容、

辅助练习以及各种专门训练和应用，体现出它对大量可能形成的联结的广泛选择和大量淘汰。这样的教材足以使那些不知道过去四百年算术教学实验的人感到惊讶。对联结种类的重视是明智的。只学习必须学的东西是进步的最佳方法，形成大量无用的或不相干的联结是最大的浪费。
222 但是，即使是一个天才的学生，甚至在相对不易出错和没有疑惑的功能上，独自学习而无指导，也可能误入歧途。

如果把教学内容的组织作为学习进步的条件，一个新的教学原则当然是**联结顺序**的原则。这个原则本可以列入心理条件之中，但是，在教材内容的组织和所学课程的安排上说明这个原则比在学生独自学习的过程中来说明它更清楚。

为了说明这个原则，我们不妨对两种学习情况做一个对比：一种情况是让一位 8 岁的儿童像在普通实验里做加法测验那样，自己学习 4 到 5 个数字的加法，例如 46、73、17、80、9 相加；另一种情况是让他在学校里学习这样的加法。在学校里学习时，首先建立的是 1、2、3、4 这几个数字与表示物体数量和某单位数量大小的名称之间的意义联结，这些意义联结经过复习、加强和扩展，其意义更加明确。与此同时，6、7、8、9、10 等数字也会建立相似的联结，并且每一个数字都与它前后的数字形成了固定的联系，即“每个数字是它前边的数字加 1”。然后学习总和为 9 以内的一位数加法，儿童可以通过数数来学习这种加法，并用数数来验证计算结果。在数字（1、2、3、4 等）与相应的数量词形成联结的同时，也形成了两者相互替代使用的联结。“加”和“等于”的含义与所呈现的 $\begin{array}{c}4\\\underline{5}\end{array}$、$\begin{array}{c}2\\\underline{3}\end{array}$、$\begin{array}{c}5\\\underline{2}\end{array}$ 等式子之间也形成了适当的联系。算式 $\begin{array}{c}3\\2\\\underline{4}\end{array}$、$\begin{array}{c}2\\1\\\underline{5}\end{array}$、$\begin{array}{c}2\\2\\\underline{3}\end{array}$ 情境和与之伴随的对每个加法的态度与每一种相应的系列反应就形成了联结。

不论是视觉符号还是口头言语符号，“十一”与“11”、“十二”与“12”，等等，直至一百，均形成了每个十位数代表“多少个 10”和每个个位数表示“多少个 1”的意义联系。$\begin{array}{c}52\\\underline{36}\end{array}$、$\begin{array}{c}37\\\underline{41}\end{array}$、$\begin{array}{c}63\\\underline{33}\end{array}$、$\begin{array}{c}46\\\underline{43}\end{array}$、$\begin{array}{c}72\\\underline{26}\end{array}$ 等类似的式子

都代表进行加法计算，又都与适宜的反应相联系，是此前所学的一位数
加法联结的迁移。情境是一位数和两位数的竖式加法，反应是进行加法 223
计算，情境与反应之间建立了联结。同时，也建立了加法计算过程的联结。竖式加法联结也可迁移到其他竖式加法中，例如，如果学会了竖式加法 $\begin{array}{r}21\\23\\\underline{24}\end{array}$、$\begin{array}{r}22\\21\\\underline{13}\end{array}$、$\begin{array}{r}14\\11\\41\\\underline{13}\end{array}$、$\begin{array}{r}34\\22\\11\\\underline{21}\end{array}$，就可迁移到 $\begin{array}{r}3\\\underline{49}\end{array}$、$\begin{array}{r}62\\\underline{5}\end{array}$、$\begin{array}{r}2\\3\\\underline{43}\end{array}$、$\begin{array}{r}36\\2\\\underline{41}\end{array}$、$\begin{array}{r}32\\32\\\underline{2}\end{array}$、$\begin{array}{r}3\\21\\\underline{64}\end{array}$ 等竖式计算中。“0”表示“什么都没有”，一旦这个联结建立，就会想到“5＋0＝5”、“0＋4＝4”等。看见竖式加法中有 0 时，例如，$\begin{array}{r}20\\\underline{30}\end{array}$、$\begin{array}{r}50\\\underline{40}\end{array}$、$\begin{array}{r}20\\4\\\underline{23}\end{array}$、$\begin{array}{r}26\\20\\\underline{30}\end{array}$、$\begin{array}{r}14\\10\\40\\\underline{32}\end{array}$ 等，就会形成“当作没有，加下去”的联结。如果一竖行加起来的总和等于 18，就需要建立总和得数大于 10 的联结了，这时所做的反应大多数都是口头的。

这些联结的介绍和练习在一定程度上可以通过数数来形成，例如，从 0 或 1 开始，数到 2；从 0 或 1 或 2 开始，数到 3；从 0 或 1 或 2 或 3 开始，数到 4，等等，以此类推。然而，“进位”则是那些需要进位的加法与一个重要原理的联结，而且要提醒学生注意，进位的数字不仅是 1，还可能是 2 或 3 等。给学生提供需要进位加法运算的实际应用过程，可以帮助他们形成“进位”加法的大量具体联结。当数字相加之和的个位数等于 0 时，就把它直接写下来；进位的数字可能是 1、2、3 等。这就是进位加法所要形成的具体联结。

经过学校的系统训练，按次序形成有序的联结，常被认为过于迂腐
和过于系统化。形成联结的顺序有无数种，其中有利于进步的可能不过
几种。一个初学者仅凭自己的内心冲动和外界暗示，除了已有的基础知 224
识和进步的热情之外，没有指导的无计划训练所形成的联结顺序可能比学校教育所规划的训练更有利于进步。但是，这样的事实并不能驳倒这个原则，相反，却是证明这个原则的例证，明确地说，缜密联结的练习顺序是进步的条件。

225

第十六章 进步速度的变化

举例说明

四个成人练习一位数加法，每天练习五分钟，共练习 30 天，练习结果如图 16—1 所示（图 16—1 代表四个被试的平均数）。由图 16—1 可见，练习曲线呈抛物线形，大体上表现出负加速度（negative acceleration），即前半部分增长速度显著高于后半部分。23 名女学生根据规定的“密码”翻译英文文本，即将文本中的字母转换成其他字母，图 16—2 是她们的平均练习曲线。与图 16—1 相比，图 16—2 中曲线的速率变化为零或表现出微小的正加速度，即后半部分与前半部分的速度增加几乎相等，或稍微大些。

图 16—3 是一人接收英文电报的练习曲线，纵坐标代表每分钟他从发电报键发出的嘀嗒声中读取的字母数，横坐标代表星期，实验共进行 36 个星期。在刚开始的 12 个星期，被试的进步速度很快，中间的 12 个星期，进步很慢，即进入了所谓的“高原期”，最后的 12 个星期又进步很快。

最后，我们再来看看图 16—4。这个图总体呈现出如图 16—1 中所看到的负加速度，在前 20 小时练习阶段，进步速度很快，在 20 小时至
226 45 小时之间，进步速度缓慢，在 45 小时至 55 小时的练习阶段，进步速度再次加快，这是一个“长期的波动”。此外，曲线上又表现出很多忽上忽下的变化，这些是“短期的波动”。如果图 16—1、图 16—2 和图 16—3 的曲线不是所有被试的平均练习曲线，而是分别画出每个被试

的曲线，这些曲线也会表现出同样的短期的变动。例如，图 16—5 中最高的四条曲线分别代表四个被试，而图 16—1 是他们的平均数曲线。

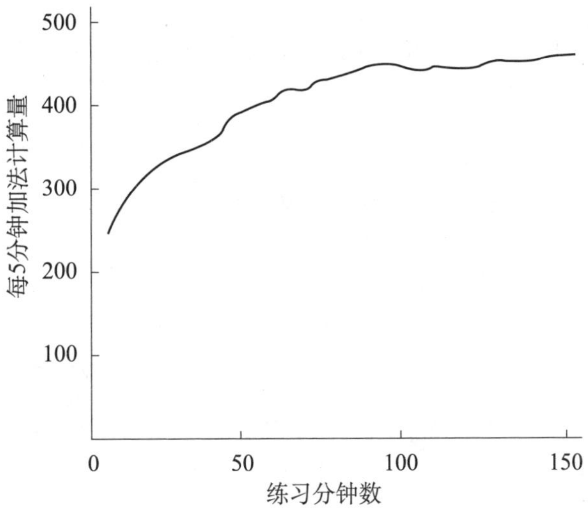

图 16—1　一位数加法练习的进步曲线

227

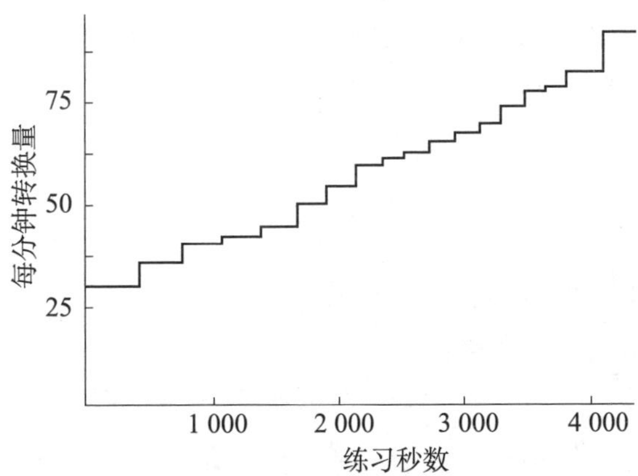

图 16—2　23 名女学生字母转换练习的平均进步曲线

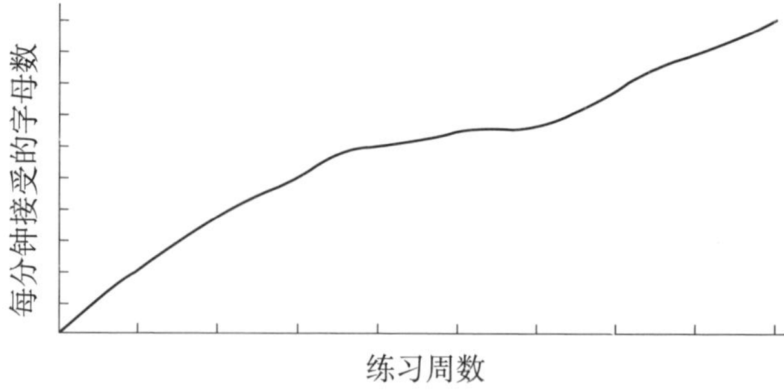

图 16—3　接收电报的大概平均练习曲线

228

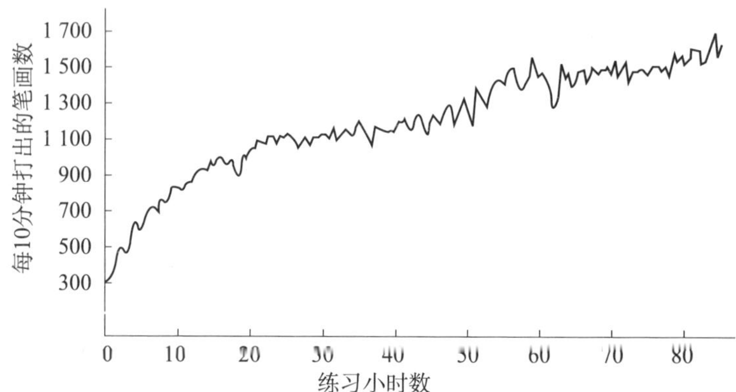

图 16—4　某人矫正视力后打字练习的进步曲线

资料来源：引自 Book，1908，第 21 页的插图。

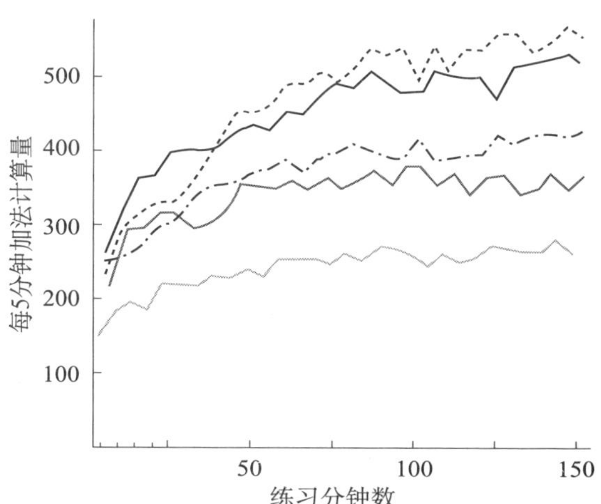

图 16—5　五位成年女性一位数加法练习的进步曲线

资料来源：引自 Wells，1912，第 8 页的插图 2。

由上述实验结果可见，进步速度时常改变，随着练习的不断深入， 229
进步的增速减小。此外，练习曲线中既呈现出诸如“高原期”的长期的波动，又随每天或每星期出现短期的波动。在一些有关心理功能发展的实验研究中也发现了相同的结果，在学校学习、商业和职业训练中也可能出现相同的结果。

导致进步速度变化，即练习曲线形式变化的原因是：（1）在心理功能进步时形成或毁损的联结数量不同；（2）联结的形成或毁损难度不同；（3）联结的形成顺序不同；（4）各联结对测验分数的影响有大有小；（5）不同时期的练习对促进个体心理功能进步的作用不同；（6）一个已经形成的联结对其他联结形成的影响不同；（7）因失用致联结减弱；（8）联结的过度练习。下面将列举几个具体的精心组织的学习例子，以帮助我们理解这些原因。

进步速度改变的原因

例 1

假设：（1）一种功能从功效 x 进步到最高功效，其原因是形成了固定数量（n）的联结；（2）各联结形成的难度相同，被试以最高的能力形成联结所需时间为 t；（3）各联结对测验分数增长的影响作用相同
（k），并且假设（1）与（2）不受联结形成顺序的影响；（4）同一练习 230
时间内只能形成一个联结；（5）一个联结只有在完全形成时才会影响测验分数；（6）个体总以“最高的能力”进行工作，并且最高能力保持不变。

根据以上六个假设所形成的练习曲线是一条标准的“梯级形”曲线，每个梯级相等。如果每个梯级的高为 k，梯级数为 n，总的进步则为 nk，所需要的总时间为 nt。假如 $n=8$，刚开始时的功效 $x=4k$，就会得到如图 16—6 所示的练习曲线。

例 1a

例 1a 的假设与例 1 基本相同，除假设（5）改为：将建立联结所需时间分为相等的若干份，被试时刻以最大的能力练习每个联结，直至联结全部建立，那么，每份时间对成绩的影响相同。根据例 1a 的假设，

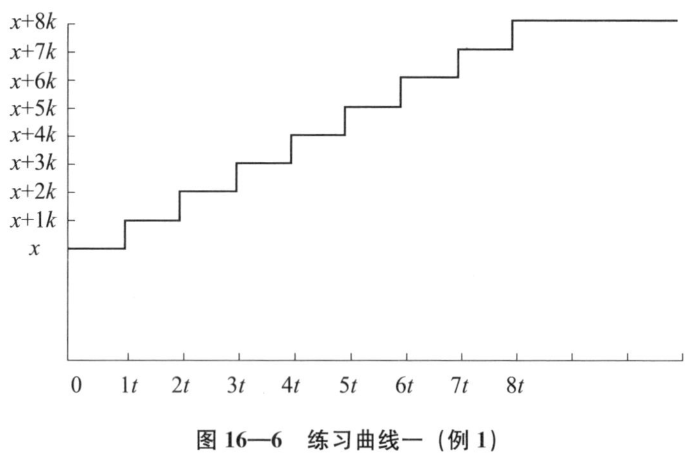

图 16—6　练习曲线一（例 1）

形成的练习曲线应当是一条有斜率的直线，最后会达到最高值，如图 16—7 所示。

231 **例 1b**

例 1b 的假设与例 1a 基本相同，不同之处是：同时可形成两个或多个联结，以前在 t 时间内形成一个联结的能力，现在在 t 时间内可形成两个二分之一个联结，四个四分之一个联结，或十个十分之一个联结，以此类推。根据例 1b 的假设形成的曲线仍如图 16—7 所示。

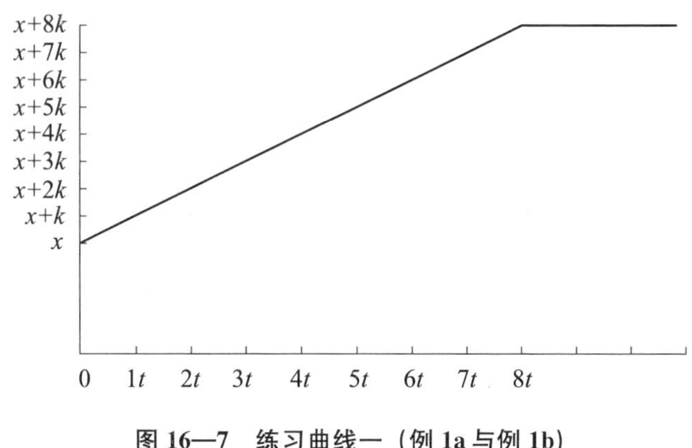

图 16—7　练习曲线一（例 1a 与例 1b）

例 1c

假设与例 1a 或例 1b 基本相同，但 n 无穷大，则会得到图 16—8 的直线。直线的速度变化为零，延长至无穷大。

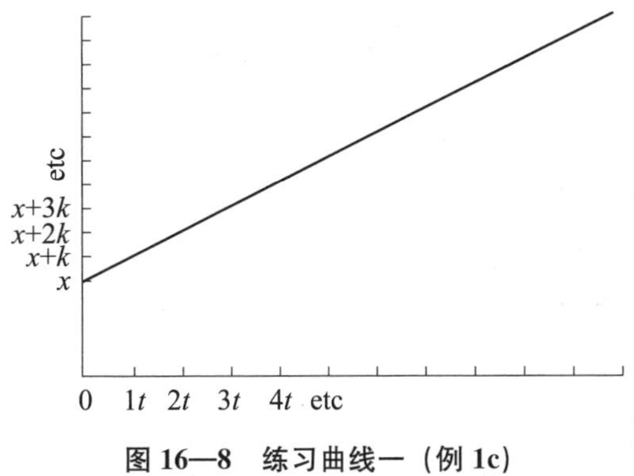

图 16—8　练习曲线一（例 1c）

注：问题的真正曲线以相同斜率无限延长。

例 2

例 2 与例 1 的假设基本相同，除假设（2）改为：一半联结的形成难度是另一半联结形成难度的两倍，也就是说，在最大能力下，难度低的每个联结的形成的时间为 t，而难度高的每个联结的形成时间为 $2t$。那么，练习曲线的形式取决于联结形成的顺序。假设联结的形成顺序有很多种，每种顺序会形成特定的曲线形式。[①] 如果容易的联结都在前面形成，最后会得到如图 16—9 所示的曲线。如果难的联结都在前面形成，曲线应如图 16—10。如果容易的联结一半形成在前，一半形成在后，曲线应如图 16—11。 232

233

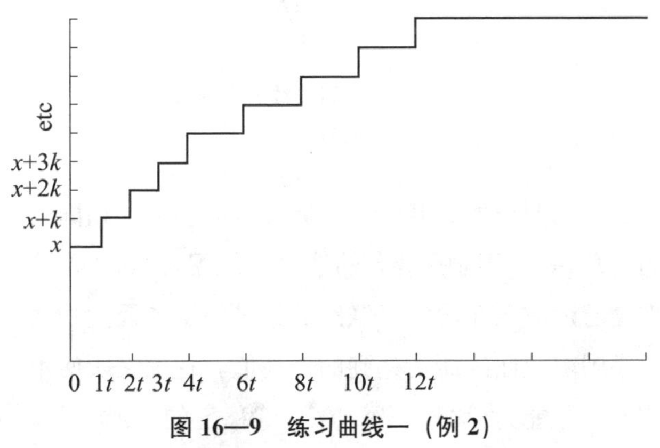

图 16—9　练习曲线一（例 2）

注：容易的联结形成在前。

---

① 不同的顺序当然也可以形成相同的曲线形式。

234

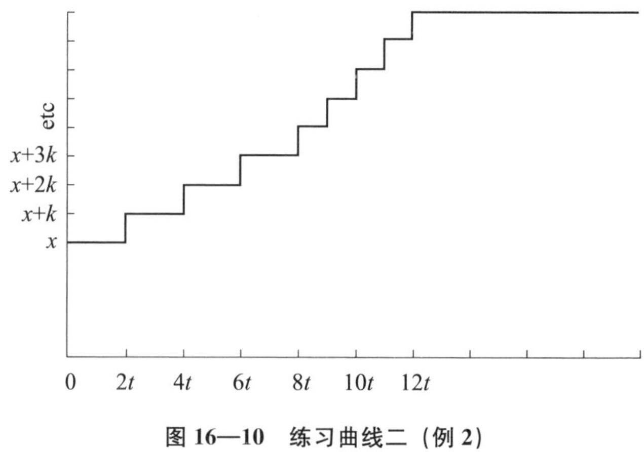

图 16—10　练习曲线二（例 2）

注：容易的联结形成在后。

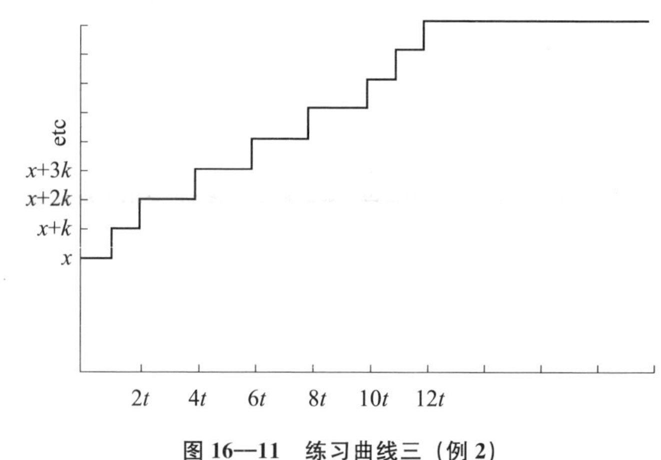

图 16—11　练习曲线三（例 2）

注：容易的联结一半形成在前，一半形成在后。

例 1 与例 2 均假设所有联结对测验分数的影响是相同的，并且被试在学习时间内总保持相同的最大的能力，练习曲线的形式由联结的数量、形成难度与形成顺序决定。联结的数量限定了最大功效，联结形成的难度和顺序则限定曲线所能达到的最高值。在上文所使用的各个例子中，均以“最高”能力代替“平等的”、“稳定的”或“平均的”能力，评估其对功能进步的影响。不好联结的毁损可以部分或全部等同于好的联结的形成，不会产生影响。此外，所谓在区分联结形成的难度时，只简单地说明在时间 t 内可以同时形成 2 个或 4 个联结，而没有明确指出一个联结形成所需要的时间为 $\frac{1}{2}t$ 或 $\frac{1}{4}t$。在本章后面的内容中，也存在此类问题。

目前的研究结果表明，两个联结形成难度相同，它们对分数的影响 235
可能不同，同理，两个联结对分数的影响相同，它们在形成时难易程度可能不同。如果联结形成的难易程度相等，它们对分数的影响不同，那么，得到的练习曲线的形式应当取决于联结形成的顺序。如果影响力大的联结先形成，那么进步的速度应当表现为负加速度，相反，如果影响力小的联结形成在前，那么进步的速度应当是正加速度。如果出现其他情况的形成顺序，速度的变化以此类推。如果联结形成既有难易之分，它们对分数的影响又不相等，我们只需要评估每个联结在单位时间对分数的净效应，然后根据联结形成的顺序推测曲线的形式。

例如，假如有 8 个联结，a、b、c、d 等，形成时间分别是 $1t$、$2t$、$3t$、$4t$、$6t$、$8t$、$12t$、$16t$，它们对分数的影响作用是 40、20、10、8、2、4、6、24。那么，对于联结 a，时间 t 内对分数的影响为 40，b 为 10，c 为 $3\frac{1}{3}$，d 为 2，e 为 $\frac{2}{5}$，f 为 $\frac{1}{2}$，g 为 $\frac{1}{2}$，h 为 $1\frac{1}{2}$。在练习进行过程中，如果知道联结的形成顺序，就可以计算出时间 t 的影响作用。

促进某种功能进步的能力存在个体差异，因此，他们在形成联结的时间上也不同。如果同一个被试，保持状态不变，他形成各个联结需要的时间可能相同。无论何时，个人学习能力下降将导致该时间段内练习曲线的下降。例如，随着时间的流逝，人对某事的兴趣会逐渐减弱，而学习能力也会递减，从 10 降为 9、8、7、6、5、4、3，将例 1 中的假设
(6) 改为一般学习能力随时间而降低，图 16—6 就会变成图 16—12。 236
相反，如果随着时间的进行，个人的健康状况越来越好或兴趣逐渐增加，那么，他的学习能力就会不断提高，自 1.0 增加至 1.1、1.2、1.3、1.4、1.5、1.6、1.7，在其他假设不变的情况下，应得到图 16—13所示的曲线。

到目前为止，我们的假设只考虑联结的形成难易及其对于分数的影响，并没有探讨联结的形成顺序。例 1 中的假设（3）在后面的例子中

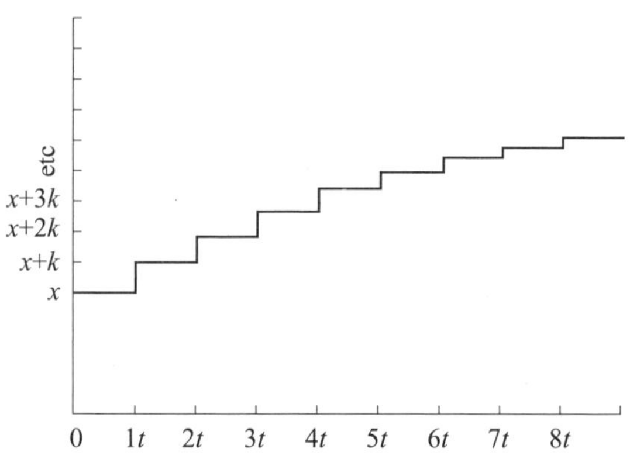

图 16—12　练习曲线二（例 1）

仍保持不变。

在实际练习中，形成一个联结所需要的时间及其对分数的影响，可能取决于前面已经形成的联结。因此，练习曲线很复杂，但人们可以计
237 算以前已完全形成或部分形成的一个或一组联结对测验的所有作用。当然，这很复杂。

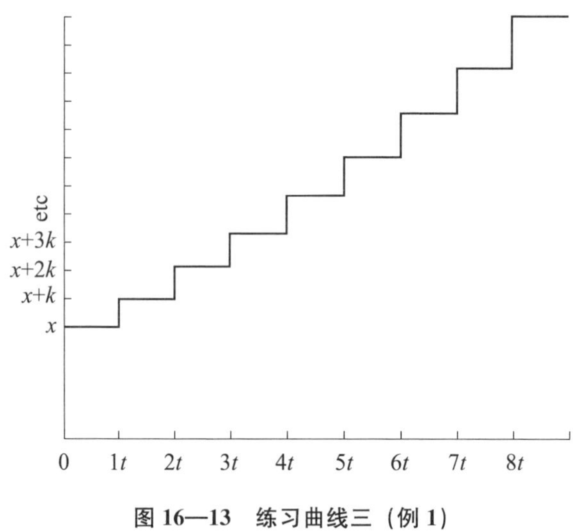

图 16—13　练习曲线三（例 1）

到目前为止，我们的假设是任何联结一旦形成，它对分数的影响立即完全显现（或者在例 1a 的几个例子中，部分联结形成，该部分效应

就显现）。但在实际练习中，只有后面的联结完全形成后，前面某个联结对分数的影响才能完全显示出来。正如前面形成的联结可促使后面形成的联结产生更大的效应一样，后面形成的联结也可使前面已形成的联结对分数产生更大的影响。从表面上看，我们不可能从总成绩中区分出 238
联结 b 对前面已形成的联结 a 的影响，原因是已形成的联结 a 也提高了联结 b 的影响力。但是，如果联结 b 一直是独立的，失去了联结 a 的增强作用，联结 a 也失去了联结 b 的增强作用，这两种关系的差别就可以表现出来。

一言以蔽之，我们的假设是一个联结形成之后，其影响力在练习中保持不变，以后重现时，无须花费时间恢复其影响力。但在实际中，学习者往往须利用一部分时间，重新学习联结，保持其影响作用。有些学习者可能花费更多的时间，使联结保持以前的水平，超过了重新学习需要的时间就是过度学习（over-learning）。保持联结的时间是必需的，而过度学习则浪费时间，我们用两个简单的例子来讨论上述两种情况。

现在假设：（1）所有任务都需要相同的一般学习能力；（2）功能从 x 进步到最大值需要 20 个联结的作用；（3）20 个联结的形成难度相等，各需时间为 t；（4）每个联结对分数的影响相等，各使分数增加 k；（5）假设（3）和（4）不受联结形成顺序的影响；（6）同一时间内只能形成一个联结；（7）每个联结形成之后，需 $\frac{1}{2}t$ 以保持其作用；（8）每天练习时间共为 $4t$，在实际中，为保持已形成联结的全部作用，花费时间温习是必要的；（9）无论是用在形成联结上的时间还是保持联结上的时间，对成绩都有相应的作用。

为方便计算，现假设在 $4t$ 练习阶段，已形成的联结不会出现毁损，即假设毁损只发生在一个练习阶段结束到下一个练习阶段开始之前这段时间，那么结果如下。

阶段 1：学习者形成 a、b、c、d 四个联结，成绩从 $x+0$ 上升 239
到 $x+4k$。

阶段 2：他需花费 $2t$ 保持联结 a、b、c、d，需要 $2t$ 形成联结 e 和 f，成绩从 $x+4k$ 上升到 $x+6k$。

阶段 3：他需用 $3t$ 保持联结 a、b、c、d、e、f，用 $1t$ 形成联结 g，成绩从 $x+6k$ 上升到 $x+7k$。

阶段 4：他需用 $3\frac{1}{2}t$ 以保持 a 至 g 七个联结，用 $\frac{1}{2}t$ 形成联结 $\frac{1}{2}$ h，成绩从 $x+7k$ 进步到 $x+7\frac{1}{2}k$。

阶段 5：他需用 $3\frac{3}{4}t$ 以保持联结 a 至 g 和 $\frac{1}{2}$ h。如果假设一个联结没有完全形成时，不会出现毁损，那么仍需用 $3\frac{1}{2}t$ 保持联结 a 至 g。现在有两种选择[①]，如果他用余下的 $\frac{1}{4}t$ 以形成联结 $\frac{1}{4}$ h，成绩从 $x+7\frac{1}{2}k$ 上升到 $x+7\frac{3}{4}k$。

240 阶段 6：他可能利用 $3\frac{7}{8}t$ 以保持联结 a 至 g 以及 $\frac{3}{4}$ h，用 $\frac{1}{8}t$ 形成联结 $\frac{1}{8}$ h，成绩从 $x+7\frac{3}{4}k$ 上升到 $x+7\frac{7}{8}k$。以此类推，最高成绩接近 $x+8k$，如图 16—14 所示。

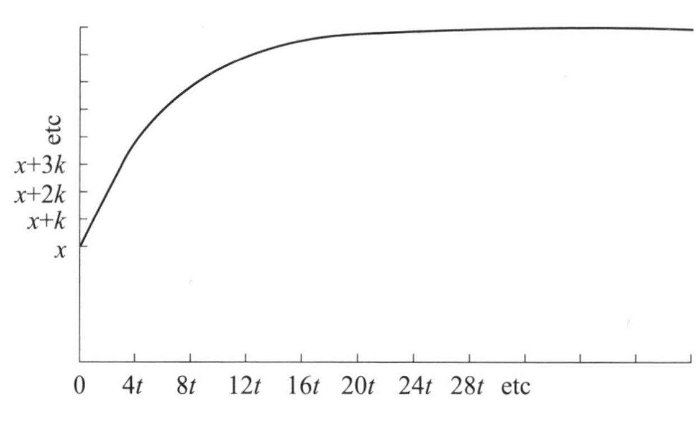

图 16—14　练习曲线

由例 1a 可见，练习曲线是一条标准斜线，由 0 上升到最大值，现

---

① 如果选择第二种，则需用 $\frac{1}{2}t$ 以形成其余的 $\frac{1}{2}$ h，成绩从 $x+7\frac{1}{2}k$ 上升至 $x+8k$。

在阶段 6，他需用 $4t$ 保持已形成的联结，那么成绩永远达不到 $x+8k$，如果联结有 20 个，他可以一边保持形成的联结一边形成剩下的联结，那么他可能达到的最高成绩是 $x+20k$。

由于要保持已经形成的联结，消耗了时间，练习曲线则由斜线变为带有负加速度的曲线。一般说来，不管失用导致联结如何慢慢减弱，在保持旧联结与形成新联结中个体如何分配时间，只要有联结需要部分重学，就会影响曲线形式，表现出负加速度。同样，如果一个心理功能中包含足够的联结，它就一定趋向于达到最高的成绩。[①]

假设无论在任何条件下，练习曲线总是一条直的斜线，现在我们再来讨论过度学习对练习曲线的影响。

假设一般的学习能力保持不变，联结的形成难易相等（每个需要 $1t$），不论联结的形成顺序如何，各联结对分数的影响均为 $1k$，并且，同一时间只能形成一个联结，但是每个联结形成之后，需要耗费联结形成时所需时间的一半进行无用[②]的练习，部分练习时间对分数有作用。假设与例 1a 相同，再加上过度学习假设。每个阶段练习时间为 $4t$，联
结数量至少为 8 个，我们可得到如下的结果。 241

阶段 1：学习者形成联结 a、b、c、d，分数从 $x+0$ 上升到 $x+4k$。

阶段 2：他花费 $2t$ 进行过度学习或无效果地温习联结 a、b、c、d，形成联结 e 和 f。分数从 $x+4k$ 上升到 $x+6k$。

阶段 3：他用 $3t$ 进行过度学习和形成联结 g。

在后面的练习中，一半时间要用于建立联结，这样才能保证分数。一般而言，过度学习其实是无效的温习，常常导致曲线呈现负增长，并且接近一个不可再进步的限度。

在实际练习中，重新学习与过度学习二者之间的关系很有趣，也很重要。就如同我们前面假设的，想找个明显的例子，其中的联结练习无用，几乎是找不到的。在实际练习时，超出一个联结形成所需要的练习就是过度练习，超出一个特定限度的练习就是重新学习（或者是不必要
的学习）。这些学习是为了保持联结的完整功效（或保持它的功效不会 242
下降）。联结的练习在时间分配上有比较经济合理的方法，一旦联结完

① 随着练习的进展，如果新联结对分数都具有同等的影响作用，但它们的形成越来越容易，那么有这种倾向的人可能一生中很占优势。

② 除非为保持联结的全部作用，否则这种做法一般说来是无效的。只有在有思考的特别练习中，过度练习对某种特定功能的进步才有作用。

全形成，任何时间内的过度练习都是浪费，在练习产生的优势出现之前，失用就会抵消这些优势。如果练习太少，相互联系的联结又不易完全建立。读者可在过度练习与过少练习之间寻找平衡点，每个联结每天都可能出现毁损，如果进行适当的重学，恰巧能在单位时间内把所毁损的联结恢复原状（或保证不会出现毁损），这就是最佳的温习时间。在实际练习时，重新学习与过度学习的作用相同，至少在前面所举例子中人为假定的条件下是这样。

综上所述，以下八种因素都足以导致进步发生改变：(1) 联结的数量；(2) 联结形成的难度；(3) 各联结对分数影响的差异；(4) 联结的形成顺序；(5) 在不同练习时间内推动某种心理功能进步的个体一般能力的差异；(6) 已经形成的联结，或即将形成的联结与一个给定联结的关系已经减弱，或者对分数的影响作用已经减弱；(7) 联结因失用而被削弱；(8) 对已形成的联结进行无用的过度练习。以上八种因素均可能改变进步的速度，一种因素会带来哪种改变，均可以通过推算得出。

这八个因素中的每一个几乎都可以在人类的实际学习中找到例证。考察对各段练习曲线的解释，不论是对最初练习成绩的加速提升、负加速、进步速度接近于零、“高原期”的解释，还是对长期的和短期的上下波动的解释，实际上都是用这八个因素中的这个或那个因素，或者其中的两个或几个因素，根据不同的目的进行解释的。

243

第十七章 进步的持久性

因失用而消损

一般来说，日常生活中的大量事实表明，一种心理功能因失用减弱，而且失用的时间越长，减弱的量越大。然而，令人遗憾的是有些心理学家却说过这样的话，即在练习停止后，联结具有经过内部组织发育而自我完善的效果。例如，库弗（Coover）与安杰尔（Angell，1907，p. 336）就曾说过：“一般的观点认为，潜伏期有利于身体的活动，这种观点已经被大量有关练习与疲劳的研究所证实。”但是，他们的这种观点既没有自己的证据，又没有援引他人的证据。布克自己虽然不同意“夏日学溜冰、冬日学游泳”的教学主张，但却阐述了如下假设：“以前所形成的联想在不练习的间隔时间内，会因为某种神经发育过程，而不知不觉地慢慢地自我完善。”（Book，1908，p. 80）

这种观点如果真的具有普遍性并与事实一致的话，那么，练习停止而进步继续的观点似乎与前几章所提出的学习定律相冲突。但是，主张
“夏天学溜冰，冬天学游泳”的人，总应该拿出在没有进一步练习的情 244
况下，进步的动力强大而持久的具体事例吧；总应该承认在失用一段时间之后，功能的效力没有进步而有消损的事实吧。

他们当中没有谁会预期今年用一小时练习溜冰，到明年夏天溜冰水平就会不劳而获地提高。也没有谁会期望经过100小时的游泳、跳水或其他水上体育项目的训练，20年后仍保持原来的水平，甚至还会有所进步。这种观点只不过说明了在某种特殊情况下所出现的与一般遗忘规

律相反的现象，并不是一个普遍真理。

这种观点是一个误解，可原谅之处只因存在下列事实真相：(1) 一个功能的进步被疲劳所掩盖，而失用期间包括休息，所以失用后产生了一个表面上的进步。(2) 一个令人满意的联结，其强度上的进步可能被它准备反应状态的下降所掩盖，例如：训练兴趣下降了，就像运动员所说的“麻木了”。在停止训练时做其他活动的兴趣增高，但对联结强度的损失较少，因此，失用后出现了一个表面上的进步。(3) 功能的练习不当，例如在烦恼、困惑状态下或错误指导下所进行的功能练习会形成不满意的联结。这种不满意的联结因失用而削弱，会使正确练习的功能进步提高。

由于“练习之后进步继续”的观点既没有直接的证据，又与我们记忆上的所有证据相悖，因此，我们拒绝接受这种观点。所以，在休息与兴趣条件保持不变的情况下，联结因失用而减弱，功能因失用而消退。
245 当然，在某些实例中，失用对分数的影响作用很小。试想一个很简单的功能，例如当问你“你叫什么名字”的时候，你很容易回答出来，即使十年不用，功能效力的减退也只表现出稍有迟疑而已。

实验研究的结果

前人对“功能因失用而消退”已经做了大量的实验研究。但是他们所研究的功能都是相对来说不太重要的功能，例如，按要求背诵某一个无意义音节系列或一首有意义的诗等。如果这些研究所得出的曲线能够代表所有功能的一切进步情况，那么，这些研究确实相当重要。然而，正如下文所示，这些曲线不能代表一切功能的一般进步情况。在这些研究中，能力的进步从零开始，到一次就能把所学习过的材料完整背诵出来（其中有几个研究需要重复完整地背诵两次）。记录其花费的时间和反复学习了多少遍。过了指定的时间后，再进行能力测验，看其要恢复到原来的程度，又要花费多少时间、学习多少遍。例如，某人学习了100个无意义音节后，1小时后重学其中的10个、1天后重学其中的另10个、10天后重学另10个、30天后重学另10个、1年之后重学另10个，等等。这样，我们就可以根据曲线上的某些点来评估这个人功能的衰退情况或遗忘情况。

在这个问题上，将介绍艾宾浩斯（Ebbinghaus）、拉度斯介维奇（Radossawljewitsch）、麦克纳夫（Magneff）和比恩（Bean）四个人的研究。

艾宾浩斯（1885，p. 94）用重新学习所节省的时间来测量记忆的保持量，他把一个无意义音节系列一直学习到刚刚能够完全正确地一次背出来为止，然后每间隔一定的时间进行重学，重学节省的时间见图 247
17—1。19 分钟之后重新学习，如果要恢复到最初的完整背诵出来的水平，所用的重学时间为最初学习时间的 42%；36 分钟后重学，所用时间为最初学习时间的 56%；8 小时 45 分钟之后重学，重学时间为最初学习时间的 64%；等等。与此相对应的，重学节省时间的百分比分别是 58%、44%和 36%，等等。在这个研究中，失用的效果看起来相当强大。随后，拉度斯介维奇（1907）做了类似的实验。在他的实验中，被试最初的学习效果要达到刚刚能够将所学的无意义音节系列连续正确背诵两遍，其他条件与艾宾浩斯的实验相同。他得到的遗忘曲线形式与艾宾浩斯的基本一样，只是失用的效果小一些（见图 17—2）。

246

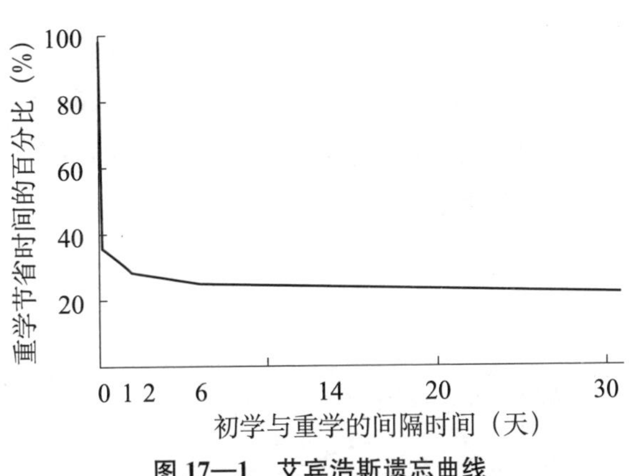

图 17—1　艾宾浩斯遗忘曲线

注：艾宾浩斯无意义音节学习（初学学到刚刚能够连续正确背诵一遍所学的无意义音节系列）的遗忘曲线。

比恩（1912，p. 19）考察被试学习由 9 个新字母组成的字母系列，然后间隔一定的时日进行重学。通过考察重学时的错误分数就可以判断遗忘的多少。由于他采用的测量方法过于烦琐，在此不再详细叙述。结果发现，被试开始时遗忘速度很快，后来遗忘速度减慢。1 天之后重学，错误分数为 3.0；4 天后重学，错误分数为 4.15；7 天后重学，错误分数为 5.35；14 天后重学，错误分数为 5.5；21 天后重学，错误分数为 5.55；28 天后重学，错误分数为 5.9。由此可见，1 天失用所产生的错误不少于以后 27 天失用所导致的错误。

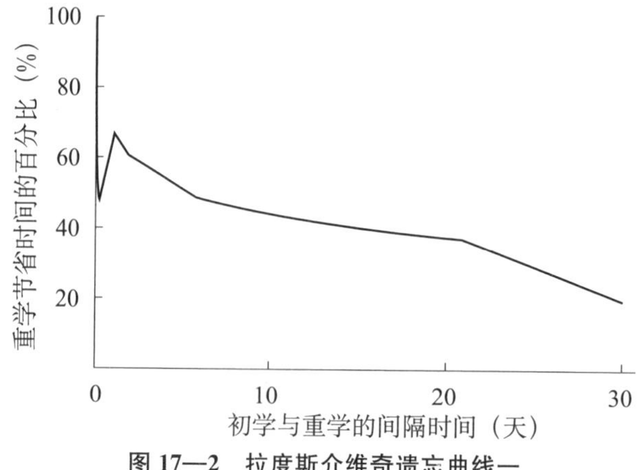

图 17—2　拉度斯介维奇遗忘曲线一

注：拉度斯介维奇无意义音节学习（初学学到刚刚能够连续正确背诵两遍所学的无意义音节系列）的遗忘曲线。

拉度斯介维奇又以有意义的诗歌（八行诗，约包含 90 个音节）为材料进行了实验研究，学习至被试能连续正确地将诗歌背诵两遍，间隔一定时间后重新学习。把他的实验结果与麦克纳夫的研究结果合并，我们可暂时确定一首诗的遗忘曲线（见图 17—3）。

248

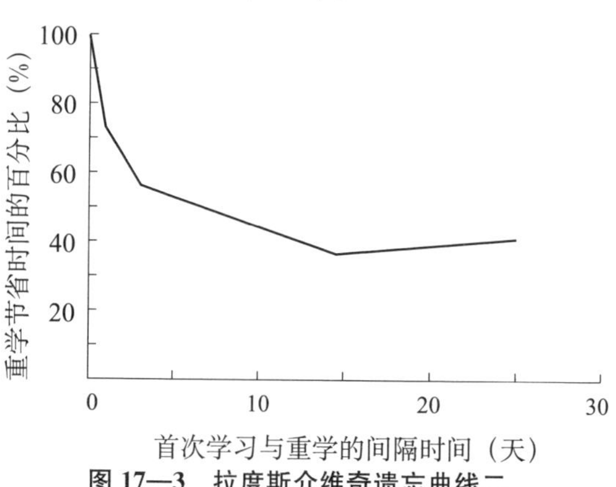

图 17—3　拉度斯介维奇遗忘曲线二

注：将一首诗学习到刚刚能够连续正确背诵两遍后的大致遗忘曲线（资料来源于拉度斯介维奇与麦克纳夫的研究数据）。

然而，与这些诗歌或无意义音节系列的遗忘速度既快遗忘量又大形成鲜明对比的是斯威夫特（Swift）、斯凯勒（Schuyler）、布克和里加尔（Rejiall）四人颠球和打字的研究结果。

在颠球（tossing balls）实验中，斯威夫特（1903，1905，1910）报告了下面的结果：被试A一开始颠球大约只能得4分，经过42天的练习后，最后6天的平均分依次为50、82、92、88、68、105。在随后的5个月内，每隔30天重测一次，所得平均分依次为70、80、140、110、120。481天后又重测一次，平均分为119。4年之后重测，平均分为5；第二天又重测，分数为10。随后每天都重测，平均分不断提高，分别为18、20、26、35、66、60、45、100、160。被试E一开始练习时大约能得10分，经过14天的练习，最后6天的平均练习成绩分别为31、53、80、105、115、127。随后5个月内每隔30天重测一次
（被试A和被试E在第一个30天内都曾用左手进行过一些练习），平均 249
成绩为115、145、155、230、325。463天后重测，平均成绩为152。

斯威夫特经过45小时的打字练习，成绩由最初的每小时只能打350个字，进步到每小时能打1 050个字。2年零35天之后重新测验，每天打一小时，10天内的成绩分别为700、860、860、970、1 023、1 010、1 005、1 040、990、1 100。斯威夫特没有报告错误分数，只说“错误渐渐增多”。

里加尔曾用30个小时练习打字，相隔3年半的时间后测验打字能力的持久性。在学习打字的最后两个星期，他平均每分钟能打25个字，每打100个字有4个错误。3年半后重测，结果发现：第1天每分钟能打18.75个字，每打100个字有8个错误；第2天能打18.9个，每打100个字有$7\frac{1}{3}$个错误；第3天能打21个，每打100个字有$6\frac{2}{3}$个错误；第4天能打22.1个，每打100个字中错5个；第5天能打22.5个，每打100个字中错$8\frac{2}{3}$个。紧接着练习5个小时，打字能力几乎恢复到从前经过30个小时练习后的水平。5小时之后，又进行6天测验，平均每分钟能打26个字，每100个字中错$5\frac{1}{2}$个。

布克发现，打字进步的持久性远比上文所述其他能力的持久性更大，时隔 1 年零 5 个月再进行记忆测验，发现记忆分数会突然增加，并且高于原来学习所达到的最佳水平。

除此之外，在拼写单词、将字母转换成数字或其他字母、简单地打字（反复抄写一句只含有七个字母的句子）、标记出 A 字母或某个数
250 字，以及加法运算等方面，也都有人考察过练习的持久性。这些研究中所得到的练习持久性，要比能将无意义音节背诵一遍或两遍所得到的持久性更长，但比颠球和打字练习得到的持久性要短。例如，6 个成人于 1910 年 1 月至 4 月各自练习加法 150 分钟，在头两天的练习中（每天多练 5 分钟），平均分数分别是 234 与 274，最后一天的平均练习成绩为 447。在 1912 年 12 月对他们进行了两次测验，每次 5 分钟，两次的平均成绩分别为 343 与 375。与此同时，这 6 个人又接受一个划去数字的测验，每天练习 5 分钟。第一天每分钟划去 56 个“0”，第二天每分钟划去 73 个，最后一天每分钟划去 107 个。2 年零 8 个月之后进行测验，每次练习 5 分钟，第一天和第二天划去“0”的数量分别为 74 个和 80 个。

柯比（1913）做了第十四章所提过的实验，即让四年级小学生进行 60 分钟加法练习（实际练习了 75 分钟），然后测量他们的进步情况。柯比在 6 月末对多名学生进行 15 分钟的测验，这次测验距离学生最后一次常规练习已有 3 个星期至 12 个星期，结果发现，学生仍保持原来的水平。更确切地说，15 分钟的练习完全弥补了因失用而导致的消退。暑假之后，9 月初，他又对其中一些学生进行了一次测验，在 15 分钟测验中，学生的成绩不如最后一次正式练习的成绩好，也不如 6 月末的
251 测验成绩好。四五月期间的 70 分钟练习（实际可计算的时间只有 60 分钟）已经使学生进步了 15 道题，到 6 月底的 15 分钟测验增至 17 道题，到 9 月初的 15 分钟测验降低至 10 道题。

在 9 月内又练习了 20 分钟至 45 分钟，学生的进步又恢复到最初 75 分钟练习后的水平，而正确率自始至终几乎没有变化。

在除法计算的实验中，学生先后共经历了 60 分钟的练习，从第一个 10 分钟到最后一个 10 分钟，他们共进步了 35 道题。两个星期之后，

即6月末，仍保持原来的水平，甚至略微提高。9月初进行10分钟测验，进步降低至17.5道题。经过15分钟到35分钟的练习后，他们又恢复到原来的水平。

柯比博士认为，6月到9月之间的损失不仅是功能失用引起，部分原因也可能是学生刚刚从假期生活突然一变到呆板的学校生活，未免有些心情浮躁所致。

一般结论

上节所举的实例足以代表前人在进步的持久性研究方面所发现的一些事实。但是，这些事实并不能使我们对消退的速度或速度的改变下一个简单而完备的结论。的确，读者可能会抱怨这些研究，因为他们用任何严谨一致的和光鲜的方法所展示的只不过是一些因失用而使功能消退的复杂而不一致的事实，而我们恰恰缺乏这方面的知识！

然而，这些事实本身并非完全无用。已有的知识和缺乏的知识足以捍卫我们反对这样的假设：例如，在教育实践中所信奉的，不论所学知
识的类型如何，学习后的遗忘都是一样的形式。我们还反对这样的假 252
设：就像一些理论家对练习的效果所假设的那样，不论什么功能在什么阶段的练习都严格地与神秘的遗忘曲线一致。更确切地说，一年的失用对一个人打字成绩的影响与对无意义音节或一首诗记忆分数的影响，两者差别极大，这种差别尤其能使我们关注学习上的一些重要事实。

（1）过度学习。第一个重要的事实就是如何看待过度学习。为了一天、一个月或一年后之仍然熟练掌握所学的内容，当前所进行的过度学习不算过分。众所周知，在学习一组无意义音节或其他同类材料时，要学到能连续正确背诵两遍所需要的时间自然要比刚能背诵一遍的时间长。如果学到“刚刚能背诵一遍”就等于学会了，那么，拉度斯介维奇就已经在进行过度学习了。可是他实验中被试成绩的持久性明显高于艾宾浩斯，可以把这种现象归功于过度学习。如果现在还学习那一组无意义音节，反复读上一千遍，就更是过度学习了。可是，这种学习会显示出极长的持久性。

一般说来，一人练习打字，每打一页新内容，对于前几页中出现过

的内容来说就是过度学习（例如，打“the”、“is”、“of”、“he”和“空格”以及换行操作等）。现在用较快的速度打从前用较慢的速度所打过的内容也是过度学习（例如，当看见“在什么之后”或“在什么中间”的短语时，一开始是偶然地和慢慢地把这一连串的动作结合在一起，打得很慢；可是，如果这一串动作总是快速地连在一起打，那么打字速度
253 就会提高了）。过去打字的错误率是 2%，现在用同样的速度打过去打过的内容，错误率降至 1%，这也是过度学习。在练习中所形成的新的和令人满意的联结可能是很少的几个，可是被加强的旧联结却很多。这样的练习效果一时很难在分数上体现出来，但是却能在这些联结的持久性上表现出来。在斯威夫特、斯凯勒和布克等人的打字实验中，失用对分数的影响较小；而在以无意义音节、诗和词汇为内容的实验中，失用对成绩的影响较大。毫无疑问，原因就在于前者进行了过度学习。

过度学习是一个重要的事实。因为，如果从前五章所研究过的功能中随便选出一个来对它进行原因分析，即将其分析为独自增减的联结，就会发现，在任何阶段内强度增加的绝大部分联结都经过了过度学习。在其他联结强度保持不变的情况下，这些联结的强度明显超过了在该阶段所看到的分数。因此，正如一般研究所发现的，即使是背诵一组无意义音节，当中间部分的几个音节刚能背诵时，起始和结尾部分的音节已经经过了过度学习。在接收电报的研究中，当不常见的词汇刚刚能听懂时，电文中那些简单的虚词和代名词的联结早已进行了过度学习。从节省精力的角度来选择学习方法，一方面，在很大程度上要看是否有更好的学习方法可以避免不必要的过度学习。另一方面，在一定程度上还要看哪些过度学习是必需的，否则联结自身不能保持到下一次温习就消失了；还要看有哪些联结需要过度学习，否则其他联结就很难形成和保持。

254 （2）直接由感知—运动所形成的联结在持久性上可能存在优势。可能存在这样的事实，有些功能的形成是感观上呈现的某事物直接引起某肌肉的运动，在几乎没有任何中间过程的情况下既快又准地形成的。而有些功能的形成，其联结起始于大脑内部的某处又止于大脑内部的另一处，其功能的进步取决于大脑内部联结的稳定性与速度。将这两种功能

进行比较，前者比后者的进步持久性更好。溜冰、跳舞、游泳和娴熟地打字属于第一类；背诵诗歌、学习无意义音节、学习化学或地理知识、将英文翻译成德文，以及初学打字都属于第二类。

在神经系统上，凡是与“观念”联合相对应的联结都是间接的联结或所谓高水平的联结。而凡是与感知情境和动作反应所形成的联结相对应的联结，其神经上的结合都是一些比较原始的和直接的神经联结。因此，学习对保持效果的影响，前者小于后者。根据人类神经元的本性，知识的保持就是不如技能。就一般的观察结果来看，事实大概如此。

（3）功能的组织与其进步持久性之间的关系。一个功能所含联结的组织或排列，可能会对失用后的个体成绩产生影响，少数几个例子有助于说明这种可能。例如，对比以下两种能力，一种是按顺序回忆一系列前后无关联的 12 个英文单词组成的词表（例如，“今后”、“总统”、“指派”等等）；另一种是一呈现这 12 个英文单词，就要求被试报告与之对应的德文单词。假如对由 12 个单词构成的词表和 12 个英文—德文“词对儿”均采用机械的反复背诵进行学习，测验的形式一种是“请把第某 255
个词表背诵出来”，另一种是“与这几个德文词对应的英语单词是什么”。两种能力都主要包含 12 个联结。前者所形成的联结是“第 23 个词表”引起“今后”、“今后”引起“总统”、“总统”引起“指派”，等等。在这种情况下，能力的持久性取决于这些主要的联结，一个联结失败，后面的回忆分数就会化为零，即一个联结断了，剩下的链子就连不起来了。在第二种情况下，各个主要联结之间是相互独立的，每个联结都能独立对分数发挥作用。此外，在第一种情况下，“第 23 个词表”与其他所有单词之间还有许多起微弱辅助作用的联结，其后的单词又与所有其余的单词形成类似的联结，甚至每一个单词与其前面接近的单词之间也有微弱的联结。

这些辅助联结的优势是能脱离主要的联结而独自起作用的，但它们往往敌不过失用的影响。12 个字词与 12 对字词同样学习到能背诵一遍或两遍，显然，在能背诵一遍的情况下遗忘开始得要早。

再设想一个精通英文的成年人，用 100 个小时照拉丁文练习打字，另用 100 个小时翻译拉丁文，比较这两种学习的进步情况。前一种情况实际需要形成较多的联结，这是因为前面的字母各不相同，因此，打每个字母需要许多不同的动作。总共有好几百个单词，每个单词的动作在总体上都必须协调一致。用100个小时学习翻译，并不需要大量的词汇或文法知识。然而，打字所形成的联结之间能互相辅助，但翻译之间的
256 联结不行。在打字时，单词的联结就是字母习惯的组合与改变。一个字母前面的字母虽各不相同，导致联结不同，但这些联结中都包含相同的成分。字根与字尾的组织虽对翻译有同样的作用，但其作用很小。

将一个联结作为整体进行过度练习，以及直接由感知—运动所形成的联结拥有更好的持久性。除此之外，其他有顺序组织的联结，包含旧成分的新联结和把旧成分稍加改变形成的新联结，似乎也能更好地抵消失用带来的负面影响。用100个小时学习拉丁文，获得单词的意义，这样的联结往往不能抵消失用带来的影响。

（4）不希望遗忘的学习。我们可以想象这样一种情况，失用的影响由许多势力组合而成，它们分头攻击一种功能的效率所依赖的联结，以致由练习所建造的城堡已发生了几处破裂，或者由练习所占有的几处哨所和据点已经被攻下了。我们可以进一步想象，重新学习的作用就类似于修补这些破裂之处，或重新攻占失去的哨所和据点，恢复失用期间所造成的一切损失。如果失用的攻击都是专业的，重新学习时就要有很强的针对性，即修补需要修补的地方，这样重新学习才有用。面对将来失用的攻击，与其平均加强各个联结，不如专门加强某些位置的联结。在敌人过去的进攻中，这些位置的弱点已经暴露过，因此这种加强方式才更具有防护作用。不希望遗忘的学习，应该是从重新学习已经遗忘的内容，发展为学习最容易遗忘的内容，最终发展为学习最应该学习的内容。

在打字和颠球练习中，任务的要求自动就会提出大量专门需要重学
257 的内容，成绩本身也会指导学习。学生会专门加强因失用而引起消退的一些联结的学习，如果不加强，他就很难再进步。由于分数具有指导作用，这样多多少少能够避免无用的过度学习。

这种学习与背诵无意义音节的区别是，前者重新学习已经遗忘的内容，至少可抵御失用一天或更久带来的不利影响。也就是说，一个人在

不知不觉中尝试各种补救方法来应对过去的攻击，并且找到了有效的方法，这些方法能够帮助他抵抗未来的攻击。

假如学习一个无意义音节系列需要 5 分钟，而学习 10 分钟后，在一天以后应用它的保持效果就比学习后马上应用它的保持效果更好；如果有足够的重学时间，那么一天之后应用它就不如几天以后应用它。保持这种效果的原因不一，但是，重学的时间安排以恢复损失为目的，而不是漫无限制，总应该是其中的理由之一吧。因此，在学习词汇时，把练习集中在“词对儿”的联想或在测验中做错的地方上，不失为有利于长久保持的经济之道。

（5）由竞争所引起的联结消退。到目前为止，我们只关注了失用的效果及其本身的影响。可是，在功能闲置不用的这段时间内，原来的情境可能会形成更有竞争力的联结，这些联结或者替换原来的联结，或者
形成与功能相反的联结。这段时间一定会被其他什么活动所占用。功能 258
的未来命运取决于如何占用这段时间以及这段时间的长短。

例如，打字的情境由打字的心理定势、坐在打字机和原稿前、原稿里包含所有要打的字词所组成。从整体来看，这种情境只能引起一种联结而没有第二种联结与之竞争。而且他的一些旧联结也几乎很少受其他联结的影响，尽管这些其他的联结中可能包含一些与旧联结相同的成分，比如所打的单词在其他情境中曾经读过、翻译过和抄写过等。另一种情境由坐在某仪器前、“回忆无意义音节的定势”，以及回忆指定系列的一些音节组成。从整体上看（假如在间隔时间内没有其他相同或相似音节需要学习或重学），这种情境也只能形成一种联结。但是，其中的音节很容易受阅读和谈话材料中出现过的相同音节的影响，如果其他无意义材料包含一些相同或相似的音节，而在失用时间内这些音节又被学习或重学，那么，干扰作用就会比打字的情境更大。显而易见，在其他条件都相同的情况下，在相同的失用时距内，干扰越少，持久性的效果越好。

总之，尽管目前关于遗忘速度及其变化的研究实例既不够充分，表面上又互相矛盾，但是，通过每个研究案例却或许可以接受遗忘的数量与遗忘曲线的形式是以下因素影响的结果：一是联结的性质；二是每个

联结过度学习的程度；三是每个联结成分之间的关系；四是在失用时间内由某种活动所建立起来的有竞争力的联结。然而，没有一条“遗忘曲线”能够预计不同的功能在相似阶段内的进步情况，也不能预计相同的功能在不同阶段的进步情况，更不能预计不同的功能在不同阶段的进步情况。

259

第十八章 一种心理功能的进步对其他功能效率的影响

助长与抑制

由联结的增强或减弱所造成的一个人心理功能的变化条件与其他因素不是各自孤立的，而是与一个人表现出来的智力、性格、品味与技能所明显形成的动态统一体相关联。在一个人身上任何一个联结所发生的变化对其他联结的影响，在另一个人的身上未必如此。一个联结的变化对另一个联结的影响差异，在数量范围上，从一个联结的变化引起或构成另一个联结几乎相同的变化到一个联结的变化对另一个联结几乎不产生任何影响；在质的差异上，从一个联结的增强或减弱的整体效果会使另一个联结产生同样性质的效果，到一个联结增强的整体效果是使另一个联结的整体效果减弱，或一个联结减弱的整体效果是使另一个联结的整体效果增强。

我们可以把一个联结的增强使另一个联结也或多或少地增强称为**助长、强化、援助**或**正相似变化**；而把一个联结的减弱使另一个联结或多或少地减弱称为**负相似变化**。两个联结之间的正相似变化关系意味着两 260
者之间还可能也存在负相似变化的关系。我们还可以用**抑制**、**相反**或**正相反变化**等术语来描述一个联结的增强使另一个联结或多或少地减弱的现象；而用**负相反变化**来描述一个联结的减弱使另一个联结或多或少地增强的现象。两个联结之间存在前一种关系可能也意味着存在后一种关系。**易化**、**强化**和**抑制**等术语在被心理学家使用时多少有点专门化了，以致让人模棱两可。所以，使用**相似变化**和**相反变化**最为安全。

我将下面的讨论限定在积极的行为上，因为对于积极的行为来说，不论什么一般的理论解释都可能用来解释一个联结的减弱使另一个联结减弱的相应效果。

相似变化

当两个联结中存在相同的成分时，即两种情境中有部分相同，而且情境中的这些相同成分（全体或其中的几个成分）有相同的反应与其联结时，一个联结的增强会使另一个联结发生相似的变化。

我们可以区分下列联结中一致性的数量：

一是由整部分合并而引起的完全相似变化。

如果A、B、C与1、2、3和X、Y、Z与48、49、50的联结被增强，那么，A、B、C、X、Y、Z与1、2、3、48、49、50的联结也会被增强。因此，如果把“□”理解为正方形，那么，呈现某个黑色的“■”就会促进黑色正方形的学习。

261 **二是由加入部分而引起的部分相似变化**。

如果A、B、C与1、2、3的联结被增强，那么，A、B、C、X、Y、Z与1、2、3、48、49、50的联结也会被增强。因此，知道半个复合词的意义就会促进整个单词意义的学习。

三是成分合并引起的完全相似变化。

如果A、B、C与1、2、3的联结和X、Y、Z与48、49、50的联结同时被增强，那么，A、X与1、48的联结也会被增强。因此，如果进行“sit”、“sat”、“sun”、“say”、“saw”、“some”和“pick”、“lick”、“kick”、“Dick”的发音训练，就会促进阅读“sick”的学习过程。

四是由成分加入引起的部分相似变化。

如果A、B、C与1、2、3的联结被增强，那么，A、X、Y与1、48、49的联结也会被增强。因此，刚刚在上面提到的发音训练就只有前半部分会获益。

在上述所举的四个例子中，一些旧联结的并入或一个旧联结的插入可以从容易观察的行为中相当容易地推断出来。但是，一个情境与反应的联结与其他联结的相互依赖关系可能完全被隐藏在人的神经元内部。

因此，联结有相似变化时，导致变化的相同之处我们并不能直接认识到。而另一方面，当我们根据表面的观察希望有相似的变化时，有时可能也会失败。因为，相似的效果可能完全出于没有相同成分的两组联结。这两种情况可以各举一个例子来说明。说明第一种情况的例子是，假定训练一个人判断两个砝码的重量差异，其判断的准确程度有了一定的进步；同时让他判断两个颜色的深浅差异，其判断的准确程度也有了一定的进步。假如这两种联结合并到一起也能增强联结，我们却不能指 262
出它们的相同之处在哪里。除非我们诡秘地说：“他特别能够关注到微小差异的刺激。”说明第二种情况的例子是，让人想象出一头大象、一张地图和一个房间，并形成生动的视觉表象（visual image）。然后，让他到相同的情境去判断大象的外部特征、地图的特征和房间的陈设。最近的研究结果发现，这样的联结几乎丝毫无助于实际的判断。这个结果是由我（1907）、贝茨（Betts，1909）和鲁格（1910）发现的。

相似变化中存在三种情况，在实践上尤为重要，我们分别称之为：由“重新组织”（reorganization）所引起的助长、由“定势或态度的迁移”（transferred set or attitude）所引起的助长和由“有意忽视的迁移”（transferred neglect）所引起的助长。

当学习词汇所获得的联结有助于阅读句子时，或者当发电报和打字所养成的字母习惯有助于形成单词习惯时，旧的联结并没有陡然并入新的联结。换句话说，新联结不需要在旧联结的基础上单独学习。新联结使用旧联结，只需把它们进行**重新组织**。重新组织的方法或者为“走捷径”，或者是联想转移的其他形式，或者在新旧联结的各种混合与修改中尝试和选取。

反对的人或许会说，最后这种情况不应称为相似的增强，因为字母习惯的形成实际上并不会形成单词习惯，只不过会使它们更容易形成。如果咬文嚼字地分析，这种观点也不无道理。但是，正如前文所申明的那样，试图将一个联结的增强效果限制在立即引起分数的变化上是不明 263
智的。本书所说的联结增强并不一定是指在原有的强度上有显而易见的增加，新的联结比以前更容易形成就已经显示出效果了。超过或接近现在的强度都是联结增强的体现。这种宽宏大量的观点是明智的。

当一只动物凭着操作机械装置打开笼门获取食物的经验，在第 10 次迷笼实验中变得比第一次更加主动时，或者当一个人在查找名词的实验中养成了一种小心谨慎、坚持不懈、聚精会神的查找态度，并能把这种态度保持到查找阅读材料中的动词或介词中去时，就出现了由**定势或态度的迁移**所引起的助长。埃伯特（Ebert）和梅伊曼（Meumann）（1905）指出，一个人只要坚定决心勉强承认某种工作是有趣的，就可以使工作进步。弗拉克（Fracker，1908）在一个判断音叉声音强弱等级的实验中（例如，按照同一个音叉所发出声音的强弱分成 4 个等级，并从弱到强地呈现 4 个等级的声音，或者从强到弱地呈现 4 个等级的声音，或者按照 1、2、4、3 等不同的排列顺序呈现某个声音，然后，让被试听到一个声音，就报告这个声音的强弱等级）发现，如果被试能够不急不躁地判断每个声音的强弱等级，这种态度就能够促进他在间隔一段时间（这段时间做其他工作）后仍能对声音的等级作出准确的判断。鲁格（1910）发现，一个人因成功地解决难题所获得的自信态度会有助于他解决其他难题。鲁格还列举了其他几个例子证明态度或定势的迁移有助长作用。

大部分学习是放弃或剔除有害的或无关的联结，这些联结的削弱不仅有利于剔除那些他们希望驱逐的特定联结，而且还有利于其他联结的形成，或者有利于在其他方面有阻碍的行为。这种**有意忽视的迁移**如同积极的行为迁移一样真实。研究发现，学习了 20 个无意义音节系列之后会促进另外 20 个无意义音节系列的学习，其部分原因是，在早期学
264 习过程中与学习任务形成联结的激怒和厌恶情绪在后期的学习过程中与学习任务分离开来了。

相反变化

加强某个情境或情境成分“A”与某个反应“1”之间的联结就会削弱相反的联结，即“A”与“相反的 1”之间的联结。这种说法是否正确而有价值，就要看“相反”是什么意思了。如果我们把“相反的 1”与“A”的联结理解为会使“1”与“A”之间的联结削弱，那么这种说法虽然正确，但没有价值。然而，却很难找到所谓相反联结的任何

有价值的一般标准。当反应“1”是可观察的身体运动时，那么，相反的反应就可以粗略地定义为一个取消“1”的反应，例如，与身体或部分身体运动的方向相反的运动，或者是把刚刚吃进嘴里的东西吐出来。按照这种方式，我可以把“相反”定义为神经元内部的两个联结，即一个联结的形成抵消另一个联结。然而，在我看来，这个定义肯定是有用的，之所以现在看不出它有多大价值，是因为我们不知道神经元的什么联结对应着我们知道的什么行为反应。[①]

除非我们知道一个联结在神经元内所发生的实际反应是什么，否 265
则，如果我们试图定义这种相互之间彼此诋毁的联结，就只能说些没用的废话或靠不住的预言。与此同时，我们了解具体的某一对联结，其中一个联结的形成对另一个联结产生了相反的变化，即表现出真正的抑制。如上所述，同一种情境成分不可能同时与同两个相反的反应或效果对立的两个反应建立联结，这是常见的例子。经常与这种真正相反的联结相混淆的是**多重联结**（alternative bonds），即一种情境成分与两个或多个不同的反应联结。因此，如果学习 10 个不同的无意义音节系列，它们都以“wef kob”开头，那么，“wef kob”不能唤起其中任一个无意义音节系列的回忆。而且这种学习还不如单独学习一个无意义音节系列的效果好。所以，如果先学习将物体按颜色分类，然后接着学习按物体的大小分类，那么，这种学习的成绩还不如直接学习按大小分类的成绩好。

必须牢记，这种多重联结绝不会来自完全相同的整体情境，即由个体的内外条件构成的复合情境。导致两种反应的事件总体状态之间总会存在一些差异，尽管这些差异可能是个人的态度或“定势”等不易觉察的特征。关于多重联结是否抑制或不抑制另一个联结，事实给出了一个

---

① 我认为，我们通常把这个定义使用得太广泛又过于宽松，只要当外部条件相同时，一个反应能够抵消另一个反应，那么，这两个反应就是相反的反应。因此，如果条件保持相同，被认可的社会工作就会抵消有异议的社会工作，尽管肌肉的运动不是如此的相反。从“减 2”想到相反的“加 2”、从“它不是黑色的”想到与之相反的“它是黑色的”，这看起来人们的智力好像没做什么工作。但是，该术语的宽泛使用，使那些通常所说的真正的相反变化就变得不太真实了。例如，当一个儿童看到某个灰色的物体时教他说“它是黑色的”或者“它不是黑色的”，当然就与在此情境下什么也不说大不相同了；对于听者（这个儿童）来说，其影响也大不相同了。

解释原则。只要这些多重联结不加区别地依附于情境的总体特征，它们
266 就会彼此抑制；但有这样一种可能，即根据外部情境或学习者心理定势的一些次要差异，从一组联结准确地转换到另一组联结。所以，这种情况不是抑制，或许甚至是助长。

例如，如果我星期六学习的 12 个无意义音节所形成的是“wef ”、“kob”与“jur”、“bim”等音节的联结；昨天我学习的 16 个无意义音节所形成的是“wef”、“kob”与“ziz”、“nok”等音节的联结，那么，这些联结就不会彼此伤害。“星期六学习的 12 个音节系列”肯定会排斥“学习 16 个音节系列”等有关联结的影响。所以，训练一个人按照颜色或大小给物体分类后，即使按颜色做了 10 次分类之后，马上给出“现在按大小分类”的信号，他按大小分类的速度也不会低于他一开始就按此分类的速度。

从多重联结系统来看，一时间内两者常会存在抑制。随着两个联结系统与两个心理定势或态度系统联结的有序组织，抑制会降低到零，或许还会相互助长，因为两种联结中存在着某种有用的一致性。

所以，训练一个人在一个标准的打字键盘上练习打字 1 个小时。然后，再让他在按下列字母排列的键盘上练习打字 1 个小时：

a b c d e f g
h i g k l m n
o p q r s t u
v w x y z

显然，一开始他的成绩比较差。可是，如果每天都让他在这两种键盘上各练习 1 个小时，他就不会永久停留在最初的成绩上。而是在不久以后，他能够在一看到是哪个机器时，就能从一种联结系统转换到另一
267 种联结系统。而且还很可能发现，交替练习两种打字系统 20 个小时的能力提高幅度比单独在任何一种系统练习 10 个小时所获得的能力提高幅度要大。

由某组（A 组）联结的加强或削弱所引起的另一组（B 组）联结的相似或相反变化的总体结果，表现在因为一种功能（A）的进步而导致的另一种功能（B）的进步或衰退中。

在不知道“总体结果”（mass results）归因于哪个单个联结的助长或抑制作用的情况下，这些总体结果也是可以测量的。也就是说，我们不需要对构成功能的联结做什么基本分析或证明这些联结之间获得什么相似变化或相反变化的关系，就可以发现在几页印有随机排列字母的纸上练习标记出字母“O”会对后来练习标记出字母“A”的能力提高带来怎样的促进。这样我们就获得了对各种具体练习有价值的训练规律或一般教育理论的知识基础。在最近的十几年中已经获得了许多这种总体结果，并对教育理论产生了重要的影响。其中的一些影响与本章后面的内容有关。

心理训练所期望发生的变化

教育理论家所关注的争论之一是，具体的训练形式对提高一般心理能力的促进程度有多大。学习拉丁语或数学能提高一个人的一般推理能力吗？从事科学实验室工作能训练对各种事物的观察能力吗？做匹配有色木棍的练习能培养各种感官的辨别力吗？

这样的问题显然是一个心理学问题，最好用心理学术语表述：任何 268
心理功能的训练究竟能使其他心理功能进步到何种程度？或者再少用些术语来说：一种能力，例如推理，在一种情境下（A）所获得的进步，能在多大程度上也扩展到 B、C、D 等情景？

没人会怀疑，所有一般形式的家庭或学校教育除了会使以提高为直接目标的某些具体功能发生具体的改变之外，还会对其他心理特征产生一些影响。另一方面，细心的观察者也不会断言，教育对其他心理特征的影响力度能比得上对直接训练目标的影响力度。一个男孩在算术问题的推理能力上提高了一倍，但我们不能说他在形式语法、国际象棋、经济史或进化论上的学习能力也因此提高了一倍。他在钢琴指法练习上动作的准确性提高了三倍，但我们不会说他打字的准确性、打台球的准确性或绘画能力也提高了三倍。在足球比赛中增强的勇气不会使他的道德勇气或抵抗智力障碍的勇气得到等量增强。因此，真正的问题不是“一种功能的进步是否会导致其他功能的改变”，而是“改变的程度有多大，以及它们是如何改变的”。

我将要为其辩护的答案是，一种功能的变化只能改变另一种与其具有共同要素（identical elements）的功能。一种功能的改变对另一种功能的影响取决于两种功能所具有的共同要素的多少。在第一种功能中得到了训练的共同要素是导致第二种功能变化的必然结果。举一个具体的例子，加法运算能力的提高会改变一个人的乘法运算能力，这不仅因为
269 加法与一部分乘法完全相同，还因为这两种功能的某些过程部分相同，例如，眼睛的运动和对运算以外冲动的抑制。

在这些共同要素中，对教育实践尤为重要的是包括目标观念、方法观念和一般原理的联想，以及涉及基本经验事实的联想，例如对长度、颜色、数字所做的一次又一次重复组合的经验。

共同要素意味着心理活动过程是相同脑细胞的相关物质活动。因此，有时我们当然不能明确指出两种心理能力究竟是什么特征如此相同。

直到最近的教育书籍，对这个问题的回答在形式上仍然与此有非常大的不同。它们把具体学科训练所带来的影响扩展得很远很远，而且对操作形式的描述非常模糊。我认为这些措辞毫无意义。

它们的主张不必多说，我只从过去 15 年的 50 多本教育方面的书籍中随便挑选几段关于具体训练对一般能力影响的论述，摘录如下：

> 由于心理（mind）是一个整体（unit），能力（faculties）仅仅是心理活动的阶段（phases）或表现，因此，不论哪个能力得到加强都会间接增强其他能力。然而，**口头记忆**似乎是一个例外，因为它可以不规范地培养，不涉及对其他能力的有益影响。但是，只要能够被恰当感知和恰当理解的事物就能够被**恰当地**记忆。因此，不
> 270 论什么“可习得的力量”和同化能力的发展都将增强记忆。反过来说，恰当地增强记忆力需要发展和训练其他能力。（R. N. 罗克，《教育方法》，27 页）
>
> 作为训练知觉和概括能力的一种方法，学习拉丁语比学习英语更有价值。（C. L. 摩根，《教师适用心理学》，186 页）
>
> 如果算术教得好，会使小学生养成各种良好的习惯，如心理注意、辩论有序、绝对精确和喜欢真理等。而学习基础教育阶段的其

他课程达不到这样的效果。（约瑟夫·佩恩，《教育演讲录》第一卷，260 页）

通过实验的方法和科学的观测工作，不仅能够唤起注意、以前被激活的观察能力被格外增强、心理得到练习和训练，而且能养成一个非常重要的习惯，即尊重事实权威而不是人的权威。（同上，261 页）

……学习拉丁语是发展能力的优势学科，它对于作为人生事业基本准备的那些心理品质的形成和发展的作用，比我们前面讨论过的其他学科的作用更大，而且不论所从事的事业是由新的心理需求构成还是指引能力的增强或成熟，也不论是专门职业还是其他追求。（同上，264 页）

现在让我们仔细考察一位获得普通学士学位的人学习古典文学所获得的益处。除了任何刻苦工作都可以做到的意志品质训练之外，我们还有如下发现：(1) 通过强记范例和新词汇的学习，他对事实的记忆力增强。(2) 经过对古典文学语法的学习，即章、节、段的清楚划分，他形成了一个非常清晰、规范的事实分类系统。这意味着他学会了按照事物的关系记忆事物。而没有形成或使用这种 271
分类系统实际经验的人就很难具有这种能力。(3) 由于判断力经常被需要判断的事物所唤起，因此他的判断力得到扩展和增强。而没有这种训练的人就做不到这一点。（E. H. 巴比特，《现代语教学法》，126 页）

学习德语的价值在于科学地学习这门语言本身；在于它对推理能力、观察力、比较和综合能力的训练结果；简言之，在于科学理解力的建立和增强。（加尔文·托马斯，《现代语教授法》，27 页）

从图画教学获得的好处是：眼力、脑力和动手能力得到综合培养。眼睛被训练得看得既清楚又准确；心力被训练得既能记住所见物体的外貌，又能思考在大脑中形成的概念。设备的操作和手工技艺的精细操作能力很大程度上都依赖于手和眼睛的训练程度。创造力和想象力在设计活动中得到激发和锻炼，形象记忆能力在记忆画的练习中得到增强。审美判断能力得到应用，识别美、协调、比例、对称的能力得到增强，而且人类或多或少所固有的爱美之心得到极大提升。(J. H. 莫里斯，《教学与组织》，P. A. 巴尼特编辑，63～64 页)

现在我要用美国一所著名大学的校长就职演说中的一段话概括上述论述。然后，列出几位大学校长对“为什么要上大学?”这个问题所作出的回答。

“我们一提起所学习的‘科目’……头脑中想到的就是包括算术、
272 基础代数和基础几何的数学，希腊—拉丁课文和语法，基础英语，基础法语或基础德语等科目。……当教师充分发挥他的教学能力和教学艺术把它们讲授得当时，学生的心理就会因此而变得坚强、灵活、有力量、有适应能力，并因此而处事更有把握。大学教育……应该给学生提供……能力发展和扩大视野的弹性，使他们有一个心智扩展的空间……”(伍德罗·威尔逊，《科学》，1902 年 11 月 7 日)

科尔比大学校长巴特勒（Butler）说：“有句话说得好，一个受过教育的人手里握着一把锋利的斧子，而没受过教育的人手里握着一把迟钝的斧子。我要说，大学教育的目的就是把这把斧子磨得更加锋利。”

纽约大学校长 H. M. 麦克克拉肯（H. M. MacCracken）说：“他拥有一颗经过良好训练的心，以后不论他想从事什么工作都会无往而不胜。”

耶鲁大学前任校长蒂莫西·德怀特（Timothy Dwight）说：“这种教育是发展年轻人思维能力的最佳方法，并使他们成为一名受过心理训练的有思想的人。”

显然，上述共同的观点是，准确、迅速、辨别、记忆、观察、注意、专注、判断、推理等词汇所代表的是一些真实而基本的而且无论在什么材料上工作都相同的能力；这些基本能力经过专门训练而改善，并扩展到广大的范围；而且当它们转向其他领域时，这些改善会保持不变。这种在一件事情上学好了，其他事情也会做好的多少有些神秘的方法，在具体表现上没有与之完全一致的群体。

按照这样的观点，就是把心理看作一个机器，能力是它的部件。经验从一头注入，知觉力知觉它们，辨别力区分它们，记忆力保持它们，

余者类推。经过训练后，机器对所有各种经验的加工都变得更快、更有 273
效率、更经济了。或者，用更粗陋的思想来看，心理就像是一个可以装载意志力、智力或判断力的蓄电池，给个体提供“一个心智扩展的空间”。许多各自代表独立心理过程的通用名称，诸如判断、精确、专注等都被错误地用来指代心理机器的零部件，机器一经开动，所有零部件全部进入工作状态。或者更荒谬的是，把它们看成是存储在银行中的一笔整款，可以随时提取。

这样的话在今天彻底歪曲了当年的准确观点。1901 年，当伍德沃斯和我发表那三篇论文时，其中所描述的感知辨别力、微小细节的观察力等方面的练习效果有限地超过了具体能力训练的范围，曾引起他们的惊讶和怀疑。现在，这种训练效果的有限扩展已被他们看作是理所当然的了。

那种心理机器的见解，即在一种材料上练习成绩的提高，会使所有各种材料的练习成绩得到同样的提高；那种魔力观，即经过练习使一种能力的训练达到高效率，会使其他各种能力也都达到同样高的效率；那种把心理看成是潜能容器的观点，即它可以用一种能力注满，然后抽出来用在其他任何一种能力上：这些见解和观点现在都从心理学著作中消失了。

许多实验结果证明这些观点是错误的。这些实验的被试在进行某种功能专门练习期间的前后对其他一些功能的变化情况进行了前测和后
测，来考察一种功能练习成绩的提高对其他功能的影响。当把前测与后 274
测的练习增益去除后，剩下的因专门训练所产生的“迁移”量微乎其微，甚至当测试的功能与训练的功能非常相似时也是这样。由于学习诗歌的专门训练对其他所有材料记忆力提高的促进作用，以及在幼儿园里注意颜色的训练、在生物实验室里注意形状的训练或拉丁语法关系的专门训练对一般观察力敏锐程度的“迁移”百分比都非常非常的小，所以，总的来说，这些实验结果证实了在该领域两位早期研究者的一些话：

“任何一种心理功能的进步都不会促进通常与之同名的心理功能能力的提高，甚至反而会伤害它。

“无论两种功能多么相似，任何一种心理功能的进步都很少会给其他任何一种心理功能带来同样的进步，因为每一种心理功能的工作都受每个具体情境中具体材料性质的制约。

“材料的性质稍有差异就会影响一组功能的效率。由此推论，材料的变化不论如何轻微，都不可能对功能毫无影响。用某种材料训练一个功能后，随着材料的逐渐变化，功能的效率逐渐消失。由此可以推断，总会存在一个效率的完全消失点，过了这个点，训练的影响就毫无扩展了。功能训练的材料还很相似，而效率的下降却很迅速。由此可以推断，这个点比设想的还要近。

“导致练习效果下降或保持与否的一般原因可能是，练习的效果只能扩展到与训练的功能有共同要素的功能上。”

然而，这个实验结果却诱使某些研究者向相反的方向走得太远，而
275 得出了另一种荒谬的结论，即他们认为所有练习的效果都完全是具体的，练习的效果完全局限在训练的具体情境和具体习惯上。

从下面所引用的几段话足以看出那些在当今有见识的心理学家们的折中观点：

“无论如何教师都应该抛弃这样的观点，即‘思维’是一种简单的不可改变的能力，而应该认识到它是表示各种获得事物意义的方法的术语。教师还应该抛弃与之类似的观点，即某些学科的本性就是‘智慧的’，因此迷信它们具有一种训练思维的魔力。思维使人们对不同的具体事物产生具体的适当想法、告诉他们各自独特的故事，而且不同人的思维方式也不同。如同人的身体需要吸收食物来生长一样，心理的成长需要就地组织的内容。思维不同于制作香肠的机器，将所有材料混在一起生产出一种在市场上销售的商品，而是跟踪具体事物所引起的具体建议并将其联系在一起的能力。”（Dewey，1910，p. 38f.）

“有三点可以显示出具体的练习效果可能超过了受练习影响的行为的界限：（1）对于习惯形成的途径来说，两个或多个外在操作完全不同的培养途径中可能存在着完全相同或部分相同的成分……（2）形成一种具体习惯的方法步骤可能明显地适用于其他更大的领域……（3）由于偶然的变化和暗示，心理态度或理想容易扩展到他们的行动方面。”

(Rowe，1909，pp. 243-246，passim)

“知识和训练不仅局限在它们的应用上，而且还有一个普遍的价值。它们的普遍价值随着要素（至少有三种要素，即目的、方法和内容）中共同成分的增多而提高，而且这种价值随着训练的教学材料相似性的下 276
降而迅速降低。”(Ruediger，1910，p. 116)

“现在，努力使注意朝向某个方向或主题的训练效果，有不少的一部分表现在忽视或抑制其他不愉快的或分散注意力的感觉习惯中。简言之，我们学习‘忍受它’……这种用理智和道德所维系的环境适应能力的真实心理机制是十分有趣的，可惜，此处我们无暇讨论它。可以确定这是一种实际发生的事情，而且很可能是从一种职业上习得并转移到另一种职业上。如果每种有意注意都附加一种完全独特的不愉快，那么，这种想法就会受到挑战。可是，这种想法看来不是事实。”（Angell，1908，p. 9)

“按照下面的方式，训练是可以迁移的：（1）一个具体反应的单个要素的功能可以应用于各种不同的环境条件，因为，在不同的环境条件和其他不同程度的相似环境中，它们具有共同的要素；（2）当一种主导心境或情绪渲染了各种环境时，不论外界条件有什么不同，都会做出同一种特色的反应；（3）尽管是一个反应，但它实际被包含在其他更广泛的环境适应中；（4）正如巴格利所说的，当活动的目标清楚地成为意识理想时，也可能产生迁移。在这种情况下所发生的迁移不是活动本身的迁移，而是意识把活动目标直接转移到另一个领域。”(Colvin，1910，p. 30)

“一种心理功能或活动之所以能改进其他心理功能或活动，是因为它们有部分相同，是因为它们包含了共同的要素。学习加法能够促进乘法的学习，是因为乘法是一种大加法；拉丁语知识之所以会提高法语的学习能力，是因为在拉丁语中所学到的许多东西是学习法语所需要的东 277
西。几何知识的学习之所以会使小学生各方面的学习更有逻辑性，是因为在所有知识领域中的逻辑成分使他们认识到，事实是完全可以证明的，并使他们更加钦佩和渴望获得这种严谨的证明方式……

“这些共同要素可以是与训练有关的内容和材料，也可以是训练的态度和方法。前者可称为**内容相同**，后者可称为**程序相同**。

“内容相同——数字计算能力的专门训练使人们获得了一种处理学校课堂外许多生活行为的有用能力，这是因为实际生活中的许多事情都需要数量化和计算。科学家、零售商、木匠和厨师所处理的数据在重要特征上都与算术课上的数据相同。所以，在英语课堂上练好说和写的能力也会广泛地影响生活，因为在家庭生活、商业及职业工作中也有说和写的相同成分……

“程序相同——在实验课上所养成的注重实际观察化合物的变化、而不是猜测或从书本上学几句现成话的习惯，可能会使女孩的烹饪法或男孩的制造法更加科学，因为这种不轻信观点、只相信事实的态度会操纵人生，并由较窄的领域扩展到更广泛的领域。通过解决学业中的种种困难所培养起来的不怕千辛万苦的态度、不达目的誓不罢休的理想和永不言败的情感可以为学生克服一生的困难做好准备。”（Thorndike，1906，pp. 243-245，passim）

“在教育上，心理训练是最重要的事情，但它是具体的，而不是普遍的。通过一门学科所培养起来的能力只能被迁移到与这门学科有相同
278 要素的另一门学科。在学校里培养那些在主题内容和方法上与校外环境具有相同要素的能力才是最有价值的。在中学教学中也应该努力从所用的具体方法中概括出方法的一般概念。”（Heek，1911，p. 198）

“……具有一般训练特点的学科不能作为在学校课程中占有一席之地的主要理由。这种一般训练所带来的好处可以不同程度地从其他学科的学习中获得，而且根据每个学科的固有价值所提出的教学工作标准远比根据形式训练说所提出的任何标准都更为安全。”（Angell，1908，p. 14）

心理训练的一般原理

了解行为上的三项事实，就会使人对具体训练所产生的一般影响，既不会期望过多，也不会期望过少：首先，学习是实际情境与个体对其反应之间的联结的实质性改变。凡是不能描述为具体情境与规定反应之间的联结所发生的一系列变化，而又可能依赖于神话般的力量所产

生的神奇功效使人在集中注意力、意志力、想象力、鉴别力、良知、推理能力等方面获得了进步的假设，都是极其危险的。其次，尽管每次改变都必须发生在一个具体的联结之中，而且作为一个原则，这些联结是具体情境与特定反应之间的联结，但其中也有一些联结具有非常广泛的价值。最后，有些联结所涉及的情境或情境要素确实具有通常所说的普遍性。

这三项事实中的第一项已在本书中反复重申，此处无须赘述。但是，我们需要知道，心理训练说的观点之所以在教育中上演恶作剧，十 279
之八九是因为没有根据行为的真实要素来描述行为。

至于进行某种练习、学习某门学科或进行某种职业训练之所以能够影响到其他功能的效率，第二项事实可以解释其中的一大部分。在这种或那种具体情境中，与 2、3、4、红、白、绿、长、短、平方算符、平方根等所建立的各种有用的联结，之所以或多或少地被普遍应用，是因为在一些非常不同的情境中经常会遇到并应用它们。不论在什么情境中获得的能力，诸如画一条 10 厘米长直线的能力、说方言的能力或作进位加法的能力，都可以被广泛地应用。其中尤其重要的是那些**有意忽视**的联结。例如，“在非用餐时间忽视饥饿刺激”，“在非娱乐时间忽视男孩玩乐的声音”，“在非睡眠时间放弃躺下和闭眼的想法”，等等。它们才是用“注意力”、“注意力集中”或“意志力”来解释的真实要素。到目前为止，某情境与忽视反应的联结**通常**被用来阻止分心刺激。另一种特殊的联结也是非常重要的，即反应与代表观念、格言、方法、理想等抽象线索的联结。这种联结形式如下：“需要做一件令人讨厌的事情，我一定要做”，“一想到‘我必须做的某件事’，就耐着性子把这件事做完”，“科学研究的实质性工作就是证实”，“不论发生什么事情都有可知的原因”，等等。它们会一次又一次地出现，来激励和抑制以此为信条的人。正如上文所刚刚暗示的那样，以满意和烦恼为反应的联结也是特别重要的联结。例如，不能满足于没有被客观测量所描述的事实，这也是许多科学研究的一个共同要素。因模糊的、未验证的观点以及徒劳和 280
失败而烦恼，也足以使人接近清晰、助人思考、励人成功。

一种特殊的联结甚至可能是与情境中的一个非常抽象或细微的要素

的联结。假使事物和思想的许多情境有一些共同的要素或特征，并将它们归类为“美丽的”、“丑陋的”、“真的”、“假的”、“满意的”、“不满意的”、“重要的”、“不重要的”等；又假使这些共同要素能与“注意”、“忽略”、“享乐”、“烦恼”等一类反应建立适当的联结，而使在某一领域中对这些元素的专门训练又可以迁移到其他领域中去。那么，究竟“美丽”、“满意”、“不重要”等达到何种程度才能获得对它们的反应，而且还能不顾它们原有伴随反应（如“1公里”、“红色”、“六”）的阻止而作出新的反应，就是一个问题。当然，它们不经常是这样，也不完全是这样。使一个人对不论在什么地方或以何种方式呈现的“真理”都做出尊重的反应所需要的训练量远比以某种方式教会他对“六英镑”（不论在什么地方呈现）做出适当反应所需要的训练量大得多。甚至对后者的训练成绩也有非常低下的情况。一般的训练不会使人对一定体积的空气或月球上一大块铅的重量都作出对“六英镑”的反应。除非他经过上百种不同类型的专门训练，否则他很难不作出错误的反应。然而，对事物和思想上非常抽象和细微的特征所作出的具体反应仍有可能或多或少地保留一些普遍有用的东西。

第三项事实是，有些联结所涉及的情境或情境要素确实具有通常所
281 说的普遍性，剩余的部分基本上符合第二项事实。每一个联结基本上都是事件的某一种情形与某一个反应之间的联结。但是，也有这样一种情境要素，诸如“活着和醒着”、“意识到某人有一个问题”、“感觉到某人尽力了、某人没尽力或是某人做得最好”，等等。这些情境要素的意义是普遍的，并一次又一次地几乎与任何事情都形成过联结。而且每对它们作出一个反应就获得一个联结。举一个极端的例子，每个人对“活着和醒着”都有做出反应的倾向，而且这种反应倾向与他的一个更具体的反应倾向合并在一起。

有一种观点认为，在一个人的习惯与能力（即一个人作为雇工、公民、朋友和家庭成员在生活中所表现出的习惯与能力）之外和之上，个体有对弥散着恐惧或勇气、正直或奸诈、严肃或轻率等气氛的**任何事物**作出反应的倾向。这种观点通常看来是有些过激，但其中不乏合理内核。过去的生活经验为每个人的反应准备了一系列态度或心理“定势”：

只要说的是事实，不管说的是什么，就倾向于对此作出反应；只要是询问，不管对方问的是什么，就倾向于作出反应；只要是利益冲突的现象，不管是什么冲突或谁的利益，就倾向于作出反应；只要人还健康地活着、醒着，又无事可做，就也倾向于作出反应。专门的训练有机会增强人仔细思考的态度、寻求问题解决的态度、因冲突的公正裁决而感到满意的态度，以及在闲暇时间里寻求做有趣事情的态度。

与其他特色情境所形成的更强的联结可能会超过这些一般倾向的势力。例如，即使是有一定头脑的人也可能会贪心地相信表扬他儿子的话，因为这些话激发了他作为父亲的自豪感；有一般公正心的人，也倾 282
向于用传统的惯例、而非公正的方法来调节性别冲突。这些一般倾向确实会被一些更强的联结超过，但是它们的存在和它们的分量反过来决定着与相反的思想和行为的平衡。

正是因为有了这些事实，明智的课程安排应该是事先预测任何一门课程或一种职业的训练效果，或者尽可能准确地把课程中所要形成的具体情境与反应的联结都列出来，尤其要注意的是，什么样的学习会形成有意忽视的联结，什么样的学习导致满意的联结，什么样的学习导致烦恼的联结，形成什么样的联结可以迁移；还要特别注意方法和理想的准确性、持久性、实证性和思想的开性等，以及什么样的反应喜欢朝向智力和道德生活中最共同的要素，如“一句话”或“一个问题”等。这种事先预测应该尽早取代那些对由“学习”所引起的变化的实际测量。

最后，必须牢记，尽管训练效果的迁移范围非常小，但只要它足以超过本学科领域的范围，这种训练就有非常大的教育价值。假如在化学课上花费 100 个小时来训练学生的科学态度，而使他们在其他所有事物上的科学态度提高了化学课上的 1%，它也是一种非常有利可图的教育力量。假如学生在学校里对待同班同学的公正态度提高了 50%，而使他们对一个男孩行为的一般公正态度仅仅提高了 1‰，这种训练的效果也可能比具体习惯的训练效果价值更大。

283

第十九章 心理疲劳

本章和下一章的主题是，无休止的练习给心理功能造成的暂时性恶化——其成绩下降的数量如何、速度和速度变化如何、原因如何、受影响的条件如何，以及一种功能的恶化对其他功能效率的影响。

在连续练习的条件下单一心理功能效率的下降

此处所用的术语“效率”，指的是生产产品的数量和质量。如果单位时间内产品的数量保持不变，那么，效率的下降就可以用质量的下降来测量；如果质量保持不变，那么效率的下降就可以用数量的减少来测量；如果二者都发生改变，就复合测量两种变化。

所谓“单一心理功能”，这个术语是相对于“心理的全部功能”而言的，指的并非是完全没有复合性和复杂性的功能。我用它代表对一列数字做加法的功能、尽快对一个信号做出反应的功能（信号和动作一直都是相同的）、判断两个100克左右的物体哪个更重的功能、记忆德文单词的英文词义的功能，或者是做三位数乘以三位数的乘法运算但不许
284 写出或说出中间运算结果的功能。这些功能分别由不同的要素构成，又不能同时使用。所谓“连续练习”，只是通常所说的，被试在练习过程中始终尽心尽力而已。

作为深入研究的例子，我选择了阿莱（Arai）女士所做的一个实验（1912）。该实验的特殊价值在于，测量了对一个相当有难度的智力活动过程持续练习的效果，而且这个智力活动过程与感官或肌肉的工作无关。测量时已经练习了很长时间，几乎没有进步的影响，所测量的纯粹

是持续练习所带来的效果，而且前后共测量了 4 次。阿莱女士说：

“第一个实验是 1909 年 2 月至 3 月期间在哥伦比亚大学师范学院做的。实验的目的是试图探明：(1) 一种具体心理功能因练习所产生的疲劳程度的变化速度和变化量；(2) 迁移到其他某个功能上的疲劳量。

“用于测量具体心理功能的是如下所示的 4 题一组的乘法心算题：

$$\begin{array}{r}2\,645\\ \underline{5\,784}\end{array}\qquad \begin{array}{r}8\,324\\ \underline{7\,384}\end{array}\qquad \begin{array}{r}7\,954\\ \underline{3\,528}\end{array}\qquad 和\qquad \begin{array}{r}5\,438\\ \underline{2\,347}\end{array}$$

“类似于上面的一组组乘法心算题大约用了 1 000 道。题目的呈现顺序和难易程度都是随机分布的。实验的被试就是研究者自己……2 月 2 日，被试用以下方式做了第一个测验：被试用一块普通的手表设定了开始的时间，当表针到达设定的时间时，被试看第一题，并对它进行乘法心算。一算出结果就立即写下答案并记录时间。然后，被试马上开始第二题的心算，并重复相同的步骤。如此，她从上午 9 点半开始，一直 285
进行到下午 3 点 18 分，只在午饭时休息了 48 分钟，共算出了 24 道题的结果。”(1912，p. 31)

2 月 4 日，以相同的方法完成了 26 道题；2 月 7 日，12 道；2 月 15 日，30 道；2 月 22 日，60 道。在 2 月 22 日被试持续计算了 7 个小时，可见即使经过这么长时间的计算，被试还没有达到完全不能工作的地步，只是想要算出结果变得更加困难，具体做法如下所述：

“被试并不是看着题目的数字做乘法心算，而是依靠对数字的记忆闭着眼对其进行乘法心算。这种方法比前者更好，因为这样不仅使心算工作更难，而且有助于消除感知疲劳。当被试忘记了题目的数字时，她就会再看一眼数字。但是这样做会使心算时间更长，因为忘记了题目的数字对心算的人不利。因此，她很仔细地把题目的数字记牢，使这种情况很少发生。”(Arai，1912，p. 35)

具体心算过程是：每看到一题，例如 $\begin{array}{r}4\,962\\ \underline{7\,584}\end{array}$，就把数字遮住，并记住这两个数字。然后做 4 962×4 的乘法心算，得出的结果是 19 848，记住这个数字，同时还要记住 4 962 和 758 这两个数字，因为后边的计算还要用到它们；然后，再做乘法心算 4 962×8，得数是 39 696；这时要在心里进行$\begin{array}{r}19\ 848\\ \underline{396\ 960}\end{array}$的加法运算。

得到两数相加之和等于 416 808 之后（当然也可以先不进行这步运算，而做其他步骤的运算。但是，她在整个实验中都是这样做的），现
286 在她可以忘记 19 848 了，但还不能忘记 4 962 和 75，同时还必须记住 416 808。然后，她将 4 962 乘以 5，得数是 24 810，但是要把它看成是 2 481 000（因为 5 是百位数）。然后用 2 481 000 加上 416 808，得到 2 897 808。现在，她可以只记住 2 897 808、4 962、7（并把 7 看成 7 000）这三个数字，其他数字都可以忘掉了。再做 4 962 乘以 7 的心算，得数是 34 734。这时她要把 34 734 看成是 34 734 000，并与 2 897 808相加，最后写下答案 37 631 808，看一下表，记下时间。再看纸上的下一道题，例如$\begin{array}{r}9\ 653\\ \underline{7\ 267}\end{array}$，并进行如上心算。

如果读者尝试做比这种工作更简单一点儿的工作，例如四位数乘以三位数的心算工作，那么，仅仅经过一两个小时的心算，就能体会到它比除了生活中的一些普通脑力劳动之外的所有智力活动都要困难和疲劳（用一般的观点来说，疲劳就是要做出不愿意做出的努力）。

采用这种方法，大约用了 35 个小时（从 2 月 24 日到 3 月 2 日这一周中）做完 189 道乘法心算题目之后，被试的练习效果达到了很少有的进步程度。接下来所讨论的是之后 4 天里的练习成绩。

“从 3 月 3 日至 6 日，除了记录每题计算结果的两三秒时间之外，被试每天都从上午 11 点到晚上 11 点不停顿地做乘法心算。但是，被试每天上午 10 点用早餐比平时多一些，晚上 11 点之后用少量晚餐。她的健康状况良好而且晚上睡眠很好。实验期间，她意识中的内容很简单，所有的欲念都被一个想法所克服，就是想得到真正的疲劳曲线。”（Arai，1912，p. 37）该实验结果见图 19—1 和表 19—1。

在图 19—1 中，上下起伏的基线代表完成心算题目的数量，每 1 英寸长的底线等于 40 道题目。每 12 个小时的休息时间用与基线各点相交的 1/4 英寸长的垂线表示。

在基线上每 1/10 英寸划了一条水平线，其高度代表计算 4 道题目所用的时间。在每 4 道题的答案中当任何一个答案中的数字错误超过两

个时，每增加一个错误数字把时间增加3%，即每道题目所需时间的12%；错误数字在两个以下的，每减少一个错误数字把时间减去3%。 287

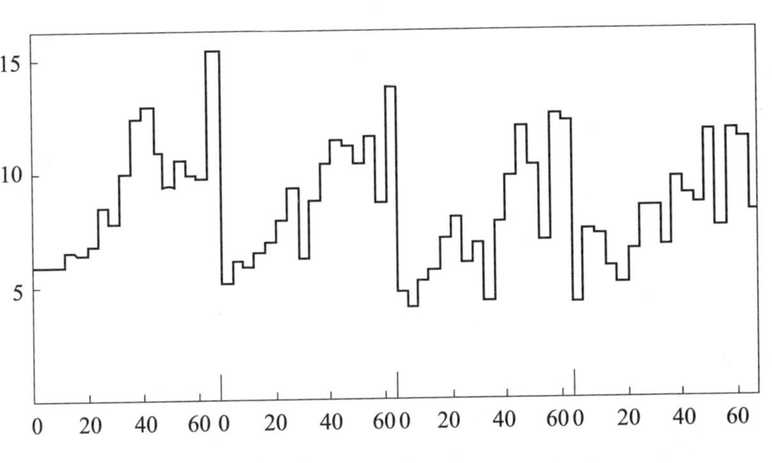

图 19—1　四位数乘法心算的工作曲线

注：每1英寸长的底线相当于完成了40道题目的心算。底线的高度表示在允许误差的前提下心算所需要的时间。一个工作时段的结束和下一个工作时段的开始之间的休息时间用底基线端点之上的1/4英寸长垂线表示。 288

表 19—1　每做一组4道题的乘法心算工作所需要的时间（以分钟计）

心算题组别	3月3日	3月4日	3月5日	3月6日	平均
1	23.6	20.7	19.3	19.5	20.0
2	23.3	24.5	16.5	29.6	23.9
3	23.2	23.5	20.9	28.5	23.4
4	26.1	25.9	22.8	23.0	24.6
5	25.8	27.8	28.3	20.2	26.8
6	27.3	31.4	31.7	26.2	29.4
7	34.3	37.3	24.0	33.6	34.0
8	31.3	24.9	27.5	33.8	29.4
9	40.0	35.0	17.1	26.7	30.9
10	49.8	41.5	31.0	38.6	40.0
11	52.2	45.8	39.1	35.6	42.5
12	43.8	44.6	48.1	34.1	44.2

续前表

心算题组别	3月3日	3月4日	3月5日	3月6日	平均
13	37.9	41.8	41.0	47.0	41.4
14	42.5	46.5	27.9	29.8	36.2
15	39.7	31.1	28.3	47.1	36.6
16	39.0	52.0	50.0	45.6	46.7
17*	62.1	44.4	49.1	32.9	47.1
开始两组	46.9	45.2	35.8	46.1	43.9
最后两组	101.1	96.4	99.1	78.5	93.8

* 在第 17 组中只有 3 道个题目。其时间已经被调整为用相同速度和准确性完成 4 道题目所需要的时间。

注：本表表示在四位数乘以四位数心算工作上所发现的心理疲劳。

资料来源：Arai，1912，p. 38f. 。

289

疲劳的数量

疲劳的数量可以用连续工作所需时间（这个“所需时间”是指心算结果达到同等正确程度所需要的时间。这个概念贯穿于阿莱实验结果的全部讨论中）的增加量来测量，当然要预留一定的练习时间；或者用工作结束时所需要的时间减去充分休息之后才开始工作所需要的时间之差来测量。采用任何一种测量方法都会使我们发现，在达到同样工作结果的情况下，连续不休息工作所需要的时间几乎是充分休息后工作所需时间的 2 倍以上。

在这里，值得我们注意的是，连续不休息工作所需要的时间几乎是充分休息后工作所需时间的 2 倍以上，这句话绝不意味着 12 个小时工作结束时的功能效率比充分休息 12 个小时后的工作效率降低了一半以下。恰恰相反，绝对工作效率下降的百分比很可能非常小。一个人在不看、不写和不说话的情况下做 9 263 乘以 5 748 这样的乘法心算，无论是只用 15 分钟就算出结果，还是用 150 分钟算出结果，都意味着其心算效率相当的高。一个人能使自己完全沉浸在这项非常难的工作中连续工作 10 个到 12 个小时不休息，而且还能算出结果，即使在每道题的计算上所耗费的时间是休息后开始计算所用时间的两倍到三倍，不论用什么样的标准计算，其效率的降低也不是很多。莎士比亚花费比实际完成所需要的两倍时间来完成《哈姆雷特》，并不意味着他戏剧写作功能的效率下降了一半！拿破仑在奥司推立芝（Austeritz）制订作战计划时，假如用了 20 分钟的时间而不是 5 分钟，这也并不意味着他的军事统帅才能只有 1/4 的效率！

乘法心算功能的效率零点可能是“不能在 10 分钟之内完成 3 乘以 2 290
的心算”，这样的零点是一个极端；而另一个极端可能就像阿莱女士在 5 分钟之内完成一道四位数乘以四位数的乘法心算，而且答案中只有两个错误数字时的效率。那么，在完成心算工作后，她还能在 11 分钟内做完一道四位数乘以四位数的乘法心算，这个心算效率究竟是在这两个极端之间的什么位置呢？读者可以自己判断。我的印象是她在连续的心算工作结束时，还能做三位数乘以三位数的乘法（或者四位数乘以三位数的乘法）心算，其速度和正确性就像在开始做四位数乘以四位数的心算时那样迅速和准确，如果说她每天最后半小时的工作效率不及最初心算效率的 75%，那简直是荒谬的。

目前，还没有其他实验其工作的持续时间如此之长和如此之难。但是，却有一些考察持续一两个小时的计算、记忆数字或字母等工作效果的研究。例如，在欧艾赫恩（Oehrn，1895）的研究中，让 10 个被试在 6 种工作的每种工作上工作两个小时。

欧艾赫恩的结果表明，一般来说，那些轻微程度的疲劳可以与在练习中所获得的对工作的适应或“热身”（warming-up）相抵消。图 19—2显示了 6 种工作效率变化的集中趋势。一般结果显示，被试们两
个小时的工作效率没有什么变化。这个一般结果可能是由于一些功能的 291
逐步提高与其他一些功能的逐步下降的互补所致，或者是由于不同功能效率变化的速率不同所致。然而，事实却如图 19—3 所示，各种具体功能效率的变化紧紧地接近这个一般趋势。偏离一般趋势的轻微变化可能是由于被试数量和实验次数较少所致。

图 19—2　6 种工作效率变化的集中趋势

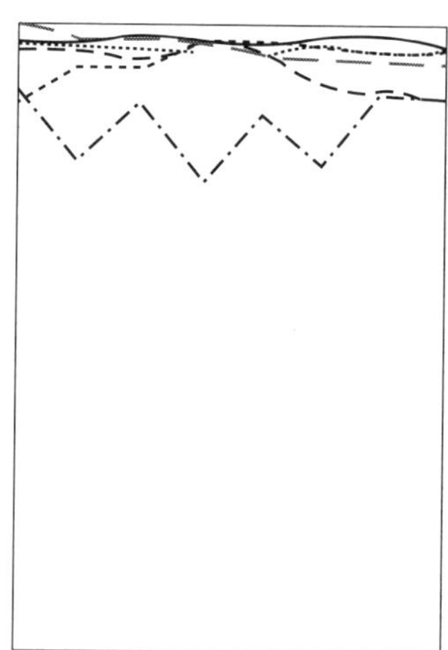

图 19—3　6 种工作效率变化趋势

我（1912）曾用 5 名被试做长列加法，每列 10 个一位数字。每天持续做这种加法运算一个半小时至两个小时。将每个被试每天最后 10 分钟的工作成绩与第二天（也就是休息后的第二天）最初 10 分钟的工作成绩之差分别列在表 19—2 中。其集中趋势显示，持续大约 100 分钟的加法练习，疲劳的影响大约是 6%（即在相同的时限内，疲劳时段所
292 做加法题目的数量比不疲劳时段所做加法题目的数量减少 6%）。

表 19—2　　加法的疲劳

被试	第一天结束（1）	第二天开始（2）	第二天结束（3）	第三天开始（4）	第三天结束（5）	第四天开始（6）	（2）除以（1）	（4）除以（3）	（6）除以（5）	平均百分比
1	715	565	595	620	615	580	79%	104%	94%	92%
2	975	615	590	560	545	585	63%	95%	107%	88%
3	543	631	579	510	511	466	98%	88%	91%	92%
4	630	545	615	545	535	495	87%	88%	93%	89%
5	897	850	842	934	779	734	95%	111%	95%	100%

注：所有百分数的平均百分数=93%；所有百分数的中位数=94%。

表中所列出的是每个被试前一天练习结束后做 n 列加法所需要的时间和第二天开始练习时做 n 列加法所需要的时间（将计算错误进行折算后的时间），以及两者的百分比和平均百分比。其中第一名被试所做加法的列数是 6 列，即 $n=6$；第二名被试，$n=2$；第三名被试，$n=4$；第四名被试，$n=3$；第五名被试，$n=6$。

上面所引用的实验结果足以代表一种功能在假定个体用最大的努力长期练习之后的工作效率与个体充分休息之后的工作效率之间的差异

量。这些差异一般来说非常小。一个人可以竭尽全力工作几小时，到后来仍能与充分休息后的工作成绩几乎相等。除非所练习的功能自始至终是非常令人不悦的或者过分使人拘束的，否则工作期间功能效率的下降一般是不易被察觉到的。甚至有时练习的总成绩还会有所增加，尽管不如在充分休息之后增加的幅度大。比内（Binet）说：“只要付出努力，就会产生疲劳。”（1898，p. 302）这句话容易使人对疲劳的数量和速度产生一种错误的印象。

这句话之所以成为共识，一部分原因是那些对疲劳有所论述的
人早就相信疲劳的存在并夸大其辞；另一部分原因是从一块肌肉疲 293
劳所发现的总体效果误导了对心理疲劳的期望；还有一部分原因是许多研究这个问题的人早有成见，认为不休息的心理工作绝没有不降低效率的道理；最后一部分原因来自一种特别荒谬的假设，需要在此作简要的说明。

如果采用最适宜的方法持续工作两个小时，当然能获得一些永久性的进步。我所指的荒谬假设是有人认为，**只要这种永久性的进步达不到应该达到的程度就被视为疲劳所致**。这种论点看似天真，但实为荒谬。休息可补救暂时性损失，但**不能补救**永久性损失，只有将练习的时限分配得当**才能防止**永久性损失。这种论点混淆了两种损失之间的区别。

不休息地练习一种功能会导致两种截然不同的效果。一种效果是，练习结束时的效率会比休息一段时间后的效率要稍低些。另一种效果是，如果练习的时间分配得当，并足以防止过度学习、满意度下降和练习不尽力等因素所造成的损失，其效率就不会下降多少。这两种效果不能混淆。

有人认为，长时间练习必然导致暂时性损失，因此，长时间练习所带来的永久性进步比将同样长的时间划分为两个较短的时间所带来的进步要小。这种论点的荒谬之处，颇有点像说一个人在 1 月 1 日上午 10
点钟手里有 1 000 元，到了同一天晚上 10 点钟手里的钱就一定少了 294
1/5。果真如此的话，那他为何不在这一天里做成 6 次或 8 次投机生意，使自己手里的钱变成 1 200 元呢？

工作曲线

关于一种功能在持续的练习过程中效率下降的速率变化，即工作曲线的斜率变化，有各种不同的观点。例如，第一种观点是，一个人在开始工作时，假定其他情境相同，其工作效率要比后来任何时候都高。我们可以将其称为“开头冲刺”（initial spurt）的观点。第二种观点认为，在其他条件都相同时，知道工作快要结束了，会使一定时间长度工作的最后阶段的工作效率有一个显著的增高。我们可以将这种观点称为“结尾冲刺”（end spurt）。第三种观点是，在大约前半小时之内，在其他事情都相同时，效率会逐渐增高。我们可以将这种观点称为“激励”（incitement）效应或“热身”（warming-up）效应。第四种观点是与“热身”效应并存的一个更慢、更长而且更持续的效率增高，可称之为“适应”（adaptation）。第五种观点是，在其他事情都相同时，通过吸引人的注意力和唤起他更大的努力，通常在一个效率的急速下降之后都倾向于紧跟一个效率的相对增高并在几分钟内保持在一个相当高的水平上。我们可以将这种观点称为“疲劳后冲刺”（spurt after fatigue）。第六种观点是，随着注意力的起伏波动，功能的效率也发生有节奏地轻微波动，每个“波浪”大约两秒钟。

应该注意的是，“开头冲刺”、“结尾冲刺”、“疲劳后冲刺”、“干扰
295 后冲刺”、“热身”、“适应”、“注意力的波动”等每个术语在使用上都有两种含义。它们既指功能效率的客观变化，即曲线的高度，又指引起这种客观变化的假想原因。因此，“结尾冲刺”既指“工作到最后 5 分钟至 10 分钟时的工作效率的增高”，也指“一种知道了工作临近结尾时的潜力强化”。“适应”既指“效率的增高，这种增高比称为‘热身’的增高要慢些，而且比因练习获得的增高更不持久”，也指“引起这种效率增高的真正要素，这种要素既不同于导致‘热身’的要素，也不同于练习的效果”。

我在本章使用这些术语，仅取其前一种含义，即指功能效率的客观变化。例如，就“开头冲刺”而言，我要问的是：“在工作开始的前几分钟所表现出来的工作效率高到什么程度？它是一般工作曲线都具有的

特征，还是个别人在某种工作上才有的特征?”

开头冲刺

开头冲刺这种现象当然不是一般工作曲线的共有特征。在 16 名被试经过 37 个工作周期从事乘法心算（三位数乘以另一个三位数）的实验中没有这种现象的证据。在 5 位成人被试的加法运算（每个人都做了 4 个工作周期，每个周期两个小时）的实验中也没有发现这方面的证据。

我无法在任何地方发现任何证据来证明任何个体的所有心理功能，或者所有个体（或几乎所有个体）的任何一种心理功能存在着一致的开头冲刺，在所有个体的各种工作中更没有。欧艾赫恩（1895）、安伯格（Amberg，1895）、韦安特（Weygandt，1897）、林德利（Lindley，1900）等人在克雷普林（Kraepelin）的实验室里 296
所得到的工作曲线都没有这样的证据。在约克姆（Yoakum，1909）所报告的一部分数据中也没有发现。

林德利的实验范围最广，开始工作的连续 5 分钟之内，3 个被试的速度比率分别是 100、98、97、97 和 96。第一个 5 分钟与第二个 5 分钟之间的差异实际上只等于第四个 5 分钟与第五个 5 分钟之间的差异。把韦安特的各组成绩汇总后，我发现前三个 5 分钟时段内的速度比率分别是 100、97 和 95.5。霍克（Hoch）和克雷普林（1895，p. 431）的成绩大概表明，前四个 5 分钟时段内的速度比率分别是 100、99、98 和 94。米尔赛米尔 Miesemer，1902）的实验数据表明，前四个 5 分钟时段内的速度比率分别是 100、96、98、97。实际上，里弗斯（Rivers）和克雷普林（1896）的实验结果是专门用来解释开头冲刺的，可是实验结果所提供的前六个 5 分钟时段的速度比率分别是 100、87、99、101、102 和 102。显然，需要解释的是第二个 5 分钟时段的 87，而不是第一个 5 分钟时段的 100。

我承认，有些人在某类工作上制定的标准过高，所以一开始的工作效率会有一个急剧的跌落，正像某些人倾向于在工作开始的时候谨慎地设定标准，而使工作效率迅速高于标准之上一样，这是很有可能的。但是这些个人偏好不能被误解为一般规律。

结尾冲刺

在有时间限制的一般心理工作中，当被试知道了工作即将结束时，这种时间预期会导致他在工作即将结束时表现出冲刺现象，这是常有的
297 情况。在一般心理工作中，被试不可能自始至终都尽自己最大的努力来完成工作，因此，出现这种冲刺是很有可能的。在实验工作中，当要求被试自始至终尽自己最大可能的效率来完成工作时，要想看到这种冲刺现象，除非是被试故意违背实验的指导语，或者是他认识到了工作结束的时间快要到了，而把他不能控制的能量释放出来。后一种情况显然是可能的。各种外部刺激，诸如其他有竞争力的人和掌声等，显然能够起到强化的作用。出现这种结尾冲刺的现象是外部强化的作用，并非自己事先确定的。

总体来说，没有哪个被试能够在 4 次或 4 次以上的测验中每次都表现出强烈的结尾冲刺；一般的趋势是在最后的 5 分钟到 10 分钟内，单位时间内的工作量有 3%～4%的提升。

疲劳后冲刺和干扰后冲刺

在寻常生活中的心理工作中，一个人可能会明显地表现出这样的情况，即如果他意识到自己没有做到最好，他就会在以后的工作中做得更好一些，来弥补这种观察到的暂时性损失，而不论这种暂时性损失是什么原因引起的。因为干扰而造成的损失，可以这样注意并弥补；因疲劳而造成的损失，如果它造成了同一个工作周期内前后不一致的影响，也可以这样留意并弥补。一个在工作中一直保持最高效率的被试，一旦察觉到工作效率下降，也会这样弥补和加强。

然而，应该注意的是，按照一般的理由，认为自己做得好并已经尽了自己最大努力的人似乎比自认为做得差的人更有利于工作效率的提
298 高，并且在经验上还没人将工作曲线的波动与已知特征干扰的影响联系起来进行比较。那么，在一般疲劳实验条件下所完成的工作中存在疲劳后冲刺和干扰后冲刺的观点现在看来是一种推测性假设。发明它们显然

是用来解释在持续的加法运算、标记字母和记忆等心理工作中所发现的工作曲线上 1 分钟或 5 分钟的效率波动。

工作曲线中工作效率的一个下降之后紧跟着一个上升，很容易引人注意，而且容易诱人进行理论设想。而工作效率上升之后的再上升，或者下降之后的再下降却不会那么引人注目。但是，用干扰后冲刺或疲劳后冲刺来解释工作效率的“降—升”续发事件却是相当不明智的。因为，如果效率下降是由一个干扰引起的，那么，在干扰结束后的上升就不需要解释；反言之，如果某个效率的下降没有已知的外在原因，那么，我们就没有理由装做知道它上升的原因。明智的做法应该是，寻求一种能够解释一个或所有的“升—降”、“升—升”、“降—降”和“降—升”续发事件的假设，直到这种假设能够被证实，如果不能证实，就只能将它们归因到“偶然的”变异上。

热身

作为一种客观的行为，最好将“热身”定义为在一个工作期间的前 20 分钟（或者其他某种指定的早期时间点）内，工作效率有部分提高，又在适度的休息后（如 60 分钟）彻底消失。这样的“热身”现象在到达或接近练习极限的个体身上会清清楚楚地表现出来。并且在其他情况下，它与练习效果合并使工作前 20 分钟的效率上升得尤其迅速，或者使同一时期的效率下降（假如功能效率下降的话）得特别缓慢。至于 *299* “热身”效应定义中的时限确定在什么时间点上，这与研究结果的关系不大，只是需要指定**一定的**时间而已。

在欧艾赫恩（1895）、林德利（1900）、韦安特（1897）、博尔顿（Bolton，1902）、米尔赛米尔（1902）、或者里弗斯和克雷普林（1896）等人的实验记录中几乎没有直接的证据证明“热身”的存在。它可能存在的间接证据可以从威姆斯（Wimms，1907）的发现中得到。在他的实验中，被试做 20 分钟简单的运算，但是需要把被试的目光固定。当把工作的时间划分为两个 10 分钟的相等时限，而且中间有休息时，其工作效率比在两个相等的 10 分钟时限之间没有休息，或者连续工作 20 分钟之后才休息的情况更高。我的 16 名被试作三位数乘以三位数的心算（1911），表现出它存在的迹象，但还不是很确定。

从对日常生活的粗略观察来看，许多个体在许多功能上存在着如定义所说的“热身”效应是有可能的。但是，通过我手上所掌握的克莱博林的小学生实验数据和其他人的实验数据，我不能将这种在休息之后，功能练习一开始所表现出来的暂时性效率提高与在一般功能练习中所获得的较持久的效率提高区分开来。我确信，这种通常所说的“热身”效应有些夸张。还应该注意的是，智力“热身”的通俗看法并不是指功能本身有什么改变，而是指为了使已知功能的工作获得原料和动力，对**其他功能**所进行的提前练习。

也存在这种可能，即在练习阶段的开始几分钟里通常是一种迅速的
300 **再学习**，从而使分数上升。这或许就是某些研究者所说的“热身”或“激励”的意思。令人怀疑的是，大约 60 分钟的休息是否会抵消这种再学习所导致的分数上升。既然练习开始时的效率上升归因于再学习，而且用“再学习”这个术语可以准确地描述这种效率上升，为何还要用“激励”、“热身”等更模糊的术语?

小结

所以，在心理工作曲线上所表现出的主要经验事实如下：如果工作者能保持最高的工作效率，对一种功能持续练习两个小时或接近两个小时的时间，就会产生一种暂时的消极效应，但工作效率的下降不会超过 10%，而且在大多数功能上达不到 10%。休息可以补救这个消极效应。任何被试在任何工作周期内的工作效率都存在着大量的起伏或波动。但是，除了知道工作即将结束，并在工作接近结束时的成绩有大约 4%的进步之外，其他任何人在任何一种工作上都不见什么一定的升降，更不用说任何一个人在所有工作上有什么升降，或者在任何一种工作中的所有被试有什么升降了。有的观点认为，在练习开始的几分钟和效率下降后的几分钟里都有一个工作效率特别高的上升期，这种假想的定律没有事实的支持。还有人认为，在工作开始的 15 分钟到 20 分钟内，工作效率有一个逐渐的提升，这种现象并没有在诸如加法运算、乘法心算和标记单词等简单的心理工作中发现。所以，一个人在一天的工作记录中工

作效率的起伏或波动，绝不能用开头的热情、结尾的热情、干扰后的热情、疲劳后的热情，以及前励或适应等术语来解释。

任何一种心理功能经过两小时或接近两个小时竭尽全力的练习，如
果每天工作的情境没有差异，那么其工作效率曲线所表现出的一个最重 301
要事实是，它非常接近于一条直线、接近于一条水平线。虽然工作逐渐变得令人不满或更加难以忍受，但工作效率却没有太大的下降。对无法忍受的心理工作，最一般的本能反应就是完全停止。当在实验的条件下不允许做出这种反应时，习惯会使我们按照自己确定的速度和准确性标准继续工作。在我看来，工作效率低于标准的原因要归于对容忍限度的无意识下降，所以把工作或一部分工作打断了。

满意情境下的曲线

前面所有测量的都是工作成绩的数量和质量，而没有涉及满足过程。关于后者，确实仅有偶然的和非常粗浅的报告。还从未有人做过这样的实验，即事先与被试约定至少工作两个小时，两个小时后继续以最大的努力工作，每多做 1 分钟奖励 2 分钱；工作不足两个小时，每少做 1 分钟罚款 2 分钱。也从未有人做过这样的研究，即要求被试至少完成多少工作，或者在完成这些工作期间享受若干休息时间的优待，看这两者之间的效价是否相等。

在日常生活中，这种等价工作非常重要。例如，让被试做 1 000 道计算题，有各种各样变化无穷的方法完成这项工作：一种做法是迅速并连续做完所有题目，然后休息；另一种是以稳健的速度完成工作，却一点儿也不休息；或者开始做得很快，然后越来越慢；或者每算完一道题休息两秒钟；或者工作中间有 8 至 10 次休息，每次休息三四分钟，
等等。这些方法的目的只有一个——完成 1 000 道计算题。一个人究竟采 302
用哪种方式完成工作，在很大程度上取决于他对金钱奖励、自由支配的时间、工作习惯和工作过程中所要排除的烦恼之间的权衡。约翰讨厌匆匆忙忙地做，所以他选择算完一道题休息一会儿；詹姆斯更担心没有自己支配的时间去做他喜欢做的事，所以他选择做完所有题目，然后把时间攒到一块儿休息。

凡是做过这种长时间精确心理工作实验的人，都能够获得对自己所选做法（采用约翰的做法，或者采用詹姆斯的做法）的满足感曲线的一些粗略感受。从这种心理工作或者从日常生活和部分游戏的一般经验中能够获得这种与疲劳交织在一起的心理工作的一般印象。例如，“热身”的概念就包含了竞争性欲望和成就兴趣等的逐渐下降使烦恼减少的过程。因此，把知道工作临近结尾而产生的冲刺部分地归因于工作结束后的满足，以及利用最后的机会一显身手并对这种过程本身更感满足，可能也是正当的。

满足感曲线不必遵循成绩曲线。由于一种功能自始至终尽最大的努力持续进行练习而使工作效率只有少量的下降，但这可能伴随着一个满足感极度下降的过程。一位做了五六个小时的加法或乘法心算的超常被试，其工作的速度和准确度还能超过前面的所有运算（要是在日常生活中他早就停止工作了），这只能归因于工作情境，而没有绝对不能胜任
303 工作的理由。这种不胜任的假设并不意味着功能效率本身必然下降，而是因为对工作的不满足感使努力和紧张程度下降、使痛苦感增加。事实的确如此，一个人工作做得越少，疲劳感就越小；越是觉得工作过程无法忍受，疲劳感就越强。

尽管很少谈及满足感对连续性心理工作效果的影响，但是这种影响是非常重要的。在日常生活中，某个指定功能效率的上升或下降的数量、速度以及速度的变化，并不是由工作开始时疯狂释放能量的数量、适机消耗能量的数量，以及因休息时间的长短所恢复的能量数量等简单而机械地决定的；也不是由那些所谓“开始时的热情”、“干扰后的冲刺”、“适应”和“热身”等神秘的倾向决定的。而是像动物的反应那样，是由他的原始倾向、过去经验和当前态度，以及由这种或那种事态所引起的趋向满足和回避烦恼的倾向决定的。

一个人开始做加法时，并不是按照他疯狂储存能量时的速率打开“阀门”释放心理能量的。不活动不一定能恢复能量。而且这个“阀门”不会因为工作的逐渐熟练而越开越大，也不会随着注意的**节奏**几秒钟、几秒钟地开大或放小，更不会因为某个神奇的预见而把刚刚关闭的“阀门”开得很大。一个人做两个小时的加法运算，他在每个练习阶段所作

出的反应是对前一个阶段情境所残留的成分加上本阶段出现的新成分作出的系列反应。在动物身上，这些反应是有条件的，只有轻微的变化，这种变化可以适当地比作一个能量基金的减少。这种不满足冲动感的需 304
求程度会随着对它的忽视和时间的流逝而减弱，也会因工作过程的重复而使其新奇感下降，由紧张工作姿势带来的感知痛苦以及目光的误用等也会随之减少。而真正对日常生活中的工作曲线有影响的只有工作所用时间的长短或工作的数量。但这些行为主要影响工作过程的满足感，而对工作的质量和数量只起间接作用。

305

第二十章 心理疲劳（续）

个别的或一般的持续心理工作对一般能力的影响

疲劳是具体的还是一般的？也就是说，一种功能持续地工作，是只会降低自身的效率呢，还是其他所有功能的效率都同样下降了呢？这简直是无理取闹的问题。还不如问一个功能因无休止地持续练习而降低了工作效率，其他功能受何影响。即哪些功能受的影响很小，哪些功能受的影响很大，哪些根本不受影响。真正的问题是：“持续进行一种工作或一组工作，其工作效率的下降对其他工作的效率有多少影响？”以及：“它是怎样影响的？”

本书前面论证过的一个观点是，一种心理功能效率的提高对其他功能效率的影响是由于共同要素的迁移所致。在这里，这种学说也适用于效率降低的影响。然而，正如在讨论练习时所注意到的，我们缺少预知两种功能在生理上有哪些方面相同，以及相同到何种程度方面的知识。此外，在大多数情况下，我们还缺少关于一种功能的各种成分如何分担
306 效率的总体下降方面的知识。因此，如果说一个加法功能因为 5 个小时的工作而使效率下降了 1/5，我们尚不能预言它对记忆无意义音节的能力带来多少损失，而只能粗略地说说而已。

疲劳迁移的原因主要是共同要素，这方面有几个最清楚的例子是头疼和剥夺。因为做了 5 个小时的乘法心算而头疼，足以使写诗的效率下降到同样的程度。因为工作而剥夺了睡眠、锻炼、社交、游艺等是多种心理工作的共同要素。正如学习不能被某种冲动分心是提高许多功能的

一种共同方法一样，因为长时间的剥夺而导致的这些冲动迫切性的增强可能是降低许多功能效率的共同原因。在学校、职业、商业和工业工作上的许多实际工作中，眼睛的疲劳是一个重要的共同要素。有些在本质上与疲劳本身不相关的因素，尤其是激动、担心、失眠和食欲下降，如果在一种相关工作的一种工作上表现出来，也可能使其他许多工作，甚至所有工作的工作效率下降。

然而，研究心理工作与疲劳的人一般还没有想到这个问题是一系列具体的问题，即用一个或几个功能做一定数量的工作，会对其他无数种功能的工作效率造成什么样的暂时影响。他们已经将心理工作模糊地视为“全心的”或“全脑的”工作，并且已经公开地或心照不宣地接受了一种或另一种形式的理论，即持续工作会减少一些心理能量的供给。因此，他们通常假定，任何工作都必定会降低所有心理工作的效率。

他们似乎还期望，任一种工作都会**同样**降低所有心理工作的效率。
他们心目中的问题已经是：“这种或那种工作会使心理暂时衰弱吗？”以 307
及：“这样或那样的测验能测量工作能力吗？”

因此，我们已经有了十几项调查研究结果，每项研究都试图测量一种或多或少确定好工作量的心理工作对其他一些心理操作便利样本效率的影响。

实验结果

所有研究结果都简要列举如下。

西科尔斯基（Sikorski，1879）在早上上课前和下午放学后测验了同一批儿童的听写成绩，发现六个年级被试写错字母的平均百分比如下[①]：

早上上课前	1.24	1.21	0.72	0.66	0.61	0.46
下午放学后	1.57	1.45	1.03	0.94	0.81	0.80

集中趋势是放学后测验中的错误率超过了上课前测验中错误率的1/3（从0.1到0.7）。

我相信读者不会简单地看待上面呈现的数字，甚至根据表面数值，

① 西科尔斯基粗心，忽略了工作速度，所以他根本没有测得功能的效率。

将早上上课前的效率看成是下午放学后的1.33倍。数据的确切含义是，早上听写字母的正确率大约是99.3%，放学后听写字母的正确率大约是99.0%，所以，早上上课前的效率是放学后的1.003 3倍。

博尔顿（1892）曾与法兰兹·鲍亚士（Franz Boas）博士协同进行了几项测验。他们在上学日的早时段和晚时段分别测量小学生在听到一串
308 四至八位数的数字后，能够回忆出的数字数量。有136名小学生在早上接受了四次测验。另有219名小学生也接受了四次测验：第一次在下午要放学的时候；第二次在第二天早上；第三次在第二天要放学的时候；第四次在第三天的早上。每次测验有12个数字串。尽管从综合练习和新奇两个因素的效果来看，本应该是第二次和第四次的测验结果要比第一次和第三次的测验结果好，可是219名小学生早时段和晚时段的测验成绩却是一样的好。这219名小学生从早到晚的进步与从晚到早的进步一样多，也不比那些作为对照组的136名小学生两次测验之间所取得的进步逊色。而且，这些数据还表明，晚时段的测验成绩反而略显优势。

弗里德里克（Friedrich，1897）在6周内对一个班级平均年龄10岁的51名小学生进行了11次听写、加法和乘法测验。后两种测验题目的类型如：

275 831 406 + 69 413 258和27 583 140×2（或3、4、5、6）。

就听写的成绩来看，每天的晚时段测验比早时段测验错误多，晚时段测验前没有休息的比早时段测验前有休息的错误多。但是，苦于没有速度记录，所以无法计算效率。照其他同类测验的成绩来看，速度大概逐渐有所增加。

弗里德里克让被试做206道加法题或乘法题，限定时间为20分钟。因此，只有几个做得慢的学生没有完全做完。所以，除了第一次测验外，以后的测验毫无工作速度的记录。即使是第一次测验的记录也很不完整，而且很牵强。照其他实验者的成绩来看，可以得知，用这样简单的加法和乘法题对儿童进行反复测验，儿童的工作倾向于用牺牲正确率来换取工作速度的提升。所以，用错误数量明明不足以计量效率。显
309 然，即使他记录了工作所用的时间，甚至允许把做错1道题折算为少做10道题，也会发现在晚时段测验的效率分数上仍不会有下降。关于正

确率的记录如表 20—1 所示。

表 20—1　　　　　　一天内不同时段的测验成绩

测验时间		听写的字母		加法或乘法题目	
		正确百分比	错误百分比	正确百分比	错误百分比
上午部分	第 1 个小时之前	99.8	0.2	98.9	1.1
	第 1 个小时之后	99.6	0.4	98.4	1.6
	第 2 个小时和 8 分钟休息之后	99.3	0.7	98.0	2.0
	第 2 个小时之后	99.2	0.8	98.0	2.0
	第 3 个小时和两个 15 分钟休息之后	99.4	0.6	98.1	1.9
	第 3 个小时和 15 分钟休息之后	99.0	1.0	97.8	2.2
	第 3 个小时之后	99.0	1.0	97.7	2.3
下午部分	第 1 个小时之前	99.8	0.2	98.1	1.9
	第 1 个小时之后	99.2	0.8	97.9	2.1
	第 2 个小时和 15 分钟休息之后	99.4	0.6	97.9	2.1
	第 2 个小时之后	98.9	1.1	97.6	2.4

注：弗里德里克所得到的，一天之内在学校的不同时段进行测验，其工作的正确率。

有人对弗里德里克的测量结果与对西科尔斯基的测验结果一样粗心，误把错误数量视为作业效率直接测量。例如，比内（Binet）和亨利（Henri）竟然绘制了一个像图 20—1 的图，给人的印象是，学生在学校里一整天不休息，工作效率下降幅度极大。即使假定工作速度保持不变，这个图表也极容易使人产生误解。要测量效率，何必一定要用正确率的倒数，用正确率也未尝不可。如果采用正确率，得到的图就是图 20—2。图 20—1 和图 20—2 测量的是**完全相同的事实**。这种情况就像 310
一个人在一天里连续几小时做交易所挣的钱和赔的钱一样。假如他第一个小时里挣了 998 美元而赔了 2 美元，第二个小时挣了 996 美元而赔了 4 美元，等等，要估量他的交易效率，挣的钱和赔的钱就都应该顾及。现在就手头的这个例子来说，如果抄写 1 000 个字母，第一次正确抄写 998 个字母，第二次正确抄写 996 个字母，两者的效率相差多少呢？总不至于把第一次的抄写效率看成是第二次的两倍吧。

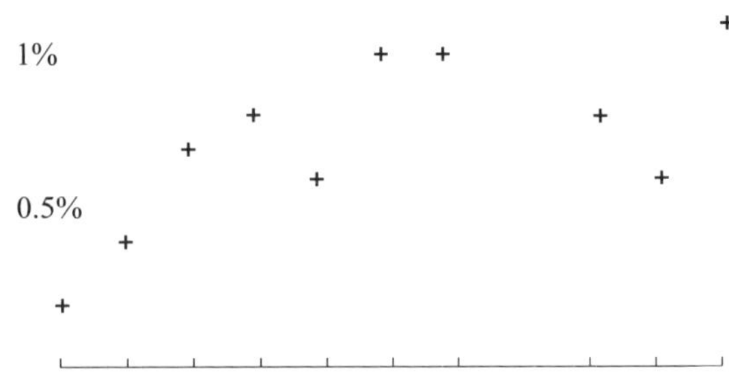

图 20—1　弗里德里克的测验结果一

注：错误百分比的得分。

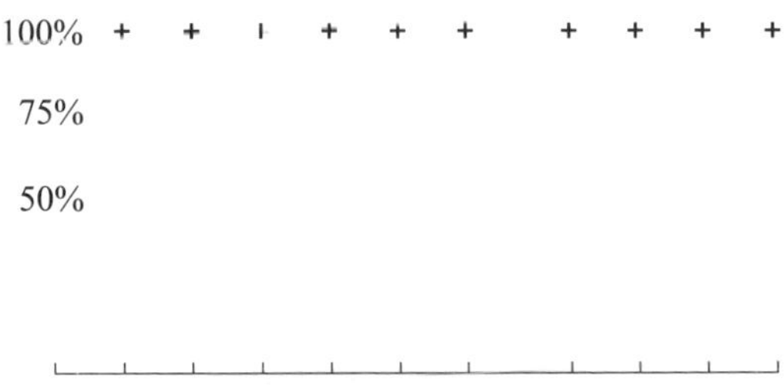

图 20—2　弗里德里克的测验结果二

注：正确百分比的得分。

311 我（1900）采用简单的权宜之计，即不对同一个体实施两次相同的测验，消除了练习和新奇的影响，结果发现小学生在上学的早时段与晚时段的工作（诸如加法运算①、乘法运算②、在一张打印纸上标记出写错的单词③、识记 10 个数字、5 个无意义音节④、10 个字母和 6 种简单

---

① 加法的每道题都是 5 个四位数相加。

② 乘法有 9 道题，如：$\frac{7\ 986}{4\ 523}$。

③ 一页印刷品如下：

After waiting some time Captain B _ and myself walked acros the rice fields to the shad of a tree. There we herd the trumpett of an elephant: we reshed etc.

④ 无意义音节如下：

ba ni su et ko ; ig fa tu le ro.

图形①以及数点子）效率大体相同。

在小学生上学后的早时段进行一种功能测试，而在晚时段进行另一种功能的测验。这样，没有一个学生在任何测验上重复过两次，因此避免了练习和新奇的所有影响。每个班级的学生分成两组，上下午轮流接受两项测验。假如一组儿童的成绩偶然比另一组好，也很容易看出。参加测验的被试数量多至 700 人，少到 240 人不等。所有测验都由我和我的助手施测。早、晚两次测验的时间也被二人平分，唯一有差异的因素是每天的时间差异，即每天学生学习的课业量不同，以及其他因素的差异。

实验结果如下。 312

实验 1：晚时段测验中乘法工作的数量是早时段工作数量的 99.3%，错误多了 3.9%。而且在早时段测验中误解题目和非常失败的被试有 56 人，晚时段有 64 人。

实验 2：这是一项标出错误单词的测验。早时段做这种测验的被试，晚时段做乘法测验；而早时段做乘法测验的那些儿童，晚时段做这种标出错误单词的测验。将晚时段的测验成绩与早时段的测验成绩进行比较，完成的页数是早时段的 99.0%；标出的单词数量是早时段的 105.0%；标错的单词数量是早时段的 97.9%。因此，实验 1 中的能力下降与实验 2 中中能力提升相补偿。

实验 3 和实验 4：记忆数字的测验在早时段测验了 4 个班级，晚时段也测验了 4 个班级。将二者放在一起统计，我们发现，不论是在上午的晚时段实验还是在下午的晚时段实验，都比早时段测验多记住了将近 2%的数字。但是在记忆字母和无意义音节的测验成绩上，虽然同样是那几个班级的学生，但结果却是晚时段记住的字母和无意义音节的数量只是早时段记住的 98%和 99.8%。这个测验结果恰好与记忆数字早晚

① 图形如下：

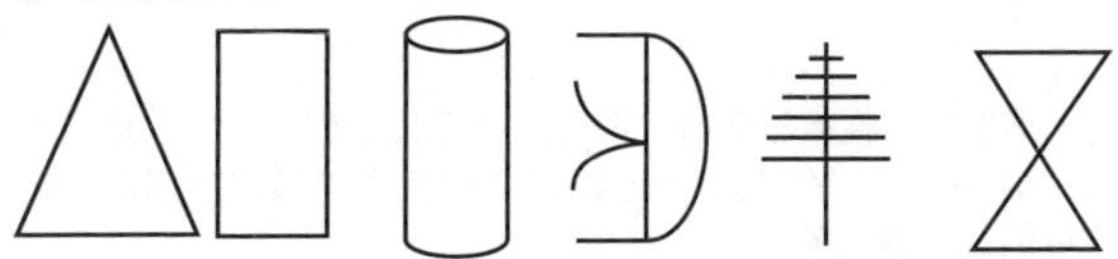

时段的测验结果相反。

实验5和实验6：接受图形记忆测验的学生也是一半被试做早时段
测验，另一半做晚时段测验。而且从其他测验成绩来看，参加早时段测
验的被试比晚时段测验的被试略聪明一点儿。结果是参加晚时段测验的
小学生被试只完成了早时段测验被试的94.6%。这完全是由被试平均
能力的差异造成的。该事实也被“数点子”的测验结果所证实。那些在
313 晚时段进行图形记忆测验的被试中有75%的被试在早时段做“数点子”
测验（而在早时段接受图形记忆测验的被试变成在晚时段做“数点子”
测验），结果晚时段的测验成绩比早时段的测验成绩高出了5%以上。

如果我们放宽实验条件，并用正确的效率计算方法取代部分错误的效率计算结果，就会把西科尔斯基，和弗里德里克的实验结果与博尔顿和我的实验结果之间所表现出的矛盾转化为和谐一致的结论，即晚时段的工作效率只比早时段的工作效率稍微好一些或稍微差一些。学校儿童在加法运算和抄写等重复测验中，存在着一种用牺牲正确率来提高速度的一般倾向。事实是，他们算错了学生的工作效率，将“做对99题，错1题；做对98题，错2题；做对97题，错3题”视为“错1题；错2题；错3题”，然后把工作效率错误地解释为“早时段的工作效率＝1；中时段的工作效率＝1/2；晚时段的工作效率＝1/3”。而实验结果本来是“三个时段的工作效率大致相等”。这是对实验结果的误解造成的矛盾。

其他研究者所得到的结果也都大体一致地表明，在校小学生，每天
从上学到放学，其工作能力几乎或完全没有降低。① 当消除新奇效应和
练习效应时，表现在学生课堂前后工作中的成绩没有差异；如果没有这
314 两个因素的影响，则前后大致相当。概括从实验中得到的事实，可以清
楚地发现，在学校卫生学课本中所下的论断，即一天里，在学校上课不
同时段的测验成绩之间存在巨大且重要的差异，这种论断是相当不合理
的。正是他们所引证的课堂测验成绩否定了这个论断。

① 在学校平常的一天里，小学生在临近放学时（即每天的后段时间）的工作成绩是否真的不如刚上学时（即每天的前段时间）的工作成绩，这是有待教育实验确定的问题。教师们普遍认为，在很大程度上，这可能是虚假现象。

心理工作与疲劳的一般理论

现在我们可以回到一些心理工作和疲劳的基本事实上来。我们在考察已知的心理工作与疲劳事实的过程中，就已经得出了真实问题的定义，并把问题从模糊状态澄清出来，而且没有仅仅从口头上回答问题。我们并没有按照能量的消耗去描述心理能量可能发生的变化，而是测量了个体尽其所能不间断地从事某种工作时，完成工作的数量和质量的变化。例如，连续进行 4 个小时这样的工作，工作本身的变化如何，或者与连续 4 个小时的其他工作所发生的变化相比较，并将这种连续工作结束时所能完成的工作与没做这样的工作而间隔了同样长的时间之后所完成的工作进行比较。

我们还可以测量（尽管还未做）工作过程中任何一个阶段的满意程度或无法忍受的程度。

我们已经注意到了，**心理工作**是一个含糊的术语。其含义之一是“心理的成就”，即完成的某种工作；另一个意思是“心理的努力”，即不论行为本身如何使人相对不满意，都能够使某个反应启动、持续、阻止或中断的心理动力。

心理休息也是同样的含混不清。在考虑它的时候，一定要弄清它与 315
心理闲置（即没有心理成就）和心理放松（即没有心理努力）之间的区别。

一种功能的**效率**可以定义为：单位时间内完成工作的数量和质量，或者伴有一定努力程度的单位时间内完成工作的数量和质量。前者称为功能的**毛效率**，后者称为功能的**分析效率**。

如果我们坚持上述的第一个含义，即在任何情况下都坚持以客观事实为依据，那我们就会得到重要行为事实的一系列有用的客观定义，这些事实可称为工作、休息和疲劳：

心理工作是一个有机体借此产出某种产品[①]的行为。连续的心理工作意指个体能够不间断地生产产品的行为。

---

① 诸如记住的诗、写出的书、解决的问题、做出的决定、设计的房子、准备或讲授的课程等。

单一功能的休息（静止）指的是一段时间，在此时间阶段内个体不做任何工作。类似地，一般的休息意指个体不做任何工作的一段时间。完美的一般休息只可接近，不可达到。

一种功能的疲劳是它的生产率或毛效率的下降[①]，休息可以解除疲劳。

如此定义的“疲劳”，工作两个小时的为数非常少。一般说来，一个人在决定倾尽全力持续工作的心理压力下，任何指定的某一心理功能的大脑联想机制似乎都可以工作很长一段时间，而毛效率下降很少。但
316 是，如果计算分析效率，即在一定程度的努力下，单位时间的生产率，疲劳的数量实际上未必如此之少。如果在同样的满意程度上自始至终连续很好地工作 5 个小时，则在前面测验中提到的那几个被试恐怕就不得不降低工作速度和正确率，以至于照绝对的成绩来看，效率至少要下降 30%或 40%；如果要使工作的正确率保持不变，那么，所需要增加的时间就至少在一倍以上。

现如今，在心理工作的实验中，一个最大的需求就是像测量工作成绩那样，充分地测量心理的努力程度。果能如此，就可以计算分析效率的变化，即在一定的努力程度下，单位时间内所完成的工作质量和数量。

我们可以对以下两种情况作出区分。一种情况是，一个人准备做这样的工作时，形成某种联结的神经元所具有的最大功率；另一种情况是，一个人在工作的难度增加了 10 倍时，还**能够**（按前一种意义来说）用以前的速度做 629 乘以 736 的乘法运算。

从实验研究和日常生活中所获得的所有事实都支持这样的假设，即心理**准备**对持续练习的影响要比**最大功率**的影响快得多、大得多、有价值得多。按照不严谨的通俗含义来说，所谓疲劳，与其说是我们不能做了，不如说是我们更不愿意做了；就成功概率的下降而言，与其说是成功的可能性不可避免地下降，不如说是因需要增加努力的下降而下降；就功能的活动减弱而言，与其说是功能活动自身的必然减弱，不如说是

① 即指生产率和毛效率两者中的一个，或者是通常被指定的那个。

功能活动变得更不令人满意。

因此，我敢冒险地预言，对心理工作和疲劳现象的最终生理学解释，最有可能在神经元的准备状态与非准备状态中发现；而实施心理工作的主要实际问题将是兴趣问题。 317

“机械”与“生物”说或“能量”与“反应”说

在心理工作与疲劳的早期讨论中，“工作”这个术语的使用，足以使思想家们自然地遵循物理学所养成的思路，把心理工作设想为支出心理能量的结果，把疲劳视为储存潜能的消耗，以及将休息视为心理能量恢复的一个机会。如果撇开它的过于模糊之外，这样一种心理功能运行的机械理论倒也不会有什么太大的危害，但是，它几乎终将误入歧途；而且，当它被完全严格地定义时，我认为，它不是成为无意义的就是错误的。有些理由使我们更倾向于接受心理工作和疲劳的所谓生物说，或反应说，或外缘说，这些理由可以简述如下。

第一个理由是，当不休息地做越来越多的工作时，效率变化的速度并不像机械理论所认为的那样。它是极其无规则的。不论是具体的工作曲线还是一般的工作曲线，都不像蓄水池（当从蓄水池流出的水快于注入的水时）的压力曲线变化得那样均匀，也不像一个高度逐渐下降的下落小球的冲击力曲线那样平滑。

因此，心理工作的机械说不得不发明各种辅助势力，以便与能量损失结合在一起共同解释持续工作实际效率的不规则变化过程。例如，把 318
在工作开始的前 10 分钟、20 分钟甚至是 40 分钟内效率反而有所增加的事实（这当然与能量损失的观点相冲突）归结为开头冲刺、热身的影响。同理，把在工作最后 10 分钟（假定工作者知道工作临近最后 10 分钟）工作效率频繁增加的事实归功于结尾冲刺的倾向，即因知道工作临近结尾而增加“意志努力”。增加这些辅助势力，当然就是承认能量消耗不是解释持续工作工作量变化过程的充分理由。

第二个问题涉及兴趣和厌恶对持续工作效率的巨大影响，前者能维持工作效率，而后者则能降低工作效率。例如，在工作了 10 个小时之后继续工作并答应给工作者奖励，即如果工作者在追加的 1 小时的工作中，工作成绩比前1个小时的结尾成绩每提高1%，就奖励他1 000美元，试想工作者的努力效果会如何。与此类似地，当一个喜欢下棋的人下五六个小时的棋，或者用这五六个小时解答他不愿意回答而且无利益的问题，试想这两条工作曲线会怎样。兴趣不会增加储存的能量，厌恶也不会减少储存的能量。而机械说只有休息和工作这两种功能。兴趣最多只能更快地释放能量。但是，兴趣**确实**会提高所完成的工作量，厌恶也**确实**会减少所完成的工作量，这是很容易证实的事实。因此，所完成的工作量就不会与机械说所构想的能量有紧密的依赖关系。

最后，心理工作的性质和工作效率下降的性质与一个既可使用又可恢复的能量供应假设不相适应。仔细考虑一下任何有代表性的心理工作
319 事例，诸如做加法运算、几何题证明、作文、准备答辩、批改试卷、校对。所谓工作是对某些情境做出的**正确**反应。只不过它与运动量、意识量或神经元活动量无关。假如我们非要用一个物理的比喻来说明心理工作，那么，我们可以说7加9的工作不像把一千克铅举起一米高，却像把它从波士顿的某个地方移动到纽约的某个地方。影响后一种体力工作的变量非常之多，涉及交通工具的使用情况、交通路况、选择的路线，以及来自火灾、洪水、猛兽和其他自然力量的阻力。总存在着一个**决定性的**需求、各种需要克服的障碍，以及途径和方法的选择。

没有什么物理比喻是恰当的。所有的心理工作都不过是对某种情境所需要作出的反应而已。所有的疲劳，都不过是与连续工作所需要的联结效率暂时下降而已。效率为什么会下降，是一个需要研究的问题，而不是臆测。所有的“心理能量”供给，其恰当的含义应该是形成联结所需要的能力供给。由于在学习过程中阻碍联结形成的是联结的后果，所以合理的预期是，在疲劳中阻碍联结形成的也将是联结的后果。动物倾
320 向于重复一个联结，是因为重复它会给它带来事件的一种令人满足的状态；而当重复这个联结给它带来烦恼时，就可以预料，联结将会中断。动物心理工作的中断或减少，并非因为内在冲动储备（类似于物理潜能）的降低，而是因为继续工作会带来烦恼。更有希望的理论似乎是一个能解释持续不休息的心理工作为什么会变得越来越不令人满意的理论。

这正是生物说或反应说所解释的。该学说认为，持续不休息的心理工作由于下列三个原因而变得越来越不令人满意：（1）对工作新奇兴趣的下降；（2）由持续工作所导致的厌倦（即某种心智活动上的极端憎恶），感知疼痛，甚至头疼；（3）身体锻炼、社会交往或睡眠的剥夺。

这些在持续不息的心理工作上效率下降的行为事实，正是需要通过观察和实验验证的事实。甚至主张机械说的人都无法否定它。随着这些原因的排除，就会显现已经下降了的工作效率的提升。各种形式多样的算术练习，虽然练习的是同一种心理功能，但是由于练习形式的变化多端会维持练习者的新奇感，从而使工作效率的下降得以延缓。增加奖金、说明工作如何有利于实现某种最终的理想，或者开展优胜竞赛，可能就会通过消除对工作的厌倦而暂时消除疲劳。通常所说的“疲于”做某事，不如用“厌倦”了做某事能够更好地表达某个工作阶段的疲劳。

类似地，即使在心理十分厌烦、一点儿也不想解决问题的极端情况下，也可以通过增加得出问题答案的奖励价值来缓解厌烦。就像一块疲劳的肌肉一经按摩之后，就能够恢复效率或抵消疲劳一样，一颗疲劳的 321
心也可以通过增强工作的兴趣和动机，洗掉或抵消对厌倦和反感的注意，而部分地得到恢复。消除实验上的感知疼痛和头疼是更难了一些，但是，如果这些精神压力一经消除，效率就能上升。

解除剥夺，或者更清楚地说，放纵某些冲动是否会增加工作效率，几乎是在两个理论之间进行抉择的决定性实验。当一个男孩因允许他在房间中来回踱步而恢复了学习效率，或者一个女孩在读书时因为有人陪伴而使学习成绩倍增时，就会清楚地看到，先前学习效率的低下几乎不取决于能量减少所引起的压力下降。

剥夺休息对持续心理工作的影响，以及允许相当放纵地休息对心理工作的影响，以前很少有人研究。研究者的注意力都集中在一种正在工作的功能究竟发生了什么上，而没有顾及此时其他不许练习的功能究竟会如何。而事实却是，不让我们做的事情与我们所做的事情或许真的产生同样的疲劳。因为，对于儿童来说，不让他们跑、跳、扭动、唱歌、大笑和说话才是真正的心理工作。而对于我们所有的人来说，越来越不专注于我们所喜爱的职业的进步（例如，长时间阅读法律报告、做长列加法或其他什么工作），才是一个令人印象深刻的特征。在理论上特别让人感兴趣的是剥夺做其他心理工作机会的情况。因为在这种情况中，那些被普通人认为是耗费精力的工作，对于某些人来说，不让他做才是
322 疲劳，让他做反而是休息。而按照能量说的一般观点，这样的工作需要支出大量心理能量。

假如我们把人们停止的所有工作汇总在一起，并逐个分析其停止工作的原因，那么，一个可能的原因似乎是与工作相反的为了获得某种满足的冲动，而要玩游戏、要享受感官愉悦等欲望远超过其他原因。其次，除了睡眠之外，休息不是去补充所谓消耗的心理能量，而常常是满足心理工作所禁止的那些欲望。阅读、与家人和朋友谈话、打猎、钓鱼、用心或久坐玩游戏，以及创作或聆听音乐通常都需要耗费大量“心理能量”（无论怎样定义它），但是，做这些事情远未达到像酣痴或睡眠那样的心理不活动状态。所以，使我们休息的是解除紧张而烦躁的情境，而不是停止心理活动。

因此，不论什么心理工作和疲劳的学说都不该忽视持续的工作阻止了工作者想做的那些工作。小孩子说出的“不让我玩我会累死的”这句话，极其巧妙地表达了疲劳的一个特征。不能满足某种反应倾向所造成的紧张与持续做某种工作所造成的紧张同样重要。通常所说的工作，与游戏和娱乐的区别不在于积极活动量的多少，而在于限制量的多少。我们因不能做想做的事情而感到疲劳。

总的来说，生物说只是更近情理一些。疲劳对持续心理工作的影响，也可以部分地说成是一种耐心、自我控制和精力等可被称为心理能
323 量的复合物存储的耗尽。但它确实是工作所导致的某种烦恼状态，对这些状态的本能反应就是减少或停止由此而引起的活动。

得出工作成绩的行为（诸如做多少加法计算题、听写测验成绩、翻译多少段文字等）符合一般行为的规律，而没有什么其他规律。如果以同样的速度和质量持续做出的反应满足了个体的需要，他就会继续做下去。如果这种持续的反应带来不适，他就倾向于完全停止或者中断，或者按照能够带来满意感的形式和速度做出反应。在大多数的疲劳实验研究中，当然不会出现工作完全停止的现象，但是在普通的心理工作中却

十分常见。因想到奖励、惩罚和责任等因素而中断工作、降低工作效率或者提高工作效率，甚至因为工作更不令人满意而变得懒惰或再次降低工作效率等，在实验研究中很少见，这是理所当然的，但在其他别的情境中却很普遍。因为降低工作速度、关注程度和紧张程度在减轻烦恼上不如完全停止工作（而关注其他工作的结果）效果好，而完全停止工作，这也是实验设计所不允许的。不论是放松、中断还是暂停工作，其原因都不是因为“能量”不足以继续工作，而是因为放松、中断或暂停工作会使人觉得更舒服。无论与能量储存的减少相类似的事实是什么，影响工作成绩的反应效率下降的主要原因是工作比以前更不令人满意。

心理工作卫生

在这一节，读者应该记住，我们所研究的是心理工作，即联结系统
的工作，而不是感觉器官或肌肉的工作（这两者常常与心理工作同时发 324
生）。这一点在讨论眼睛的感知疲劳和眼动疲劳时特别重要。在学校、商业和职业生活中，所谓的心理工作包括阅读、写作或视觉查看物体所到达的工作效率，之所以在令人满意的程度之下，或在对眼睛造成伤害的最大限度之下，是因为眼睛不能满足心理工作的需要，或者眼睛因服务于大脑而过度紧张。所以，最好将保护眼睛而提高的心理工作效率与保护眼睛而提高的心理工作的纯效率明确地区分开来。例如，兴趣不会伤害心理，但会对眼睛造成非常大的伤害。休息，即不活动或没有任何指定的工作，可能自始至终都会烦扰、压抑或激怒心理，但对眼睛几乎总是有好处的。与眼睛使用相关的理论和实际问题是教育卫生学中的一个重要议题，但此书不讨论它。

如何在实践中对待心理疲劳，最好也分为两个议题：一个是提高效率的有效方法，另一个是防止工作过度而导致伤害的有效方法。

提高心理效率的方法

我们大致可以采取以下方法来提高心理工作的效率：（1）增强有机体心理活动的力量或倾向；（2）减少抑制工作的阻力；（3）改进活动的
方向和方法；（4）减少心理对冲动和烦恼的耗费。 325

增强动物对心理工作的内在反应倾向，最经济的方法是改善它的一般健康状态。可能存在着更能直接促进联结系统联结效率的专门方法，但是，最安全的办法是寄期望于维护整个身体机能的健康。试想如果消除了儿童的消化不良、软骨病、舞蹈病和猩红热，或者供氧不足、饮食和睡眠不良之后的效果，再试想消除成人的疟疾、肺结核和酒精中毒之后的效果，甚至再试想消除像“感冒”这种小病的影响之后的效果，就会看到身体健康对提高心理工作效率的重要。

通过增强兴趣和动机可以减少阻碍心理工作的阻力。我们知道，是有某些种类和数量的心理活动可以在没有外部奖励的情况得以维持，但是，还有大量心理活动要在无聊、反感、疼痛，乃至剥夺了工作者多种满足的情况下进行。因此，工作者具有减少、中断或放弃工作的冲动。然而，由此而引起的这些阻力是不可避免的，只能通过休息来缓解。同样的工作，有兴趣地做就不会这么快地感到无聊和反感。一些满意因子的节制，例如不许游戏、聊天或幻想等，可以通过增加诸如金钱奖励、提高热情或者相信工作会给自己和他人带来好处等新的满意因子来弥补。发明家、科学家或诗人持续工作 20 个小时而工作效率不减，这不是工作规律的例外，而实为说明它的例证。每个人的工作限制都是有弹性的，全赖兴趣和个人利益的拉动。

就像一块肌肉因其收缩而产生了有毒物质，当这些有毒物质一经冲
326 洗或抵消之后，肌肉就会重新对刺激作出反应一样，一种心理功能也可以用兴趣洗掉反感和需要付出的努力、用动机抵消由束缚带来的痛苦，从而继续工作。当然，对于明智而老练的成人来说，他们常常很难通过增加兴趣和动机来解除疲劳，因为他们或许把能用的方法都已经用过了。但是，一般人并没有把防御反感和烦心的方法一一尝试过；尤其是儿童，他们几乎还没有学习过如何使用这些方法中的任何一种方法。学校中的孩子们一旦了解了当前的工作对实现他们愿望的重要性，并将当前的工作与社交活动、快乐和成就联系在一起，他们的工作效率就会倍增。

由于每个人的兴趣不同，所以，如果按照每个人的兴趣适当地分配世界上的各种工作，阻力就会减少，完成的工作总量就会更大。如果每

个人都做他适合做的工作，并把工作作为享受，那么，他们的工作会比现在更持久。但是，假如每个人所做的工作都有实际价值并且接受了严格的科学指导，那么，要获得与现在同样的工作成绩，实际所做的工作会远比现在所做的工作少。提高工作效率的最佳方法有的非常简单，不要用绕弯的和愚蠢的方法学习不需要绕弯和不愚蠢的知识，并且不要为那些不会发生的事情而感到焦虑和痛苦。我们现在之所以感觉负担过重，其中主要一部分原因无疑是我们把时间与精力耗费在迷信的、迂腐的和追求时尚的事情上，将来的科学会让我们知道，现在所做的这些傻事都是咎由自取。

人们几乎没有认识到，平心静气的价值就在于心理工作效率的提高。因为，伴随焦虑和激动所完成的工作都不会比没有它们时做得更
好。所以，如果把消耗在浮躁和焦急上的时间与精力节省下来，无不有 327
利于工作成绩的提高。在家庭、学校、工业、商业，甚至在高等职业生活中，仍然有太多的事情如同原始人类所跳的战争舞蹈一样。要吃一只烤猪，何必要烧掉一座房子。

预防工作过度而导致伤害的有效方法

适量的心理工作有益于健康。联结系统需要活动，真的如同人需要食物和休息一样。所做的活动可以过多也可以过少。如果一个人能够把一定数量的活力用在远离私利目标的“工作”上，而不是把它放在即时满足个人私欲的“游戏”上，就会更好地维护生活“色调”，并保持防止心理疾病的能量。

太多的工作是积极的伤害。因为，这不仅直接伤害神经元自身的工作，也使神经系统处于过度的兴奋和焦虑状态。剥夺动物的快乐、食欲、体育运动和睡眠等健康要素，这是消极的伤害。这种剥夺，不论是对哪种健康要素的剥夺，就其广义来说，都是减少生命价值的伤害。按照现在的人情事理来看，由心理工作固有的和必须达到的结果所导致的直接伤害，似乎比由过度的兴奋与烦恼、物质剥夺、智力剥夺和道德剥夺所造成的伤害小得多。

对于来自心理工作的过度兴奋和烦恼来说，明智地养成良好的习惯

是预防和治疗的方法。做心理工作的人应该知道，情绪激奋不是兴趣的体现，紧张不是能量或力量过度的体现，焦虑不是忠诚的体现，只有平
328 静地全神贯注才是获得成就的情感。应该学会用做出的成绩来判断自己的工作效率，而不是用感情来判断；练习时应该抛弃不相关的思想和情感；在已经做了和不得不做的事情上抛弃一切烦恼，并把它们看成是有害身心健康的和不道德的情感。

对于补救剥夺的措施来说，首先应该使用的是健康的物质条件、兴趣和动机。适宜的空气和光线、适当的姿势和体育锻炼、充足的食物和睡眠，以及工作目标的合理性、工作难度与个人能力的适应性、工作奖励的公平性等，这些都应该在作出放弃这项工作的决策之前加以尝试。就我们现在所做的不合理的心理工作来说，对其所造成伤害的适当补救，纯粹休息能做的恐怕不到百分之一。

然而，对于许多人来说，在将来的很长一段时间里，心理工作可能将在抵抗阻力的过程中进行。由于他们不知道适当地保护一般的健康，所以，在那些允许或被允许、或者需要工作者自己停止的心理工作中，了解这种工作过程中是否存在着某些时刻或阶段可以自己停止心理工作，这是有价值的。

在未被征服的自然界和人类尚未被观念复杂化的简单环境中，对于那些非习得的活动和由此而发展起来的活动来说，仍然有与今天同样的判断过度活动的非习得的方法。心理工作超过某个时刻就会产生厌倦、反感、困倦和疼痛。延长对个体的或社会性游戏的限制会产生一种强烈的需要满足的冲动。在没有养成不管是否出现不适和剥夺都勉强工作的
329 习惯时，这些原始的判断方法也会自由运作。动物凭借着非习得的冲动，可以像防止吃得过饱或过饿那样防止过度工作。当然，这些判断方法相当的粗糙而不完善。有时当更需要休息时，它却不能抑制由饥饿或性本能所引起的活动；而有时当需要保持警戒才能保全性命时，它反而去休息。

在用人类的智慧和道德所创造的复杂环境中，为了更远大和文明的目标，人类学会了忽视这些自然的判断，或者因害怕惩罚而被迫工作，就顾不上它们了。他们甚至可能全然不顾这些判断，用暂时的热情或长

期养成的习惯抑制所有与工作成功相反的冲动。或许还有可能，一个人不管工作持续多长时间，这些判断方法一个也不用，沉醉于追求成就的热情之中，全然不顾反感、困倦或疼痛的警告，一直愉快地工作到死。

为了人类的幸福，我们当然不能永远依赖这些**自然的**判断方法，但是，却又没有一个简单而**理智的**判断方法可以取代它们。因此，不可能找到一个一致的规则来决定什么时候应该停止工作。“顺其自然”、“能工作多长时间就工作多长时间”、“一直工作到出现效率下降”，以及工作者宣称的其他判断规则都注定是错误的。对于大多数心理工作者来说，工作到厌倦和困倦的时候才停止工作是没用的，而且有些工作一直做下去是危险的。最好的实践规则似乎是确保适宜的运动和睡眠，合理而均衡地把其余时间分配到职责工作和生活娱乐中去。该工作时就始终如一地工作，用固定而适宜的物质条件、兴趣和动机，来减少自然的判
断。至于其他，就无须多虑了。运动量和睡眠时间因人、因年龄而异。 330
为了确保不受伤害，要多留余地。因此，心理卫生的实质就是：提高效率，需要兴趣；维护健康，需要睡眠。

第三卷

个体差异及其原因

331

第二十一章 导言

个体差异问题

前面在讨论人类物种的原始倾向时，曾注意到这样一个事实：男男女女每个个体的本性并不是一个模板复制出的精确副本。人类物种的总体特征是不变的，但是不同个体在不同本能特征上的强度各不相同，有人强于这种本能，有人则强于另一种本能或其他本能。在描述学习或变化规律以及学习所导致的心理功能变化时，我们承认不同个体的学习速度是不同的；而且，即使是同一种本性，如果个体经历了不同的外部情境或环境，也一定会变得各不相同。以往的研究报告频繁得到这样的例证，即我们所测量的不论是智力特征、性格特征还是技能特征，学习进步的数量、速度和持久性都是因人而异的。本卷各章的目的就是介绍这些个体差异的主要事实及其原因。

介绍个体差异、个体差异的原因及其教育意义的研究，最好的方法是考察他们研究所得到的第一手真实材料。为此，我选择了柯蒂斯 332
(S. A. Courtis) 先生报告中的部分内容，这些报告来自纽约城市学校儿童算术能力的研究（1911—1912)。

柯蒂斯测量了小学生 8 项作业的成绩。其中，第 7 项测验如表 21—1所示。

第 7 项测验　算术基本运算

姓名┈┈┈┈　学校┈┈┈┈　年级┈┈┈┈

在规定时间内，尽可能多地算出下列各题的结果。按照序号顺序计算，做完一道再做下一道。把答案写在“答案”栏中，不要写到其他纸上。

表 21—1　　　　　　　　　　　**算术基本运算测验**

序号	运算方法	例子	答案	正确
1	加法	a 25＋830＋122＝（答案写在下一列） b 232＋8 021＋730＋3 030＝		
2	减法	a 5 496－163＝ b 943 276－812 102＝		
3	乘法	2 012×213＝		
4	除法	158 664÷132＝		
5	加法	6 134＋213＋4 800＋6 005＋3 050＋474＝		
6	减法	73 210 142－49 676 378＝		
7 8	乘法	46 508×456＝		
9	除法	27 217 182÷6＝		
10 11	除法	3 127 102÷463＝		
12 13	加法	85 586＋69 685＋39 397＋ 95 836＋37 768＋69 666＋ 78 888＋54 987＝		
14	减法	15 655 431－5 878 675＝		
15 16	乘法	78 965×678＝		
17	除法	44 502 486÷7＝		
18 19	除法	5 373 003÷769＝		

333 现在思考图 21—1 所示的某个八年级班级的第 7 项测验结果。再思考表 21—2 列出的所有八年级学生测验的相似结果。图和表说明了这样一个重要事实：甚至在同一个学校的同一个年级中，学生们虽然接受了大致相同的算术训练，但仍然存在着巨大的个体差异。由此可见，个体之间的能力的差异必然在很大程度上表现在作业成绩的差异上，一种人
334 与另一种人在作业成绩上的差异已经是被发现了的事实。

成绩		人数（得这一分数的学生数）
17	★	1
16	★	1
15		0
14	★	1
13	★★★	3
12	★★★	3
11	★★★★	4
10	★★★★★★★★	8
9	★★★★	4
8	★★★★	4
7	★★★★★★	6
6	★★★★	4
5	★★★★★★	6
4	★★	2
3		0
2	★	1

图 21—1　一个班级学生的能力差异

资料来源：引自 Courtis，1911—1912，p. 48。

表 21—2　八年级学生算术能力的差异

"分数"或"数量"： 在测验 7 中，12 分钟内正确计算的个数	人数或"频数"： 所有八年级学生得每一分数的学生数
19	31
18	25
17	86
16	107
15	182
14	251
13	327
12	390
11	453
10	497
9	475
8	425
7	333
6	312
5	239
4	152
3	88
2	71
1	30
0	28

资料来源：引自 Courtis，1911—1912，p. 46。

个体差异的另外一个原因已经被柯蒂斯的两性对比表所证实。
335 这里，我引用的是七年级下学期学生在第 6 项测验①中的成绩（见表 21—3）。

表面看来，在他们所尝试的题目数量上，男女生之间似乎没有显著差异；但是在完成正确推理的数量上，男生略高于同年级的女生。

关于性别差异的原因，不论是由于性别的遗传品质不同，还是来自训练环境的性别差异，这已经是一个有着许多主观推测的观点和少数公正研究的问题，留待第二十二章讨论。对祖先或种族的影响也可以做类似的研究，即比较相同性别、相同年龄和相同训练的两种不同种族儿童的作业成绩，比如，东欧的希伯来人和北美的印第安人。

336 算术成绩差异的其他可能的原因有：近祖或“家族”差异、发育成熟的差异、不同学校在算术训练上的时间长短差异、教学方法差异或教学环境差异等。

---

① 测验 6 如下：

阅读下面的题目，不必计算。把每个例子读完后试想：如果你要计算它，会使用加、减、乘、除中的哪种法则？如果用加法，就在例子后面的空格内写“加”，用减法就写“减”，乘法写“乘”，除法写“除”。

1. 一所学校的学生举行雪橇活动，共有 9 个雪橇，每个雪橇能乘坐 30 名学生。问雪橇活动一共会有多少学生参加？

2. 两个女生做一个数字游戏，输的女生只得 57 分，输掉了 16 分，问赢的女生有多少分呢？

3. 一个女生在学校门前数经过的汽车，两个小时共过去了 60 辆。如果第一个小时过去了 27 辆汽车，那么第二个小时过去了多少辆呢？

4. 操场上有 5 组孩子各自做不同的游戏，每组孩子的人数相同。如果一共有 75 个孩子，那么每一组有多少个孩子呢？

等等，还有 12 道这样的题目。

例子	方法
1	
2	
3	
4	

表 21—3　推理测验速度的性别差异：七年级下学期男、女生比较

数量：在一分钟内测验 6 做对的数目	七年级下学期做对的人数		数量：在一分钟内测验 6 做对的数目	七年级下学期做对的人数	
	男	女		男	女
16	1	6	16	1	
15			15		
14	1		14		
13	4	3	13		
12	7	6	12	1	1
11	7	11	11		2
10	15	18	10	6	4
9	34	21	9	10	4
8	59	52	8	23	11
7	119	88	7	50	24
6	240	216	6	110	61
5	287	273	5	197	132
4	238	230	4	245	197
3	161	172	3	245	236
2	55	65	2	201	273
1	6	6	1	113	175
0	1	1	0	33	48

资料来源：Courtis，1911—1912，p. 138。

在这些小学生个体差异的研究案例中，小学生的个体差异已经用分布表（tables of distribution）的形式显示出来。分布表给出了每个能力等级的频数（frequency），也就是每个能力等级的个体数量或百分数。337
如果用图形来显示，那么，从这种频数表或分布表的主要特征就能一目了然地看出它们之间的关系。这种图形是把横坐标划分成若干段，各段代表不同的分数或能力等级，然后在每段之上画一小横线，其高低代表有这种能力等级的人数是多少。把这些小横线连成闭合线，就可以直观地看出它们之间的关系。

这种将个体分组的人数分布表和相应的频数分布图如表 21—4、图 338

21—2、图21—3和图21—4所示。图21—2是（1903年）康涅狄格州10岁儿童在各个年级的人数分布图；图21—3是六年级儿童抄写数字速度的人数分布图；图21—4是中学生做一位数加一位数加法运算的作业效率分布图。

表21—4　　分布表举例

1903年康涅狄格州10岁儿童的年级人数分布		六年级儿童抄写数字能力的人数分布（Courtis，1911－1912，p. 54）		中学生做个位数加法的能力分布（Courtis，1911－1912，p. 52）	
数量：10岁儿童所在的年级	频数：儿童的人数	数量：60秒内抄写数字的数量	频数：六年级儿童的人数	数量：60秒内完成题目的数量	频数：中学生的人数
		0～9	9		
		10～19	12		
幼儿园	9	20～29	22	20～29	2
一年级	442	30～39	18	30～39	4
二年级	1 389	40～49	57	40～49	41
三年级	3 293	50～59	107	50～59	113
四年级	4 433	60～69	291	60～69	272
五年级	3 200	70～79	536	70～79	235
六年级	1 227	80～89	1 274	80～89	196
七年级	237	90～99	1 256	90～99	86
八年级	48	100～109	1 066	100～109	43
九年级	4	110～119	494	110～119	2
十年级	1	120～129	359	120～129	2
		130～139	64		
		140～149	36		
		150～159	19		
		160～169	47		
		170～179	2		
		180～189	1		

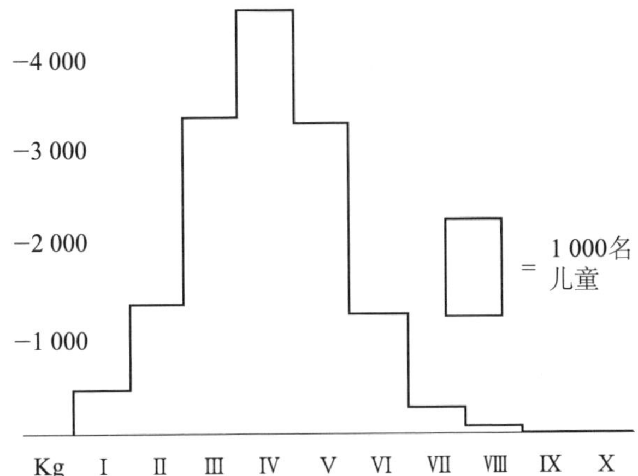

图 21—2　康涅狄格州 10 岁儿童在学校各年级的人数分布（1903 年）

做个体心理学研究一定会思考很多问题，不论是描述某些个体在样本总体中所处的位置，还是追究其原因，都要以这些频数分布表和频数分布图为根据。例如，下一章涉及心理特质的性别比较，我们必须考虑男女生在同一种心理特质上的频数分布面积，然后，进行两者的比较。

339

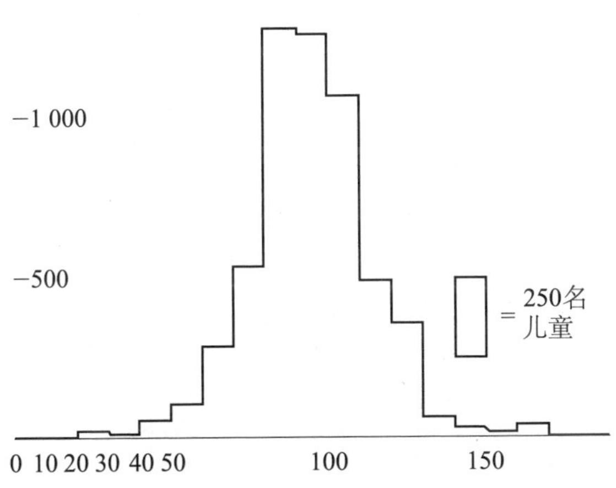

图 21—3　纽约市六年级儿童在 60 秒内抄写数字能力的人数分配图

注：横坐标上的“0”表示 60 秒内能够抄写 0～9 个数字的人数，“10”表示能够抄写 10～19 数字的人数，其余类推。

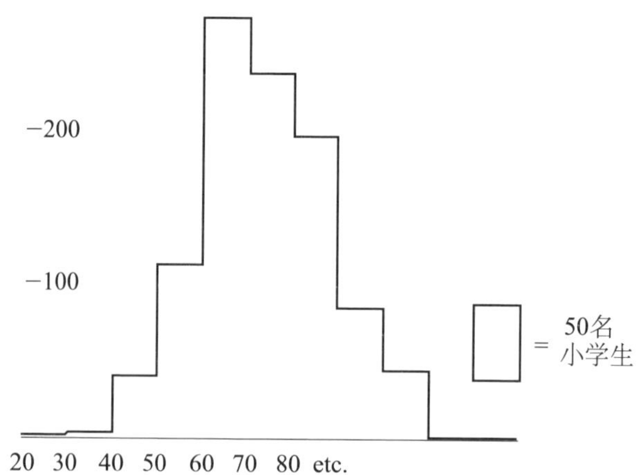

图 21—4　小学生 60 秒内做个位数加法能力的人数分配图

注：横坐标上的“20”表示能做 20～29 道加法题目的人数，“30”表示能够做 30～39 道加法题目的人数，其余类推。

340

第二十二章
个体差异的原因：性别与种族

能力的性别差异

任何个体在任何心理特质上的能力都是以下三种势力影响的结果：(1) 原始本性；(2) 仅由内部发育决定的原始倾向的成熟程度；(3) 生活和训练环境。人的原始本性一部分是由性别决定的，一部分是由远祖或种族决定的，一部分是由近祖或家族决定的，还有一部分未知原因，即相同父母的不同孩子获得的不同遗传所导致的变异。于是，我们必须研究**性别**(sex)、**远祖**(remote ancestry)、**近祖**(near ancestry)、**成熟**(maturity) 和**环境**(environment) 的影响。

在讨论性别差异之前需要先声明一点，性别之间所存在的差异，在任何情况下都并不一定意味着学校和家庭教养的不同。相反，如果两性的心理结构完全相同，他们所接受的教育一定是不同的，这才是明智的观点。如果两组人的一种心理特质存在差异，那么从理论上讲两组的处境确实应该是不同的。但是，除了心理特质最高效率的发展之外，它的实际发展可能比环境差异的影响更有优势。比如，理论上讲，肺病患者
与健康人相比应该有不同的生活方式，但是在某些病例中，与其让他们 341
意识到自己的疾病而忧心忡忡，不如让他们按照正常的习惯生活。相反，如果两个儿童在心理结构上可能相同，我们想把其中一个儿童培养成化学家，另一个培养成心理学家，那么，对他们的教育就应该有很大不同。

需要引起我们注意的第二点是，两个班级存在的差异是他们接受教

育的差异所致，但并不意味着教育方式的不同。因为，这些特有的差异是由他们实际接受教育的不同所致。他们所接受的教育并不像表现在两个班级上的教育方式那样相同。不弄清个体或班级之间心理条件的不同，而妄议差异的原因是原始本性还是教育，这是愚蠢透顶的。

这一章本来应该专门讨论由性别造成的差异，偶然因为男女生所受教育的不同而产生的某些效果，应属于第二十五章的内容。所以，实际的情况应该是，男女生之间所表现出的这种性别差异，一部分可能归结于性别本性的差异，另一部分归因于我们对男女孩传统教育的不同。但是，在许多情况下把差异全部归结于教育未免令人生疑，所以，这种情况也只好在本章讨论，读者可用自己的眼光审视其价值。

要想恰当地比较同龄男女之间或同龄男女孩之间的差别，需要像图 22—1（虚线代表女孩）那样，把两性被试解题能力的频数分布表和面积分布图双双列出。这种图展示了事实全貌，既显示了两者之间的相同或重合（overlap）之处，又见其差异。

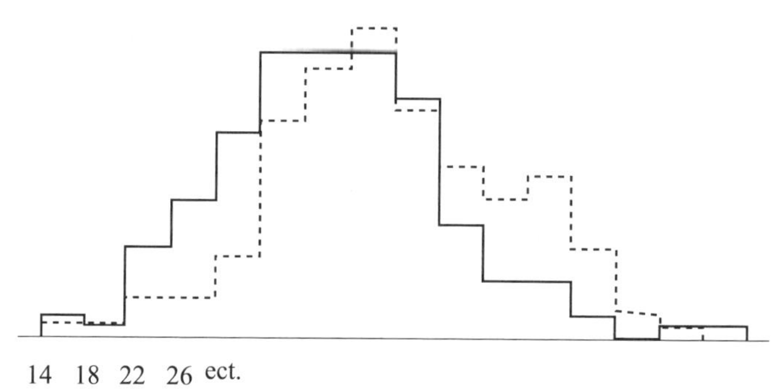

图 22—1　12 岁的男女孩在 60 秒内标注出 A 字母的数量

注：实线包围的频次面积代表男孩；虚线包围的频次面积代表女孩。

342 然而，数据配对分布表或分布图实际上可以用一个数字来表示，一组到达或超过另一组中数[①]的百分数。例如，像图 22—2 所示的两组的差异，即这一组被试达到或超过另一组被试的百分数是 45%或 55%。

① 中数代表中等能力，就是在横坐标上中央的一点，把整组平分成高低两半。

虚线面积的45%位于实线面积中数的左侧；实线面积的55%位于虚线
面积中数的右侧。如果这两组的差异如图22—3所示，虚线组达到或超
过实线组中数的百分数就是40%，反过来比较是60%。如果这两组的 343
差异如图22—4所示，一组达到或超过另一组中数的百分数则是25%
或75%。如果两组差异如图22—5所示，则这个百分数几乎达到0
或100%。

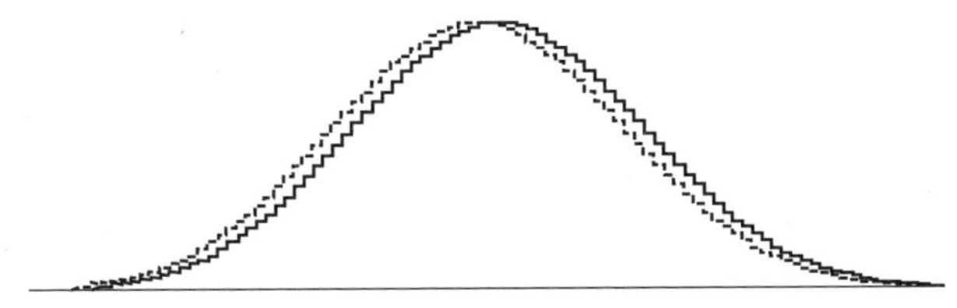

图22—2　数据配对分布图一

注：一组被试达到或超过另一组被试中数的百分数是45%或55%时，两组间的差异量。

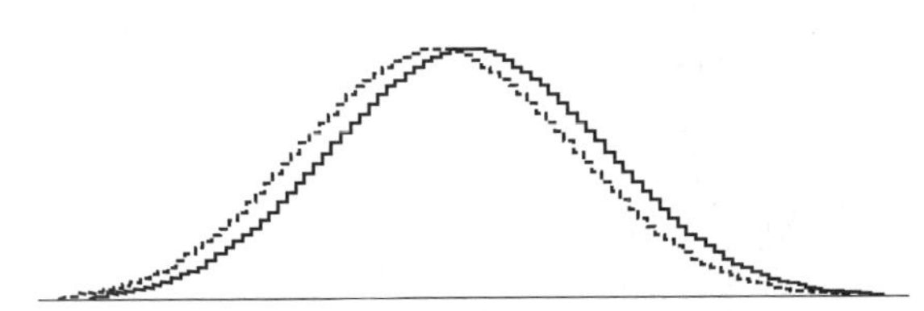

图22—3　数据配对分布图二

注：一组达到或超过另一组中数的百分数是40%或60%时，两组间的差异量。

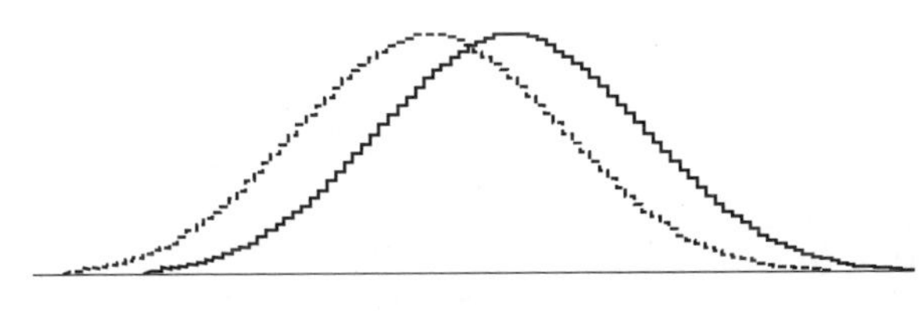

图22—4　数据配对分布图三

注：一组达到或超过另一组中数的百分数是25%或75%时，两组间的差异量。

换言之，如果有人对我们说，在某种独创性测验上，有60%的男性达到或超过了女性的中数，我们就可以推断男女在这种心理特质上的差异大致如图22—3所示，实线代表男性。如果有人对我们说，男性在勤奋力上只有28%达到或超过女性的中数，我们可以推断男女之间的差异比较小，不如图22—4所示的那样大，在这儿虚线代表男性。所以
344 看了这些图示，仅用一个百分数就能对心理测验中的两组能力进行一个适当的比较。

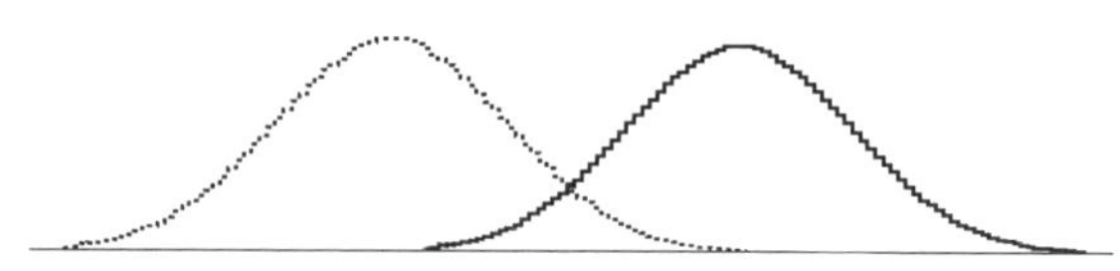

图22—5　数据配对分布图四

注：几乎最大的差异，一组达到或超过另一组中数的百分数是0或100%。

345 下面我就使用这种百分数。我们应该知道，在学校教育的实际情况中，40%～60%表示有很小的差异，在图上会表现出很大的“重合”。

以下是男性在各种心理特质上达到或超过女性中等能力的百分数，这种心理特质已经经过精确调查，大致如下：

说出卡片颜色的速度，给颜色卡片分类，辨别颜色（像色盲测验）	24%
发现并标注出细微之处，如字母	33%
拼写	33%
在学校的英语分数	35%
在学校的外语分数	40%
识记后立即回忆	42%
感觉阈限的低值	43%
保持能力	47%
联想的速度和准确性测验	48%
普通知识测验	50%
数学成绩	50%
各科平均分	50%
辨别力（颜色除外）测验	51%

感受性的范围　52％
历史分数　55％
独创性测验　63％
上肢动作的准确性　66％
物理和化学分数　68％
反应时间　70％
手指和上肢运动速度　71％

这些差异最重要的特点是它们的差异量都较小。同性别的个体差异要显著大于两性之间的差异。所以，在这些智力技能上的性别差异可以 346
被忽略。在能力范围内，如果勉强选择两组人，他们在组内没有差异，而两组之间存在差异，也没有选择一组男性、一组女性。众所周知，上一代的女性教育实验已经表明，她们在大、中、小学里表现出的能力不比男生差。当代的实验在职业教育和商业服务中得出相同的结论。心理学家的测量得出的结论表明，男女在成就上的平等是由于自然天赋的平等，而不是由于女性天资差而进行更多培养造成的。

没有客观测量依据的心理特质性别差异

现在，我们从相当令人满意的感知、运动和智慧能力的性别差异研究转向对生活情感、行为和成绩等的宽泛讨论。这方面很少有客观而精确的测量为我们所用。

有两项研究报告了数量上的差异，遗憾的是，这些数据来自教师、医生和有志于智慧兴趣的德国妇女对个体所作的主观评价。这些数据带有成见或习俗上的错误，而且，其中的重要错误可能是因为在她们的思想中已经存在着对两性的不同评价标准。

卡尔·皮尔逊（Karl Pearson，1904）为了用数据说明同胞兄弟姐妹如何相似，让老师对孩子的各种品质（比如，是安静的还是吵闹的， 347
是害羞的还是自我独断的，等等）进行评定。

通过计算在每种心理特质上男孩达到或超过女孩中数的百分数，我们得出：

在矫健性方面，男孩有61％达到或超过女孩的中数。

在吵闹方面，男孩有 62%达到或超过女孩的中数。

在害羞方面，男孩有 42%达到或超过女孩的中数。

在自我意识方面，男孩有 57%达到或超过女孩的中数。

在受欢迎方面，男孩有 46%达到或超过女孩的中数。

在责任心方面，男孩有 40%达到或超过女孩的中数。

在易怒性方面，男孩有 56%达到或超过女孩的中数。

在聪明方面，男孩有 47%达到或超过女孩的中数。

在写字方面，男孩有 43%达到或超过女孩的中数。

海曼斯（Heymans）和威尔斯曼（Wiersma）（1906，1907，1908）采用让那些或多或少熟悉的人对个体作出评估的方法，研究了两性的心理差异。他们共报告了 90 个话题，其中一些话题涉及几种特质。这些个体被粗略地划分了等级，比如，情绪化与非情绪化，醉汉、习惯饮酒的人、偶尔饮酒的人和戒酒者。上面已经提到，这类研究缺乏足够的证据，因为评价者可能会对男女存在不同的标准。因此，在情绪的同一等
348 级中，男性可能被认定为是情绪化的，而对女性来说就是非情绪化的了，反之亦然。

总体而言，这些评价比不上客观的测量结果。但是，可能还是比那些单纯的意见好，因为这些意见来自生活中的普通事实和个人的狭窄的生活圈。这种报告至少可以给读者提供发表批评意见的材料。

因此，我计算了在每种特质上男性达到或超过女性中数的百分数，在计算中，男性和女性的评价被视为有相同的权重。计算后，按照数量的大小顺序，把两性差异大致进行排列，最大的差异是：

在对人而非事物的注意上，男性只有 15%达到或超过女性的中数。

第二大差异是：

在阅读后记忆的准确性和顺序上，男性有 73%达到或超过女性的中数。

在勤奋上，男性有 28%达到或超过女性的中数。

在手工熟练性上，男性有 28%达到或超过女性的中数。

在喜欢非运动性技巧的游戏上，男性有 71%达到或超过女性的中数。

在情绪性上，男性有 30%达到或超过女性的中数。

在喝酒的节制性上，男性有 30%（或更少）达到或超过女性的中数。

在独立性上，男性有 70%达到或超过女性的中数。

在挣钱的热情上，男性有 69%达到或超过女性的中数。

在渴望变化上，男性有 32%达到或超过女性的中数。

在冲动性上，男性有 34%达到或超过女性的中数。

在悲伤的恢复速度上，男性有 66%达到或超过女性的中数。

接下来的几项是： 349

在无目的的活动上，男性有 36%达到或超过女性的中数。

在对自我的不满意上，男性有 36%达到或超过女性的中数。

在信仰的虔诚性上，男性有 36%达到或超过女性的中数。

在兴奋性上，男性有 37%达到或超过女性的中数。

在同情心上，男性有 38%达到或超过女性的中数。

在忍耐性上，男性有 38%达到或超过女性的中数。

在爱好运动上，男性有 62%达到或超过女性的中数。

在幽默感上，男性有 61%达到或超过女性的中数。

在爱笑上，男性有 39%达到或超过女性的中数。

在爱说话上，男性有 40%达到或超过女性的中数。

在快乐上，男性有 40%达到或超过女性的中数。

在虚荣心上，男性有 40%达到或超过女性的中数。

此外，男女之间还存在一些微小的差异。男性在以下方面比女性更突出一些：爱批评、固执、雄心勃勃、自相矛盾、明智、果断、有数学天赋或文学天赋、不糊涂、记忆力好、喜爱吃喝、特立独行、对孩子要求严格（也有的说宽松）、对下属和蔼、知识面宽、准时守约。女性在以下方面比男性突出一些：脾气好、焦虑、生气后容易恢复、力求成效、人性向善、善变、狭隘、语言天赋、音乐天赋、善于观察、节俭、霸道、对孩子管教耐心细致、热衷慈善活动、喜形于色、在财务上诚实、喜欢与社会上流人士交往、羞怯胆小、熟悉亲朋好友的事务安排、礼貌、留心、整洁、勇敢面对疾病。

在下面的特质中，男女之间有更小的差异甚至没有差异：信任感、
350 容忍度、同情心的易变性、怀旧、理解的速度、肤浅性、愚蠢性、绘画能力、行动、模仿性、乐感、爱国心、不矜持、坦率、诚实、爱护动物、势利、勇气、享乐。

除了研究由环境所导致的心理特质差异之外，更应该关注在本能行为、兴趣、厌恶和情绪反应方面的性别差异。两性的本能值得特别关注，在本能上两性最显著的差异在于，男性具有争斗本能，而女性具有养育本能。毋庸置疑，男性在游戏和竞赛中获胜的愿望比女性更强，他们更容易为争斗本能所支配；而女性在照顾、体贴和安慰别人上比男性强，她们更容易为养育本能所支配。再认真的人类本性研究也不会怀疑这是原始本能的原因。为了争斗而大打出手，这明显是男性的本能，被人制服就会痛恨，胜利则会喜悦。与此相关的是，通常活动会给男性带来快乐，不仅是身体活动，还包括心理活动。说女性有“依赖性”，听上去是天经地义的，但我确信这不是合适的说法，因为，女性只是在被征服后不会像男性那样痛恨。女性生活中的养育本能也同样包含非理性倾向，经常表现出宠爱、溺爱或者照顾人。这两种本能的存在早就见诸文献，而且是常识，但它们在引起两性一般行为的差异上的重要性还没有被认识到。实际上，人类智慧的不断进取和探索，很大部分是源于争斗的本能。金融家考虑的不仅是金钱，科学家考虑的不仅是真
351 理，神学家考虑的不仅是拯救灵魂。他们探索的目的很大部分是超越他人，征服自然，博人赞许。而母性的本能是女性在道德上有优越感的主要原因。她们优于男性的美德不是由于道德总体上真的优于男性或有几种特殊的美德天赋，而是她们所具有的本能冲动驱使她们体贴和安慰别人。

种族差异的研究举例

梅奥（Mayo，1913）曾调查了 1902 年以来进入纽约市中学的 150 名黑人学生①的学业成绩。同时还选取了相同条件下 150 名白人学生②

① 这里的黑人是校方报告的黑人，其中会包含一些混血儿。
② 这里的白人是校方报告的白人，其中会有一些黑白混血儿。

的成绩，并与黑人学生的成绩一一作了比较。所选择的这些学生能否代表纽约市的黑人和白人，以及代表的程度如何，这里是很难准确说清的。在我看来，这些样本的代表性是比较高的。没有证据表明纽约市会选择全国更有学识的黑人为其居民，也没有证据表明纽约中学里黑人比白人入学更难。总体上，公立中学的入学是严格而公平的，并且在梅奥和我本人看来，有色人种入学不会比白人难。黑人入中学与不入中学的差异比白人大一些，但也不会大到哪儿去。

不论两组被试在选择上是否存在差别，纽约市中学里刚入学的黑人 352
和白人相比有以下差异：

（1）黑人的平均年龄比白人大七个月，只有36％的黑人达到白人的中数年龄。

（2）黑人在中学的学习年限更长。

（3）在学业成绩上，黑人比白人差些，但差得不多。总体上，有30％的黑人能达到白人的中数。

（4）最大的差异在英语上，只有24％的黑人学生达到或超过白人学生的中数。

图22—6展示了梅奥博士研究的总体学业成绩的结果。

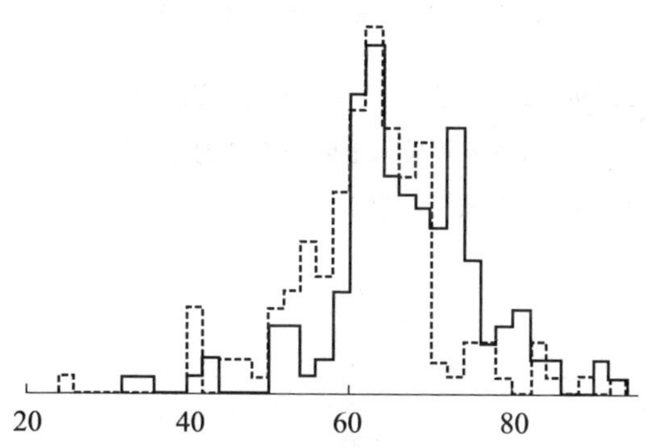

图22—6　白人学生（实线）和黑人学生（虚线）在中学学业成绩的比较

注：横坐标代表每个学生各学科分数的中数，由于不及格而复读的学生除外。这个学校的计分方式是0～100。

到目前为止，我们所发现的最大种族差异是欧洲白人与矮黑人在简 353
单智力测验上的差异。差异事实见图22—7和图22—8。总体上来说，本能的种族差异比同一种族内部的个体差异范围小，而重合的数量比较大。

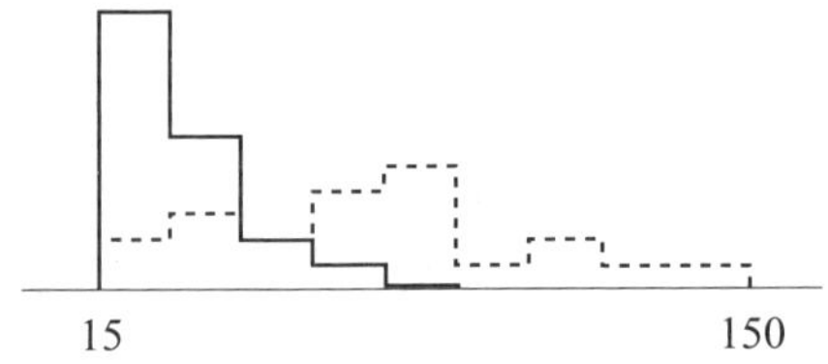

图 22—7　白人（实线）和黑人（虚线）把各种形状的木块放入模型里所用时间的比较一

注：横坐标是以秒为单位的时间，图中所示为第一次实验的成绩。

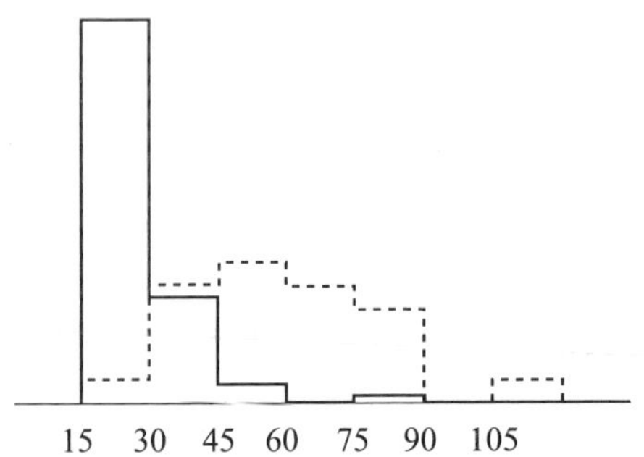

图 22—8　白人（实线）和黑人（虚线）把各种形状的木块放入模型里所用时间的比较二

注：同上图，这是第三次实验的成绩。

354

第二十三章 近祖或家族的影响

这个问题很自然地被分成两个方面：一是测量同祖先个体的相似性；二是测量由于训练的影响，他们相似性的相应减少。或者更准确地说，我们必须首先测量同祖先个体的相似性比不同祖先个体的相似性超出了多少；再看如果他们受到最相似的训练，同祖先个体相似性的减少比不同祖先个体相似性的减少超出了多少。当然，测量无关个体之间的较大差异与训练影响所导致的较大差异，也会达到同样的目的。但是，要测量不同的祖先对个体智力和性格影响的不同，不如测量同祖或近祖对个体差异的影响作用如何减少更容易。于是，测量点不外乎是同祖个体的相似性和相同训练所导致的相似性的减小。

同性别、同祖先个体之间的变异

我们所要测量的是相似点而非重合点。说一个人的本性取决于他的祖先，并不是说他是某个祖先或几个祖先合起来的一个精确副本。没有
理由相信四个同胞兄弟由于他们的血统相同，本性就相同。除非是偶然 355
的情况，否则我们绝不会这样认为。对于双胞胎来说，他们在产前所受的影响和得到的营养可能是相同的，或差不多是相同的，但是身体和心理特质两方面都可能有很大不同。祖先只能使后代的变异减少并决定他们的变异点。

举例来说，凡是有感觉印象、观念和动作的动物就有能力形成聪明的习惯或联想。动物能够对生活中的万千情境作出多少反应，就能在情境与行动之间形成多少联想，在整个动物界存在着巨大的变异性。像詹

宁斯（Jennings）教授研究的那种自由游动的原生物，除了普通的生理功能之外，似乎只有自由游动这一种行为习惯。草履虫的生命总合不外乎就是吃、呼吸、消化、生长、排泄、生殖，并沿着不变的方向一直前行，当它们从一种媒体经过进入另一种媒体时就停止、后退，一翻身翻到背面，再继续前行。与这种极端简单的动物相反，在动物界的另一个极端是文明的人类，他们拥有梳妆打扮、饮食彬彬有礼、游戏、谈话、读书、做事等数十万计的联想习惯。

现在，假如我们指定 1 000 个人类后代，然后把每个人的联想习惯逐一排列，并把它们的数量加起来，从中会发现巨大的差异。其中一些人所学会的可能比猫狗所学会的还要少，而另一些人所学会的比上一辈的任何人都要多。总的来说，人类后代的变异不外乎以人类的平均点为标准，而不能以动物的平均点为标准。但是，人类的平均变异远比整个动物界的平均变异要小。

356 再举一个例子来说，凡是身高比一般人平均高出 8 厘米的父母，其子女的身高不会按照一般人的平均身高而变异，而是按照比一般人高出 6 厘米的标准而变异，而且他们相互之间的差别只有一般人相互之间差别的十七分之十。①

由此可见，如果近祖对孩子确实产生影响的话，就会使他们偏离一般的平均点而接近他们的父母。而且他们之间的变异量小于无关个体之间的变异量。

从表面上看，如果祖先真有影响的话，那么，两个同性别、同种族和同父母的人，如两兄弟或两姐妹，就会拥有同样的本性，他们之间的差异只能归结为不同环境的影响。通常的观察结果表明这是不对的。有人之所以不能总是或经常认为这是不对的，其原因在于近祖影响的存在。如果祖先没有影响的话，要么所有男人的本性都一样，要么他们之间的差异就是奇迹。如果祖先没有影响的话，那么两兄弟的本性就是一样的，因为所有的男人都是一样的。可是，如果祖先确实有影响力的话，那必定是一种变异的影响力。任何一对父母所生的胚胎都会有所不

① 这个例子是根据高尔顿（Galton）的报告，见《自然的遗传》（*Natural Inheritance*）。

同，同样的道理，所有父母所生的胚胎放在一起差异会更大。如果胚胎之间确有差异的话，那么，任何同一人种胚胎之间的差异必然比所有人种胚胎之间的差异小，但差异总不会小到零。

一想到遗传，不论是生理的遗传还是心理的遗传，都必须牢记孩子的生长不是来自父母的身体和心理，而是来自**父母的**胚胎。我们要是知 357
道了一个人胚胎的性质能直接预测孩子的特性，那么有一种性质是这些种子肯定具有的，即它们都是可变物。为了突出重点，我们可以不讲语法而且不文雅地说，一个身高 1.8 米的人的胚胎中包含了一些 1.8 米的胚胎，一些 1.82 米的胚胎、一些 1.85 米的胚胎、一些 1.79 米的胚胎和一些 1.77 米的胚胎等。每个人所能传递给后代的，不是他本身，而是一组可变的种子。因此，矮小的父母会生出高大的儿子，聪明的父母会生出愚蠢的儿子，同一对父母会生出不同的儿子。所以，我们要测量的是他们之间的相似程度如何，而不是一致性的概率有多大。

要测量 1 000 对父子之间（或母子之间、兄弟和姐妹之间，或者叔侄之间）的相似程度，最好用所谓的相似性系数或相关系数（coefficient of resemblance or coefficient of correlation）来测量。相关系数的数值变化范围从 1 开始，经过 0，到－1。（1 表示所考察的特质一致或极其相似。0 表示他们之间的相似程度等同于随机两个有相同年龄和性别的无关个体之间的相似程度。－1 表示极不相似，即如果把 2 000 个人随机成对排列，其中最不相似的用－1 表示。）

相关个体的相似性测量

在没有谈到近亲在心理上的相似性之前，我们先呈现一些有关身体特征方面的研究结果。由于这些相似性案例不是相似的训练所致，因此足以证明遗传是一个重要的影响因素。

据皮尔逊（Pearson）的调查，兄弟之间眼球颜色的相关系数为 358
0.52。即使父母愿意，也无法利用环境因素改变他们儿女眼睛的颜色，这足以证明遗传是一个实在的原因。

在身高上，皮尔逊发现父子之间的相关系数为 0.3，兄弟之间为 0.5。换句话说，一个儿子与大众平均身高的偏差量是他父亲偏差量的

0.3，一个兄弟的偏差量是另一个兄弟偏差量的0.5。过去可能有人设想，高个子父亲特别能够使儿子也成为高个子。现在，没有人会这样想了。也不会有人认为，高出班级平均身高5厘米的人会比高出2.5厘米的人吃得多了。

按照皮尔逊的分析结果，兄弟之间头部指数（即头宽与头长之比）的相关系数是0.49。所以，父亲无论如何也难以使他的儿子们有相似的头部指数。

最后再看看头发的颜色，根据皮尔逊的分析结果，兄弟之间的相关系数是0.55。这就再次证明，家庭环境不是导致这种相似性的原因。

近亲的影响力不同于其他的影响力，不论是整体的影响还是部分的影响，都能使个体的身高、头部指数和眼球的颜色偏离家族的中心点。没有理由认为近亲对脑的影响比对身高组织的影响小，或者比对颅骨形
359 状的影响或眼球色素沉淀的影响小。因此，近亲可能是影响心理本性的原因。当无法确定任何年龄阶段的个体，其心理差异的原因到底是环境还是遗传时，我们不要忘了，环境的影响在很大程度上是推测，而祖先对身体特征的影响已经得到证实。

以耳聋为例，由于是身体原因引起的，所以被认为是身体特质。可是，一切心理特质都有身体上的原因。真正的差异是我们对身体原因的了解多于其他原因而已。不论是耳聋的症状还是结果，都应该认为它是心理特质。

一个人如果是先天耳聋，其兄弟或姐妹每千人中有245人也耳聋，差不多是1/4的比例。先天不聋的人，其兄弟姐妹每千人中有多少是耳聋的，确切数字我们不知道，但肯定少于1人（甚至更少）。假如一个人与一个先天的聋子血统相同，又有一个人与不聋的人血统相同，这两个人耳聋的机会至少为245比1（很可能还高于此数）。如果父母都是先天耳聋，则他们子女耳聋的机会比不聋人的子女至少要多259倍（或还多于此数）（Fay，1898，p.49）。正如上面对身体特质的描述，这样的事实不能归因于训练，否则，天生耳聋的父母会尽力避免他们的孩子耳聋。

厄尔（Earle，1903）先生慎重地测量了纽约城中圣哈费尔学校

(St. Xavier school) 600个儿童的拼写能力。在这个学校里，学生入学的年龄很早，而且教学道具以及教学方法基本保持一致。我们从600名儿童中选取了180对兄弟或姐妹作为被试，进行相似的学校训练。厄尔先生参照年级和性别偏离平均数的多少来测量任意个体的能力。他发现同家族的儿童相关系数为0.5。也就是说，任意个体距离其同龄或同性 360
别的平均数大概等于他兄弟或姐妹距离的50%。

相似的家庭训练可以在理论上解释这种相关系数，但是有教育经验的人很难把这个效果归功于那种相似之处。即使换老师，拼写差的学生仍然拼写差。而且根据赖斯（Rice）博士对拼写能力全面的研究(1897)，良好的拼写能力和好的拼写方法之间几乎没有关系，拼写能力差与是否为移民也无关。然而，不善于阅读英语和拼写的家庭中的儿童与有拼写训练家庭的儿童相比，前者相对较差。考曼（Cornman，1902）对拼写的研究更为详细，也支持这一观点，即拼写能力与普通学校或家庭训练差异相关较少。

从这一类事实看来，近祖对于人类个体之间心理特质的相似性和差异性方面的影响确实有重要的价值。至于下文所报告的几个测量中，家庭训练的影响也许也是改变相似点的原因。因此，我每举一相似点的测验，都依照原作者的意见，为家庭教育留有一些余地。

弗朗西斯·高尔顿（Francis Galton）首先于19世纪60年代严肃地研究了心理特质的遗传，并见著于《遗传的天才》（*Hereditary Genius*，1869，1892）一书。他仔细地调查了977位杰出人才（四千人中才有一人）的家族中在事业上与其有同样地位的人。其中父亲有89人，兄弟114人，儿子129人，此三项共332人；祖父52人，孙子37人，叔伯53人，侄子61人，此四项共203人。977个普通人要有这种地位 361
的亲戚，恐怕父子兄弟中一共仅有1人；祖父、外祖父，孙子、外孙，伯伯、叔叔、舅舅，侄子、外甥加在一起仅有3人。高尔顿断言，尽管拥有文学和艺术家天赋的亲戚所得到的训练固然是特殊的，但也绝不会产生取得如此卓越地位的机会。

他说："总之，对于有文学和艺术天赋的人，我试图证明以下几点：

"（1）具有高能力天赋的人，即使他是社会最底层的人，也很容易超越一切社会等级的阻碍，而上升到最高阶层。

“（2）其他国家比英国的限制少，穷人更容易脱颖而出，能产生很多文化人，但是并非我所说的杰出人才。（原文用英、美两国为例来加以说明。）

“（3）除非人有较高的天赋，否则单靠社会特权不能成为杰出的人才。”

高尔顿证明，即使是教皇领养的孩子也达不到天才的亲生子所能达到的同样水平。他又从其他方面研究杰出人才的成因，保留强调训练和机遇而不是天生获得天赋的人非常藐视基础的观点。高尔顿是一位杰出公正的科学家，他的观点建立在广泛的个人传记研究的基础之上，所以，我们可以不打折扣地安全地接受他的观点。他说：“我深信，没有非凡的天赋能力，就没有非凡的声誉。”

伍兹博士选择了欧洲皇室中的许多个体，对其在智力和道德方面的相似性进行了测量研究，这些研究已经报告在《皇族中智慧与道德的遗传》（*Mental and Moral Heredity in Royalty*，1906）一书中，该书首
362 次刊登在 1902 年和 1903 年的大众科学月刊上。他从欧洲皇室成员中选择了 671 人，对每个人的智力进行 10 个等级的评定，第 1 个等级代表白痴或低能，第 10 个等级则包括像静威廉（William the Silent）、弗雷德里克大师（Frederick the Great）以及古斯塔夫·阿道弗斯（Gustavus Adolphus）这样的智力天才。根据他的观点，第 2、3、4、5 等各个等级之间的距离相等。这些等级的划分是根据伍兹博士阅读历史传记后所获得的印象。他对道德也同样进行了类似的等级评定。

伍兹博士所排列的等级当然不完全正确。没有人可能对近 700 个历史人物进行准确的评估。这种偶然的误差使他所测量的相似点的数量比实际数量要小。他也可能因为无意识的偏见把关系亲近的相似个体排列太近而产生误差。这种误差显然会把相似点看得太高。不过每个人的等级他都会详细地报告。目前为止，从没有人能证明他有那种偏见，从没有人对于这一点产生质疑。

此外还有一种产生误差的机会，即按照一个公子皇孙的声誉来评定他们的才能，这尤其不公平。假使父亲是一个有才德的人，把国事处理

清楚了，传位给他的儿子，在史学家与传记家的眼里，他的儿子就占了不相应的高等级位置。然而，昏君的父亲为儿子造成了困难的境遇，可在后人看来，只觉得是他的儿子无能。从相反的角度来说，中等才能的儿子而承继有才德的父亲，其历史上的地位要低些；而父亲失败了，儿子的等级反而会高些。这样比较，前者的推想更合情合理。总之，伍兹博士的等级排列，除了偶然误差之外，很少受到其他错误方式的影响。 363
所计算的相似点只会太低，不会太高。

根据他的研究所得到的一般相似趋势如下。

就智力而言：

儿子与父亲的相关系数是 $r=0.3$；

孙子与祖父或外祖父的相关系数是 $r=0.16$；

曾孙与曾祖父或外曾祖父的相关系数是 $r=0.15$。

（注：“r”是相关系数或者相似性系数的标志。）

就道德而言：

儿子与父亲的相关系数是 $r=0.3$；

孙子与祖父或外祖父的相关系数是 $r=0.175$。

伍兹博士认为在父子之间或祖孙之间，环境会有很大的相似性。然而，凡是皇族子孙都有特殊的大致相当的环境。他说：“尽管教育的机会不平等，但优势和障碍各有原因；一共收集 832 人，他们在这一点上所受的影响大都为偶然的。无论如何，在皇族之中，前有汉诺威（Hanover）、丹麦和梅克伦堡（Mecklenburg），后有西班牙、葡萄牙和法兰西，一大群人中的中下等蠢材，都不是因为优势和障碍所致。”（1906，p. 284）

照他看来，文武官职的优势也是随机分布的，也受平均数的影响，这使他的研究成果不能按照血统来划分等级（1906，p. 285）。

环境因素中，有一种他已经通过一些实例进行了测试，这就是继承王位的权利。

“超过一半的人享受一种特殊的权利，他们比其他人更容易成名，具有重要的历史性。长子（按照继承法应嗣位的儿子）比其他没有继位权利的人一定会有更大的成名机会。每个人或许都会把普鲁士的弗雷德

364 里克二世，以及古斯塔夫和静威廉等一流人物称为大人物，很大一部分的原因是由于他们的地位。但一个真实的数学计算结果却完全反对这种观点。较高的等级中，继承王位的人比较低的等级更多。表 23—1 证明每一等级中因继位而当权的人的数目。

表 23—1　　　　不同等级的继位百分比

等级	一	二	三	四	五	六	七	八	九	十
总数	7	21	41	49	71	70	68	43	18	7
继承权	5	14	26	31	49	38	45	23	12	4
百分比	71	67	63	64	69	54	67	54	67	57

“可见，在各等级人中，54%～71%是继承王位的。高等级的人没有因为地位高而机会多。因此我们可知，具体差异较大的外部环境（即继承权）证明，它对智力差异没有影响，或影响很小，小到因为没有更多的数据，我们无法测量。次子的事业不会比长子更优，也不会比长子为劣。”（1906，pp. 285 - 286）

他的结论是：“总而言之，说到人智慧的生活，环境是一个不完全充分的解释。它只能在特定的例子中勉强解释少数的特点，其余的大多数就不能解释了；而遗传不仅可以解释人品的智慧方面所有的（至少 90%）的问题，而且在不考虑环境因素的情况下，遗传解释的效果更好。因此，我们不得不断言，凡是可以粗略地用这样的十个等级测量的人，智力的差异已经完全为原始的基因所预先决定。”（1906，p. 286）

365 1905 年，在我（1905）发表的文章中，通过下列各种测验来测量 50 对双胞胎的相似性：（1）A 字母标注测验：在一张随机打印大写字母的纸上，把 A 字母全都标注出来。（2）字母组合标注测验：把有 a-t 与 r-e 的字母标注出来。（3）拼法测验：在一张纸上有一百个单词，把拼错的单词标注出来。（4）加法测验。（5）乘法测验。（6）反义词测验：见了某词，就把意义相反的词圈出。我把主要的事实结论写在下面。

从纽约城市的学校里随机选取一对双胞胎学龄儿童，他们同年龄、同性别，如果把他们的互相关系作为比较的标准，比这两个人的关系相似性大的就是下文所谓的相似点。双胞胎的相似点如表 23—2 所示。

表 23—2　　　　　　双胞胎测验成绩的相关系数

在 A 字母标注测验中	r=0.69
在字母组合标注测验中	r=0.71
在拼法测验中	r=0.80＋
在加法测验中	r=0.75
在乘法测验中	r=0.84
在反义词测验中	r=0.90

如果把这些相似性归因于双胞胎在家庭里得到同样的待遇，有相同的父母做榜样，进入同一所学校并在极其相似的环境下学习一般的科目，则：（1）这对双胞胎离开家庭时的年龄越大，他们应该越相像，而且在我们的测量中，13 岁和 14 岁的双胞胎就要比 9 岁和 10 岁的双胞胎更相像。（2）如果相似的训练是导致心理特质相似的原因，那么，年龄不超过四五岁的一对普通兄弟差不多应该与一对双胞胎兄弟一样的相像，因为这一对兄弟的家庭和学校条件的相似性并不比一对双胞胎兄弟的小。（3）如果训练确实是相似性的原因，那么，双胞胎在多受训练的 366
能力方面（诸如加法和乘法能力）的相似性应该大于在少受训练的能力方面（例如在一张打印字母的纸上标注出 A 字母的速度或写出反义词的速度）的相似性。

换言之，两个儿童越相似，越应该归因于天生特质。（1）年幼与年长双胞胎儿童的相似性接近相等。（2）双胞胎兄弟的相似性远大于普通兄弟的相似性。（3）对于双胞胎儿童来说，未接受训练的能力的相似性与接受了相同的家庭和学校训练的能力的相似性接近相等。

但实际上，年长的双胞胎并不比年幼的双胞胎更相像。即使把所有的双胞胎儿童都测量一遍，12 岁至 14 岁双胞胎儿童的相似性也不会比 9 岁至 11 岁双胞胎儿童的相似性多出 0.15。当然，这样说确实要冒 1/4 的风险。事实如表 23—3 所示。

表 23—3　　年幼与年长双胞胎儿童的相似性比较

年龄	9～11 岁双胞胎	12～14 岁双胞胎
（1）A 字母标注测验	66	73
（2）字母组合标注测验	81	62
（3）拼法测验	76	74
（4）加法测验	90	54
（5）乘法测验	91	69
（6）反义词测验	96	88
平均	83	70

我也测量过年龄只相差几岁的同胞兄弟姐妹（同父母所生）的相似性，可惜手续不完备，只进行了其中的第（1）、（2）、（6）三项测验。他们的相似性系数在 0.3～0.4 之间，小于双胞胎相似性的半数。

在不同的心理特质上，双胞胎儿童相似性的变异很小，与环境影响
367 的机会量关系不大，或可能无关。受到较多训练的特质（加法和乘法）的相似性确实比受到较少训练的特质（A 字母或字母组合标注测验）的相似性更多些。但是，从另一方面来看，拼法测验与反义词测验的训练比加法和乘法的训练少，但相似性却较大。

要想得到简单而完备的解释其实也容易，只需要一个如下的简单假设：生殖细胞的性质，即受精物质的条件，是导致人类本性不论是相似还是不同的原因。这些物质条件同样既影响身体又影响心理。而且在人的一生中，环境的不同（例如现在纽约城里公立学校儿童所处的环境）对身体和心理的改变所造成的差异是微弱的。

然而，我们必须留心，不能把两个完全不同的事情混为一谈。环境的势力，例如学校、法律、书本、社会观念等，既造成人的相对成就差异，也造成绝对成就差异。如前文所述，在 100 个儿童中，某种心理特质上的相对差异几乎完全来自血统的差异，而不是训练的原因。但是，这丝毫不能否认较好的训练方法可以使他们的总成绩提高 50%；或者说，如果没有训练，他们在拼写和算数等学科上的成绩就降至 0。

此处所讨论的，造成一个人与他人在心理成绩上差异的原因，完全

局限在 20 世纪初纽约城市公立学校学生所处的相同的一般生活情境。
如果在一半是纽约市小学的儿童，而另一半是来自非洲蛮荒之地具有同 368
等能力的儿童中测量双胞胎儿童的相似性，加法和乘法成绩的组间变异
就会增加，相关系数也会升高。因此，他们所测量到的既有本性的影
响，在很大程度上还要加上环境的影响。

369

第二十四章 成熟的影响

称职的研究者不会怀疑，某些心理特质只靠自身的成熟或内部的心理发育就会使个体在他原来的基础上年复一年地发生变化，而与训练完全无关。在心理成熟程度不同的儿童之间一定会发现导致这种差异的同一种力量。假如存在这样的奇事，我们找到了 100 个同性别、同祖先、同训练的儿童，根据导致他们心理发育的原始动力不同而把他们分为两组，则至少在某些心理特质上会证明，这两组儿童的差异是发育或成熟的不同阶段造成的。

然而，一谈到成熟的影响究竟有多大，却存在许多不同的观点，一种观点认为，同一生长阶段的儿童都很相像，并与后一生长阶段的儿童有非常大的不同，而不论血缘和训练的差异如何；而另一种观点却认为，儿童只要血缘和训练相同就完全相同，而忽视了发育阶段之间的差异。

研究中遇到的实际困难是缺乏成熟的精确测量方法，即缺乏测量促进心理发展原始动力的测量方法。年龄的大小是可以测量的，但是，实
370 际年龄与生理成熟并不一致，而且它们二者与心理成熟也不一致。我们不能从一个人的实际年龄来推测他的生理成熟程度。平均而言，16 岁与 6 岁儿童的区别，一是因为自身有了 10 年的成长发育，二是因为儿童在自身的成长发育过程中，又加上了若干平均的训练。如果我们能够将自身成长发育的效果与同时所受训练的效果相分离，就能把它们分别测量出来。可惜的是，就现有的知识，这种分离几乎是不可能的。

请考虑一下吉尔伯特所举的一个例子，一个 10 岁男孩和一个 17 岁

男孩区分物体的重量，10 岁男孩的误差中数为 8.6 克，17 岁男孩的误差中数为 6.0 克。仅从这种测量结果中能够推断出心理成熟对区分重量能力的影响效果吗?

任何个体的任何心理特质的改变都可以归结为某种本性特征纯粹成熟的原因，或者归结为某种环境的力量，这是很清楚的。教育的推论却恰恰与这两者相反。站在前者的立场上，我们会说：这种变化出自天赋，我们最好不要拒绝它，否则会伤害它的一般成长发育。它既是教育的基础，又是教育的出发点。我们也不必故意求到它。从后者的观点来看，我们愿意说：这种变化是训练所得，是教育的结果。训练不同，结果就不同。由于我们的选择不同，所以可以得到它，也可以失去它。

另外，在诸如前文所引用的许多心理特质的测量案例中，心理特质的测验成绩之所以随着年龄的变化而变化，不仅可以归因于特质的成熟 371
或训练对特质成熟的影响，而且可以归因于成熟和训练对理解能力的影响、对遵从指导意愿的影响和对做好测验信心的影响。

实际上，凡是随着年龄的变化而变化的心理特质都涉及这三种原因。即使是直接归因于外部力量（即以生活经验和训练的形式出现的外部力量）的变化，成熟也一直被认为是这些外部力量的协作势力，或者为个体提供导致心理变化所需作出的反应的条件。反言之，仅有内部发育，而且无论发育势力有多强，没有外部刺激也不会发挥作用。儿童的心理总是在某种社会经验中或形成的一些习惯中发展。只有在思想上才能够把内部冲动与唤起内部冲动的外部刺激区分开。此外，对儿童所做的一些心理测验几乎总是测量一般的理解能力和感知、记忆等特殊能力，或者那些表面目标的能力。

到目前为止，针对上文所说的假设，即所谓的心理特质随着年龄的变化而变化，我们主张测量同一个体的不同年龄阶段的这种变化。这样得到的平均变化才真的是所有被研究个体变化的平均值。但是在上文所报告的研究中，比如说 10 岁儿童与 11 岁儿童，两个数值之间的差异并 372
不是所有被测量儿童变化的平均值，所以未必真能代表他们。

由于 10 岁组与 11 岁组儿童之间的平均差异并不能描述个体的真实变化，因此当我们对学校或其他什么地方的 10 岁和 11 岁儿童进行测量时，我们不能肯定今年 11 岁儿童的成绩能否代表明年 11 岁儿童的成绩。

下面的例子可以说明第一点（见表 24—1）。假如有 18 个男孩，在 10.5 岁时测量其某种心理特质的能力，测得的成绩放在在第一列；一年之内获得的进步成绩放在第二列，11.5 岁时的成绩放在第三列（如例一所示）。

表 24—1　　两次测验成绩

例一			例二		
10.5 岁能力	变化	11.5 岁能力	10.5 岁能力	变化	11.5 岁能力
2	5	7	2	0	2
2	5	7	2	0	2
3	4	7	3	1	4
4	3	7	4	0	4
4	4	8	4	1	5
5	4	9	5	3	8
5	1	6	5	1	6
6	3	9	6	1	7
6	3	9	6	1	7
6	1	7	6	3	9
6	1	7	6	3	9
7	1	8	7	1	8
7	3	10	7	4	11
7	1	8	7	4	11
8	0	8	8	3	11
9	1	10	9	4	13
9	0	9	9	5	14
11	0	11	11	5	16
平均 5.94	2.22	8.16	平均 5.94	2.22	8.16

如果我们没有完整的数据记录，只用平均数来表述，就只知道 10.5 岁儿童的平均值是 5.94，11.5 岁儿童的平均值是 8.16，能力的平均变化是 2.22。这样的报告就丢掉了我们所得事实的以下两个基本特

征：(1) 变化的个体差异；(2) 10.5 岁的成绩与一年之内发展的成绩相矛盾。如果只用一个简单的平均数来表示这种变化，就几乎不可避免 373
地存在这样一种倾向，即误以为所有儿童的变化都相同或接近相同，这当然永远不会正确。变化的速率与绝对的能力一样也是一个变量。而教育家所要洞察的恰恰是与个体的不同进步程度相关联的原始能力和个人境遇。正如我们举例说明的那样，真实的个体变化可能常常是从已有能力的局部功能中获得的。单单是几个平均数，来历不明，有时竟然可以从像第二例的情境中得来，却正好与第一例相反。这是第一点。

我们的第二个观点是 11 岁的成绩未必能够代表 10 岁的儿童到了 11 岁时的成绩。本章开始所引证的平均数是从诸如下列的事实中得来的：从 A、B、C、D、E、F、G、H 等 10 岁儿童中得到一个平均数 X，又从 L、M、N、O、P 等 11 岁儿童中得到另一个平均数 Y，平均能力的变化是 Y－X。两组的被试不同，增加了取样误差。这样的 11 岁或 12 岁儿童只能代表一部分 10 岁或 11 岁的没有死亡而活下来的儿童。就在学校里的任何测验而言，它只能代表一部分 10 岁至 11 岁继续留在这类学校里学习的儿童。现在，假如在小学的儿童中测量一种心理特质，所测量的各年龄的人数如下：12 岁的儿童有 100 人，13 岁的儿童只有 90 人，14 岁的有 70 人，15 岁的有 30 人。

没有人会设想，这些 15 岁的儿童能代表那些 12 岁的儿童到了 15 岁时的成绩。在这些 12 岁的儿童中，最聪明的没有到 15 岁就小学毕业了；一些智力上有缺陷的儿童去了特殊教育机构；一些道德上有缺陷的儿童去了教养院，或自甘堕落；一些儿童离开了学校，工作去了。如果 374
我们觉得 15 岁儿童的人数不足，而从中学生中选出 70 人，那就犹如从油锅里跳入火里，因为中学生都是经过一番选择的，都是比较聪明、有志气和比较好学的学生。

因此，按照我的推断，考察心理特质随年龄的增长而发展的研究不可以，而且绝不能像上文所引用的研究那样进行测量。要测量，就必须对相同的个体进行重复测量，并要完整地保存好每个人变化的记录，以备推断考证。对此做出的相关解释必须考虑每个人的训练经历。

然而，现在所做的测量可以改正普通评价上的两个错误。一种观点认为，除了少数“异常早熟”或“异常迟钝”的儿童之外，其余的人都是成熟多少，能力就一律增加多少，这种观点是错误的。因为，即使总的内部发育的等级划分相同（能力水平从零到成人的能力水平），在不同儿童的身上也会产生很不同的效果。正在发育的原始本性不同，内部发育的作用也随之不同。

另一种观点认为，既然造成学龄儿童差异的主要原因是成熟，那么，年级的划分和教学方法就应该与儿童的“发育阶段”紧密配合，这种观点也是错误的。因为，找到能够完成 17 岁儿童也不能完成的智力作业的 1/20 的 7 岁聪明儿童并不难。虽然我们手头没有内部发育导致个体差异的测量数据，但我们可以设定一个上限。辨别物体的轻重就是一个例子。由于较小年龄儿童的差异被部分地归结为训练，而且训练的
375 行为与行为成熟的发展方向一致，所以，测量一个儿童 10 岁至 17 岁的平均差异一定比测量一些 10 岁和 17 岁儿童所得到的平均差异小。因此，在吉尔伯特的研究中，10 岁的被试和 17 岁的被试都是小学生，后者还包括中学生，因此，17 岁被试在心理尊重等级的排序上，至少不在 10 岁被试的高排序之下。所以，从 10 岁到 17 岁，内部发育平均影响效果的上限是把辨别的错误减少 3.0 克（从 8.6 克到 6.0 克），实际上可能远远达不到这个数字。但是，它与任何一组内的个体差异范围相关很小（见图 24—1），7 年的内部发育平均效果的上限不及血缘和训练所造成的同龄儿童之间极端差异的 1/6。

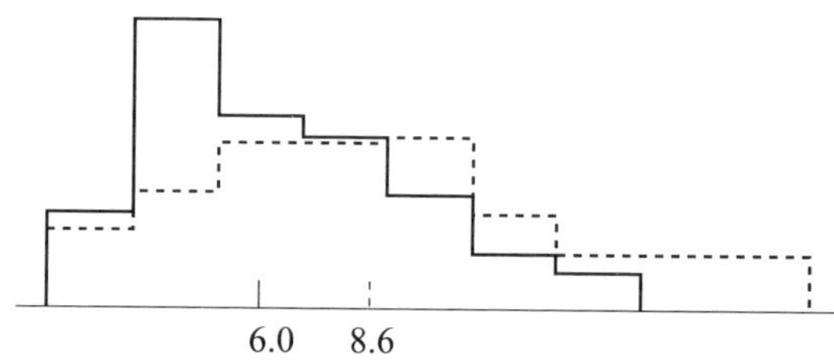

图 24—1　年龄差异与同龄个体差异范围的大小比较

注：这幅图是想象的，因为吉尔伯特没有给出画图所必需的详细数据。但是根据他所报告的两组被试的差异来推测，这幅图所表示的差别并不过分。

376

第二十五章 环境的影响

环境的影响为何难以测量

本节标题所提出的问题，既包括各种环境力量对个体的影响效果，也包括所有智育和德育机构的影响效果。对这些影响效果，几乎得不出任何确切的量化答案。

理论上讲，寻求这样的答案也不是不可能的。我们曾经评估过个人或者群体的本性。我们曾简单地记录过由于气候、食物、学校训练、友谊、训导、职业等的变化所引起的心理变化。然而实际上，人类行为的复杂性以及对智力和性格影响的复杂性妨碍了用科学的研究来证明猜想。环境包括实际上无数的不同原因，这些不同的行为依赖于不同的本性并在不同的年龄与不同境遇发生不同的相互作用；在很多情况下，人们的行为是非常复杂的，需要经过长期的观察。难怪人们通常否认对人类行为动力学做科学研究的可能性，因此就成了小说家、格言家、乡下哲人们横生意见的内容。

此外，在研究人类本性的变化时，只有严格的设计和精心的观察才
可能使我们从特殊的谬误中解脱出来，即本来应该归因于本性或选拔的 377
变化，反说成是训练的结果。例如，大学毕业生比寻常人更有机会被选入国会。因此，有人认为从某种程度上来说，大学教育颇能帮助人取得政治上的成功。殊不知，他们在进入大学之前，即在确定能进入大学时已经显示了他们之间的差异。他们后来能够当选进入国会，未必全是大学训练所致，也可能是因为他们天生的或是后天的心理特质所致，正是

这些心理特质才使得他们进入了“大学生”的行列。换句话说，他们是被大学选拔出来的，与他们是被大学训练出来的同样重要。

又有人说：“谁能怀疑学习拉丁语和希腊语的巨大训练价值呢？看看人家英国大学所培养出来的学生，他们的才能多么让人钦佩呀！”可是，出身好的孩子又能上大学，这就足以证明他的心理能力非同一般了。

要想避免训练与选拔所产生的混淆是极其困难的。一班人因为接受了某种训练而成为研究对象，但其实他们不仅接受了那种训练，而且还被那种训练所选拔。假如有人想研究高中课程对学生的影响，或者比较古典课程与科学课程的影响，或者研究单独训练与在不良道德环境中训练的效果，就要注意到，中学毕业生只占小学毕业生的五分之一，谁也不敢说这里完全没有选拔的作用。他们肯定是由于较好的出身、较好的
378 能力和较好的理想而被选中的。再就大多数的高中来说，一个古典课程的毕业生不仅代表着不同的训练方式，而且还代表着不同的选拔方式，通常是更高级的选拔方式。[1] 所以，同样地，科学家不仅是一位由研究工作训练出来的人，而且也是由于他们的渴望并适合做这项工作而被选拔出来的。在不良道德环境中成长起来的孩子，差不多肯定也是道德低劣者的子孙。一般的社会和教育专业的研究很少给我们提供那种考察本性相似的一些人，其中的一半接受了某种训练，而另一半没受到这种训练的实用研究案例。

虽然排除选拔的影响绝非易事，但是我们也不能因此而忽视它的存在。然而，我们读了成千上万页的书，看到的都是讨论某学科、学制、文化系统、宗教信仰等所产生的影响，却从没有人能够隐约地注意到选拔的影响。

不是因为环境对心理特征的影响太复杂，而且选拔与训练的影响相混杂，就是因为社会学家和教育学家缺乏科学的习惯与理想。无论如何，这方面很少有足够准确的事实可供我们引证。教育科学的发展至今还难以超越那些比较有才识的人的合理观点。我们自己相信在炎热的气

[1] 不过近几年来，这种差别在逐年消减。

候与懒惰、需要与发明、父母控制不足与犯罪、宗教训练与道德等之间存在着某种因果关系，但是我们又没有足够的证据说出这种影响，更不知道它们之间精确的数量关系。

不相信不同的训练对人类个体产生不同影响这种观点的可靠性，并不意味着不承认训练对人的影响。不承认训练对人的影响是很荒诞的。当一些人的本性相同，但后来表现得各不相同时，肯定是外部力量对他们的影响所致。而且任何不同的外部力量都会有不同的影响效果。甚至最小的环境力量也会对人产生影响。人是环境造化的产物。但是，作为环境造化产物的最终行为模式有一部分取决于性别、种族、祖先和原始 379
条件。环境改变人的天性，但是，天性不同，这种变化也不同。所以严格地讲，人们思考出来的一般观点，即在口头上所说的“人是训练的产物”，应该具体地说成“人是接受训练的产物，是每个人的天性与他的训练相互作用的产物”，正因如此，关于环境影响的纯科学研究很难着手。

科学研究最重要的作用之一，就是保护研究者反对这种口头的辩解。例如，知识与机会并不成正比，从一个人机会的多少并不能推算他的知识水平。财富未必能创造财富，一个人将来拥有什么，并不能根据他现在拥有的来估算。好家庭未必总能培养出好孩子，而且孩子的好坏也不会与家庭的好坏程度成正比。对于被人当奴隶看待的人，不可能贬低他的所有，更不会使他的所有降低到同一种程度。作为环境的产物，总有两个变量决定人的结果：一个是环境，另一个是人的本性。

从这个公理所得出的两个推论具有特殊的意义。第一个推论是，同样的环境刺激，作用于某个人，足以唤起他一定的能量、理想或习惯，可是对另一个人却完全不起作用。如果大家的传说故事是真的，那么，在药店里洗瓶子的经历决定了法拉第的职业生涯，在“比格尔号”上的环球航行则成就了达尔文博物学家的人生。可是，即使让全国的青年人都去药店做学徒，然后再派他们去科学旅行，也并不能造就出百万个法 380
拉第和达尔文，甚至百万个化学家和博物学家。有的人所需要的自由只是一张选票，而有的人即使经历了长期的自我定向教育也仍然不能自己做主。有的孩子，只需要几句话就可以使其养成良好的阅读习惯，而另一个孩子可能在两年的细心教育下还不识字。在某些情况下，一个人需要的刺激数量极其微小，所以，某些力量似乎完全是从这个人自身涌现出来的。而其他人身上却没有发生这种情况，或许他用尽力气，也产生不了同样的效果。

第二个推论是，每个人都部分地选择了他自己的环境。不想读书的孩子，有书也不看，看了也心不在焉，甚至有时丢开书本，记忆中却毫无印记。能够给一个人带来满足的联结会使他因此而获得力量，但它会使另一本性的人感到厌恶而被拒绝。正像这个世界为幸存动物提供的自然选择一样，适者生存。所以，个体根据行为、注意、记忆和满足所选择的环境特征是他智力与性格的决定因素。

普通的观点以及那些旧时的社会学和教育学文献由于偏重环境对行为的影响，而忽视了相同环境中行为之间的差异；但是，就一个学生来说，他可能倾向于把所有人的差异原因都简单解释为本性上的差异，从而忽视另一类同样明显的事实（即环境对人的影响）。他会强调指出，由于社会文明的特征——行为、语言、书籍、风俗和人类机构等都是由
381 人发明和维系的，又因为环境的所有重要方面都可以归结为人的本性，因此，人的本性几乎是所有人类命运的根本原因。“政府是他们应该得到的政府；环境是由民族本性创造和选择的环境；一个人的本性决定他的基本生存处境。”这些都是他草率说出的话。

就人类总体而言，环境中的许多重要特征固然应该归结为人类种族的本性。但是在现代条件下，没有一个人的本性、同样也没有一个国家或民族应该为他所处的特殊环境承担责任。他人（包括其他国家或者民族）表现出来的改变环境的力量一定会对自己产生影响。面对他人的影响，至多只能选择消极的蔑视，最后只能直接改变本性，效仿他人。

有时，虽然明知一种差异源于某些不同的训练，但对训练的哪些不同导致了这种差异还不能确定或全然不知。甚至有时明知实施的训练是不同的，却产生了同一个效果，对此也会产生疑惑或茫然。

大量的史实是说明前一种事实的例证。实际上，历史就是对人类本性不知其所以然的变化所做的记录。现代的英国、法国或者德国与两千多年前他们野蛮的祖先之间，几乎所有智力的和道德的差异，都被归结

为环境的不同。在此期间，家族的本性可能发生了一些改变，但肯定不多。受外部力量的影响，我们的思想、思维方式、习惯、风俗和理想变得与我们的祖先非常不同。但是，我们还不清楚这些力量是什么以及每一种力量所产生的结果是什么。

在模糊的教育标题下，大量的学习事件是说明后一种事实的例证。
这样或那样的孩子进了学校，接受这样或那样的老师采用的这样或那样 382
方法的教育，花了这么多的钱，用了那么多的材料设备，但是，这些都带来了什么呢？没有一个深思熟虑的人敢回答这个问题。学校对孩子们做了些什么、现在正在做什么，这些在官方和私人的记录里或多或少地都有很好的描述，但是，由此给孩子们会带来了什么样的变化却不清楚。

持有这种态度的人性学者必须着手解决以下问题：不同的环境对相同人性的影响；相同的环境对不同人性的影响；环境和人性的无数相互作用方式对人的影响。

对环境影响的测量

我要报告环境对智力和性格影响研究的三个例子。第一个是高尔顿的《双胞胎史》(*History of Twins*，1883)，是一项对环境影响与原始本性影响进行比较的量化研究。第二个是赖斯关于不同学校环境对于学生拼写能力的影响的研究。第三个是关于改变环境对于青年学者专业选择的影响的研究。

高尔顿收集了一些双胞胎儿童父母的报告。其中有些双胞胎儿童在婴儿期非常相像，但是他们所处的环境却不同；另一些双胞胎在婴儿期有显著的不同，但是他们所处环境的所有重要特征都一致。前一种双胞
胎儿童差异的扩大和后一种双胞胎儿童相似性的增加可以测量环境的影 383
响；而前一种双胞胎儿童相似性的持续和后一种双胞胎儿童差异性的保持可以测量原始本性的影响。

对后一种 20 对双胞胎儿童的观察证据表明，毫无例外地，相似的教养方式没有减弱天生的差异。下面是一些父母的典型观察报告：

(1) 父母中有一个说：“他们从出生到现在，一直都接受完全相同的教养；他们两个都很健康和强壮。然而，他们在生理、心理以及情绪

本性上还是同其他两个不同的男孩一样，各不相同。”

（2）“我可以很明确地回答，虽然他们被同一个妇女抚养，一起上学，而且在15岁之前从来没有分开过。但是，从他们出生到现在，他们的性格、习惯和爱好一直都明显不同。”

（3）“他们从没分开过，至少在食物、衣物或者训练方面他们从未有所不同；他们同一时间长牙齿，同一时间患百日咳、麻疹、猩红热，而且没有一个人得过其他的严重疾病。他们俩一直都非常的健康而且有很好的能力。然而，就像我们家和其他家庭的差异那样，他们在心理上非常的不一样。”

（4）“他们在身体和思想上从来就不像，而且这种差异每天都在增加。外界的影响一直都相同。他们从没有分开过。”

（5）“家庭训练和影响都完全相同，因此我认为，这种差异几乎完全是由先天倾向和我们控制不了的因素引起的。”

按照高尔顿的意见，把正反两方面的证据综合在一起，得出如下一般结论：

“因此，我们可以概括出普遍的结论，即在影响人生的条件相似的范围内，除了由于疾病或意外事故所导致的身体病症之外，环境不能对
384 成年人的性格产生显著的影响……这种完全丧失理智的结论不禁让人惊愕，除了给予传授的知识和职业训练之外，对孩子的养育究竟还能做些什么？在相同国度的同一社会阶层的人群中发现，不同的养育不能胜过本性。这个发现仍然没有背离人的本性远远胜过养育的结论。”（1883, p. 168 and p. 172）

大篇幅引证赖斯博士的研究，是因为它是第一项针对学校工作实际效果的系列研究。目前这种研究的数量仍然很少，但是我们相信，随着人们对学校管理方面的科研兴趣的提高，大量类似的研究会迅速涌现出来。

赖斯博士（1897）测量了21所学校里33 000名儿童的拼写能力，他们在拼写的态度、方法、时间以及其他方面表现出极大的多样性。然后，他比较了拼写好的小学生的学校条件和拼写差的小学生的学校条件。他首先记录了21所学校之间的细微差异，其中只有6所学校的得分排在73.3分至77.9分的界限范围之外，从低年级到高年级学校之间

的差异有降低趋势（见表 25—1）。事实表明，学校在拼写态度和方法上的训练差异没有对学生的拼写成绩产生显著的影响。在对使用古板方法的学校与比较先进的学校进行比较时，他说：“其实，无论是古板的学校还是先进的学校，结果都是多样的。所以，在一些情况下，古板的学校有几个得高分的，而在另一种情况下，先进的学校有几个得高分的；同样，哪种学校都有几个得低分的。例如，B 学校属于非常先进的学校，其中的 11 号学生获得的最高平均分是 79.4 分；而 A 学校属于最古板的学校，其中的 12 号学生平均得了 73.9 分。而且奇怪的是，还是在这些城市里，虽然环境大致相同，但在另外一所学校的测量结果却完全相反。”

比较表 25—2 的数据可见，他排除了不同的家庭阅读环境、父母的 385
文化程度以及是本地人还是外国人等因素对学校之间拼写成绩差异产生影响的可能性。

赖斯博士进而按照不同学校所使用的教学方法将测验结果重新列表，为此，他访谈了大约 200 名教师。虽然他没有给出详细的访谈结果，但足以使我们确信，在口授法与笔授法之间、单词法和联句法之间、注视法与非注视法之间没有任何明显的优劣之分。出声数音符拼写没有使拼写成绩变差，多读书和多写作也没使拼写成绩变好。“简言之，”他说，“在方法和结果之间没有直接的联系……相同教学方法与不同教学方法的测验结果差异一样大。”

表 25—1 的结果表明，用在拼写上的时间长短不是拼写教学能否成功的原因。学校每天给 15 或 20 分钟拼写与每天给 40 或 50 分钟拼写的效果是一样的。

得到这些可贵的结果之后，赖斯博士急匆匆地下了一个想当然的结论：“事实表明，在我看来，只有一个结论，即学生的拼写成绩不取决于使用的方法，而取决于使用这些方法的教师能力。换句话来说，教师个人的平衡能力必须放在首位，而方法和设备是次要的。”

这个结论应该以学生的拼写成绩与老师的能力水平之间存在高相关为根据，或者是在一位教师所教出来的学生比其他 10 位或 20 位教师教出来的学生差异更小的情况下才能成立。我计算过，如果赖斯博士数据中八年级学生的平均数可靠，那应该跟我和我的学生测得的结果相一致。[①] 如果对每个学生的教学效果相等，那么，他们之间的差异不应比我们所预期的概率大很多。八年级上学期 12 个班平均数的平均离差是 1.9，下个学期 13 个班的平均离差是 2.6；如果每个班级有 40 个学生，个体的变异数是 12.2，按照概率计算，12 个班的平均离差也应该是 1.9。所以，就八年级的样本而言，各个学校之间的差异没有其他原因，学校之间存在的均值误差只因学校的样本数量太少。

386 **表 25—1　　写作测验成绩**

城市	学校	四年级			五年级			六年级			七年级			八年级			
		句子测验	作文测验	日记	句子测验	作文测验	日记	句子测验	作文测验	日记	句子测验	作文测验	日记	句子测验	作文测验	日记	学校 Av 句子测验
1	A	67.6			79.6		45	77.2		20	76.7		25				77.1
1	B													82			
		61.8	96.8	50	72.6	97.4	50	77.7	98.8	80			40	86.1	99.6	20	75
1	C	71	96.7	45	81.8	98.4	35	71.5	98.2	40	78	98.7	30	85.8	99	30	
7	A	b77	95.9	30	73.6	97.8	20	64.2	97.8	20	73.1			84.9		30	
		a68.6	97.5	40	79.4	98.3	15	73.4	98.6	40		99.4	40		99.4	35	75.2
7	B	b64.5	97		75		30	71.1		45	77.2		30	87.2	99.4		
		a75.8	97.9	20	81.1		40	80		50	81.1		15	86.7	99.3	30	77.9
7	C	b	97.5			97.6			97.8	35		98.7			99.4	15	
		a	97.4	35		98.6	15		99.1	45		99.2	30				
9	A	b70.8			71.3						85.6						
		a66.6		40	78			66.5		35			50				76.6
9	B	b66.4	96.1		74.8	97.6		72.8	98.7	35		99.4					
		a68.4	96.8		76.8	97.9	45	73.2	98.4	45	86.5	99.2	60				77.7
9	C	b66			70			75.1		40							
		a66.4		40	83.2			76.1		35	84.7		20				77.9
10	A	b						79.4			80	99.2		83.5	99.2		
		a									79.5	98.6	20	82.5	99.1	20	76.2
10	B	b61.4	96.6		76.6	98.6			99.2								
		a75.9	98.3	35	77.2	98.9	20	72.7		20							

① 这些测验中该年级的个体有 12.2 分的可变性。

续前表

城市	学校	四年级			五年级			六年级			七年级			八年级			
		句子测验	作文测验	日记	句子测验	作文测验	日记	句子测验	作文测验	日记	句子测验	作文测验	日记	句子测验	作文测验	日记	学校Av句子测验
11	A	b61.2			70.4												
		a63.6		25	70.6			65.8		25	76		30	86.4		40	72
11	B	b76.4	96.3		74.6	97.9		74	98.5								
		a79.8	97.9	35	81.8	98.5	25			30	80	98.8	40	86.7	99.1	40	79.4
12	A	b53.2			66.4			75						86.3			
		a63.1			73			75.7			78.3			90.2			73.9
12	B	b53.3			74.4		18	73.1						90.3			
		a67.2		18	79		10	78.4		9	90		12	94.6		12	79
15	B	b			73	96.8		57	97.7		76.7	98.3		83.9	99		
		a			73.4	97.4		71.5	98.1		83.3	98.7		87.2	99.4		73.4
15	D	b			81.6			68.3			74.7			86.2			
		a74.3		20	83.6		20	72.7		20	84		20	88.6		20	78.8
15	B	b66.2			74.4	97.8		72.8	98.5								
		a70.8	97	15	79.4	98.3	20	69.6	98.1	20	80.6	98.7	20	89.4	99.2	20	77.3
15	H	b67.2	96.6		76.2			69.8			81.4			89.9			
		a69.1		20	79.1		25	76.2		25			25	89.4		25	77.9
16	A	b62.6	97.4		73.6	98.5		61.9	97.6		71.1	98.2		84	99.1		
		a59.2	97.9	20	76.4	98.6	15	68.7	98.7	20	72.8	98.8	20	89.9	99.4	6	72
16	B	b68.4			70.6	98.5			98.1		71.3	98.5		81.2	98.9		
		a65	97.9	20	74.4	98.2	20		97.7	15	75.3	99.3	10	80.2	99.2	5	72.7
19	A	b61.8			66.8			68.8			78			84.3			
		a		20	76.6		40	72		35	84						73.8
19	B	b57.4			73			61.3			69.5			85			
		a68.4		40	78.2			69.5		30	84		30	86.8			73.3

387

注：表中的 b 代表前半学年，a 代表后半学年。

表 25—2　　句子测验数据 388

年级	城市数量	班级数量	学生数量	总平均值	外籍儿童	平均值	外语儿童	平均值	工人子女	平均值
4	4	27	821	64.7	155	65.2	159	64.9	129	62.5
5	4	29	829	76.0	153	77.4	157	76.7	129	74.0
6	4	22	778	69.7	185	69.6	165	70.3	119	70.4
7	4	18	566	78.8	81	82.5	52	81.5	55	76.8
8	4	19	528	83.1	72	83.2	64	83.2	76	85.0

考察环境影响的第三个例子虽然不是主要的，但其特色在于，它所揭示的事实，除了环境的影响之外不能用其他任何影响力来解释。这个事实是 1840 年到 1895 年美国大学毕业生职业的变化，其中有 5 283 名毕业生成
389 为 ΦBK 名誉学会的成员，进入该学会者是大学里公认的优秀大学生。

律师、医生、教师和牧师这四种职业，每 10 年中总共吸收优秀大学毕业生的人数比例几乎没变。1840 年至 1859 年，ΦBK 的大学毕业生中选择这四种职业的人数百分比是 65%；1860 年至 1869 年是 65.5%；1870 年至 1879 年是 65%；1880 年至 1894 年是 64%。

但是，这四种职业内部的分配却有明显的变化（见表 25—3）。在 20 年里，律师职业对有学问者的吸引力增加了一倍，然而，后 10 年中，又丢失了增加的 2/3。在最后 10 年，医生职业变得更有吸引力。该表显示，从 1840 年到 1870 年，再从 1870 年到 1895 年，教师职业的受欢迎程度增长非常迅速。从 1860 年到 1865 年却表现出相反的趋势。其间，律师职业受欢迎的程度增长很快，而牧师的职业则不进不退。最惊人的变化是，有学问的人选择牧师作为终身职业的人数百分比逐渐减少。如果把那些进了教会、后来又放弃牧师职业而改为教师的人包括在内的话，这种下降的趋势会更显著。根据 1900 年不完全的 ΦBK 有效名录记载，从 1895 年到 1899 年，大学毕业生中选择牧师职业的人数只占 5.5%；即使后来有所增加，1900 年的百分比也在 10%以下。

表 25—3　　大学毕业生选择下列 4 种职业的人数百分比（%）

年份	律师	医生	教师	牧师
1840—1844	14.0	6.0	9.4	37.5
1845—1846	14.0	6.0	11.6	40.0
1850—1854	9.3	6.0	13.7	36.5
1855—1859	10.5	6.0	16.4	34.5
1860—1864	15.2	5.5	17.2	27.5
1865—1869	19.7	4.0	13.9	28.5
1870—1874	19.8	5.5	16.4	22.5
1875—1879	22.5	4.0	17.6	22.0
1880—1884	16.4	4.5	21.4	19.5
1885—1889	14.4	7.5	25.5	16.0
1890—1894	19.0	7.0	25.4	14.0

对那些 1850 年进入牧师行列的年轻毕业生进行粗略的统计发现，如果他们晚出生半个世纪的话，将会有 3/4 的人进入教师和律师行列。由于社会和知识背景的改变，具有相同原始本性的人会有不同的选择。

在不久的将来，无疑会看到，关于环境导致个体心理差异的研究数
量将会迅速增加，研究的质量也会大为改善。在赖斯调查研究了由于行 *390*
政管理与教师的不同特征所导致的差异之后，紧接着出现了由考曼（1902）、斯通（Stone，1908）、柯蒂斯（1909 及以后）和我（1910）等人所作的类似研究。教育专家逐渐变成实验家和量化思想家，并正在谋求证实或驳倒教育势力影响人类本性的已有成见。历史、政治、社会、经济、伦理和宗教专业的大学生，正在成为或即将成为量化思想家，关注各种自然与社会影响力的分配所造成的人类个体在政治上、罪恶上、财富上、事业上和理想主义上的不同，或者关注影响人类幸福的有关特征。

除了这三项研究以及前章所列举的事实之外，我们还可以增加一些非常有价值的测量。如果某种功能因以前的训练不同而形成了个体差异，那么，现在施加等量的练习就可以测量其对个体差异的影响。论据
如下：如果一组被试的成绩差异归因于他们所受训练的数量和质量的不 *391*
同，那么，现在对这组被试中的所有人提供同样类型和数量的训练应该会减少这种差异。例如，假设有 11 个人用打字机打字 1 分钟，各自的成绩分别是 10 个、11 个、12 个、13 个、14 个、15 个、16 个、17 个、18 个、19 个和 20 个。假如这种差异完全是由他们练习打字的时间造成的，比如，练习时间分别是 5 小时、6 小时、7 小时、8 小时、9 小时、10 小时、11 小时、12 小时、13 小时、14 小时和 15 小时。然后再给每个人 10 个小时的练习时间，这样总练习时间的范围就是 15 小时到 25 小时，这样应该会减少他们打字个数的差异。根据假设，练习 15 个小时的人的打字效率应该是每分钟 20 个，而练习 25 个小时的人每分钟打字不应超过 30 个。鉴于分数之比的极限是 2 比 1（即 20 比 10），那么，他们现在的分数之比不应该大于 3 比 2（即 30 比 20）。①

① 当然，最准确的预期应该取决于练习曲线和效果的形态，以及学习者的合作因素，这个例子过于简单了。

如果练习时间的等量增加并没有减少练习结果的差异，那么，在很大程度上，我们就不能假设以前在练习数量上的差异会导致练习结果的差异。也就是说，如果等量的练习不会减少成绩的差异，那么之前不等量的练习也不是导致成绩差异的原因。如果机会的差异导致人表现的差异，通过增加相等数量的机会，使得机会在每种情况下对所有人来说几乎相等，那么人们所表现的差异应该更小。

392 发现的事实却相当令人吃惊。均衡的练习**似乎增加了差异**。优胜者所表现出来的优势，似乎是由自己的本性决定的，而不是由过去的优秀成绩决定的。因为，在规定的时间内所有优越条件一律平等，而优胜者还是成为了领先者。

下面的表 25—4 给出了三位数乘三位数乘法口算练习的最初分数和最后的分数。惠特利（Whitley）用 9 个被试做了类似的实验，结果虽然不够明显，但却得出了同样的结果（1911）。一开始打字就快的 4 个人经过同样的练习之后，仍然比打字慢的 4 个人快。

表 25—4　　三位数乘三位数乘法口算的等量练习对个体差异的影响

	单位时间内的练习成绩				正确答案的百分比（%）		
	进步	练习小时	开始 5 题	最后 5 或 10 题	进步	开始 5 题	最后 5 或 10 题
开始时成绩最高的 5 个人	5.1	85	147	61	70	78	18
开始时成绩其次的 5 个人	5.1	56	107	51	68	78	10
开始时成绩再次的 6 个人	5.3	46	68	22	74	82	8
开始时成绩又次的 6 个人	5.4	38	46	8	58	70	12
开始时成绩更次的 5 个人	5.2	31	57	26	47	67	20
开始时成绩最低的 1 个人	5.2	19	32	13	100	82	—18

斯塔奇（1911）采用三位数乘一位数乘法口算得到了相同的结果。8 个被试中有 3 个口算效率最高的被试平均每 10 分钟做 39 道题，练习
393 了 700 道题之后，获得的平均成绩是每 10 分钟做 45 道题。而 3 个效率最低的被试最初的平均成绩是每 10 分钟做 25 道题，做了 700 道题的练

习后，平均成绩是每 10 分钟做 26 道题。而且从所花的练习时间上来看，700 道练习题对他们来说是题量很大的练习。

在我（1910）的在等量时间内练习一位数连加法作业上的个体差异的研究中，19 个成年人进行差不多同等的练习，并按大家一致的正确标准计算，开始成绩最好的几个人，最后的成绩也最好。结果见表 25—5。韦尔斯（Wells ，1912）、柯比（1913）、哈恩（Hahn）与我（1914）以及其他人也得到了相似的结果。

表 25—5　在等量时间内练习一位数连加法作业上的个体差异

被试的分类及人数	每 5 分钟所加数目的平均值			练习的时间（从第一次练习时间的中点到最后一次的中点，按分钟计算）
	第一次	最后一次	进步	
开始时成绩最高的 6 人	297	437	140	40
开始时成绩其次的 6 人	234	345	111	49
开始时成绩最低的 7 人	167－	220＋	54	46

这些关于练习对个体差异的影响的研究采用的是口算乘法和加法，以及在印有大写字母的纸上标注出 A 字母等方法，练习的范围和数量都很有限。照他们的成绩来说，尚不足以在练习与个性的关系上得出一般的结论。在其他心理功能上，个人的成就比其他同伴们好，可能是外 394
界势力的影响居多，而自己的本性影响较少。但是，迄今所做的练习实验没有给出支持一般的假设的结果，即在同种族和一般的社会状态下，没有发现外部条件的差异应该为大量个体差异承担责任。

环境差异如何影响行为

我们可以将环境差异如何影响智力和道德概述如下：

（1）提供或抑制大脑发育和健康的生理条件。

（2）提供或控制引起受原始本性和以前大脑活动能力影响的大脑活动的适宜刺激。

（3）加强或排除由一般效果律所导致的行为中的其他一些行为。[①]

① 在某种情境中对某些动物进行行为训练，如果在该情境中动物得到好处的话，一旦这种情境重现，动物的行为也会出现。如果动物的某种行为给它带来不适，那么这种行为和情境的联系不那么紧密，因而动物的行为也不会容易出现。

按照这样的描述，我们可以把个体心理一生的发展途径看成与动物或植物的发展途径相同。由于不论在哪里，饱暖条件都是动物生命的第一需要，所以，大脑活动的生理条件是感觉和行为的第一调节器。由于
395 气候、食物、尚不明了的化学和电的力量以及其他刺激导致胚胎变异或者刺激有内在变异倾向的胚胎活动，因此才可能产生百万种动物，所以才有事物的色彩、音响和气味，才有人的语言、相貌和行为，才有文明的器具、机械和建筑，才有绘画、音乐和书籍，才有新的精神、思想和行为。一个人在诞生后的 20 年里，像动物王国一样，创造了心理的大千世界。在动物王国里，一些变异的物种由于不适合生理特征的条件，一代或两代之后就死亡了。如同动物王国一样，我们形成的许多心理产物，其中的任何一个都可能因不适应外部事件而注定要很快地消失。如同动物界的弱种灭绝一样，某种思想动作也因不与其他相融合而夭亡。思想的种类也像动物的种类一样，互相搏掠，生存就是胜利的酬劳。此外，适应某种环境的动物，环境一变，不是死亡就是得变种。所以，婴儿期的一些心理状态到了学龄期，不是消失就是得改变；而适合学龄期的心理状态遇到实际工作环境也要消亡；心境的无穷变化以此类推。心理状态之所以消亡，是因为它的结果使人痛苦、使人不舒服。一个人在他历史上任何一个时期的心理状态也像动物王国所经历的任何一个历史阶段一样，其结果不仅是新变种的出现，而且也是自然选择作用的影响。人类心理进步的历史也是其失败隐化的历史。因适应而生存、因刺
396 激而变异、因灭绝而选择，描述环境对动物生存影响的这三句话同样足以说明人生的历史。

环境中任何势力对人的影响，不论是自然的还是社会的，其影响力都随其可避免的程度而改变。如果存在可以接受移民的民主政府，寡头政府就将失去其影响；如果有一个激进派向人们展示了非传统的生活方式，则不论人数多少，传统习俗都不会使人墨守成规；如果人们对音乐充耳不闻，其感惑人心的显著魅力就不会如此普及。只要有一个反叛者宣传他的主张，教义就会立即失去权威。当没有异议时，社会环境以及其制度、信仰、行为模式几乎无所不能；第一个反抗的人不是怪癖就是天才，怪癖注定会失败，天才却如此稀少。可是，革命一经发动和宣

传，就很容易吸引那些适合其原始本性的人。而且被吸引的人会更多，因为以前他们曾被对方毫不掩饰的势力所侵服。所以，一个已知的环境势力甚至可以作为一种刺激导向，而它们可能仅仅是曾经被有意阻挠过的意见、兴趣或行为。

所有不同原始本性的人们几乎平等地包容了许多不同的思想和行为。戴帽子也好、不戴帽子也罢，用英语表达请求和意见也好、用德语表达也好，学习占星术也好、学习托勒密天文学或是哥白尼天文学也好，这些对所有的人来说几乎都无关紧要，但却几乎唯一地依赖于环境。所有关于“是什么”的知识和技术一般都是这样被确定的。一个人能够学习或做出的事情有多少、难度有多大，主要是由其本性决定的。但是，在本性的局限内，他学习什么或做什么则大部分是由其所受到的
刺激或得到的奖赏决定的。换句话说，不论人们在现代文明的各个国家 397
里所遇到的外部影响势力如何不同，原始本性的许多特征所决定的行为都会产生几乎同样的效果。在这样的各个国家里，如果他有相应的本性的话，似乎任何一个人都可能成为一位诗人、政治领袖，或者钱币制造商。在一般情况下，原始本性并不是不可抑制的，而且也没有什么形式的原始本性是完全不可抑制的。但是，在如今国家的环境里，有些形式的原始本性几乎是不受任何环境限制的。

本性与环境谁更重要

现在要预测原始本性（属于性别、种族、祖先和偶然的变异）与环境（自然的或社会的）各自对人类的差异起到了多大的影响是不可能的。一种方法只能是先了解事实，用尽可能少的偏见对其进行解释，并试图发现更多的事实。把这种解释的机会留给学生吧，但要谨慎地增加或扩展那些已有的解释。

许多关于本性与养育的错误推断都是因为忽视了显而易见的事实：一是，如果环境相似，则将某种心理特征的差异完全归因于本性；二是，如果人的本性相似，则差异完全归因于不同的训练；三是，如果本性和训练都起作用，则导致比较两者轻重的问题，实际包括各种环境影响各种本性的所有具体问题。对所有这些情况做任何一种评估都是荒

谬的。

许多分歧源自所谓绝对成绩与所谓相对成绩的混淆。一个人可能从
398 零点开始提升一大截，可是一跟其他人比较，仍旧比他人低。绝对的增加可能是相对的减少。如果有两位思想家持有上面同样的数据，一位关注的是绝对成绩，而另一位关注的是相对成绩，则前者可能把成绩差异完全归因于训练，而后者却认为本性是最重要的。最普遍的错误结论是，训练和社会的控制一般是无用的，应根据性别和遗传的重要性下结论。与之相反的另一面，就像我曾经在别的地方说过的那样——诸如在第十二章和第十三章中所引证的那些研究——只能证明人类智力和性格的存在，测量某些决定因素，并证明环境影响的不同。结果的变化不仅要看环境影响力的自身特点如何，还要看它是如何影响原始本性的。当社会认识到遗传所给予的有利条件和拒绝接受的其他条件时，我们甚至可能预期到教育的效果会成倍地增长。那些能量不同的人并不是没有任何优越的条件或不需要智力投资。例如，假定黑人的本性是愚钝而快乐的，这并不意味着不需要对他们进行智慧的训练而使他们变得更聪明一些。照现在这样对待他们，只会使他们愤世嫉俗并变得敌对。我们既不能期待他们会得到像犹太人那样聪明的种族所得到的同样的训练结果，也不能期待当他与一个用爆炸和放火进行报复的凯尔特人站在一起时会无动于衷。

对于真正的公益事业，即通过改善环境而提高成绩，遗传的影响不
399 至于成为障碍。但是，对一般大众所需要的教育和社会改革来说，遗传的影响却可能成为阻碍。因为，普通人并不非常了解绝对的幸福或绝对的改善。虽然自己及子女已经比一千年前的祖先更健康、更幸福、更能享受高尚的娱乐了，可是，他对此并不感到高兴。他不满意的是自己还没有比周围的一些人过得更好，还没有感觉比一般人更骄傲。普通人需要相对的优越性，即超过自己周围人的优越性。只要他的儿子是社区的领导人，儿子实际的愚蠢就无妨；只要他的女儿成为县里最漂亮的女孩，就是十足的美女了。社会上的不满足源自对自己的幸福不如其他人的了解和想象。孩子在学校里的努力、男人在工作中的努力以及女人在家里的努力都是为了去超越那些似乎比他们强的人，很少有人受到明智

本性的指导，受明智的抽象思想指导的人则更少。因此，大多数人真正期望得到的成就最终在很大程度上被本性所操纵。在现实生活的竞争中，人们所比的不是自己是否取得了进步，而是是否领先于别人，其主要的决定因素就是遗传。

但是，教育所应该寻求的酬报则全在教育影响力的范畴之内。理性的人所应努力的事业大多为自身所能规定。对于公共利益来说，无须过问谁是尖子或哪几个人成绩最好。就公共利益来说，也是对所有的人来说，最重要的事情是尖子越高越好，取得的成绩越大越好。对于所有人的绝对幸福来说，公共教育是最大的贡献者。

值得注意的另外一点是，我们切不可因为个性差异大致出于天性，
而在道德的责任上发生错误的推想；更不能利用那些错误的推想，劝人 400
不要相信个性差异的事实。

把心理特质主要归因于原始的组织、进而归因于血统的学说时时受到责难。因为，这使热心向善的人感到失望，并使理应被藐视者得以从错误中解脱。但是，人们都同意一个人的自由意志只能适用于一定的范围之内，至于这个范围的什么地方是否被缩小了，这对我们实际的态度来说并不是什么大问题。如果一定要在原始本性与训练环境之间作出取舍，则相信一个人的成功依赖于内在品质比完全归因于生命中所占有的优势更受支持；一个失败的劣等人比因运气不好而失败的人更受蔑视。这两种情况中的哪一种应该受到蔑视，取决于我们关于赏罚的一般观念，而与行为原因的心理学理论无关。

总体而论，某些流行的观点过分夸大了不同的环境与训练对同民族和同时代人智力及道德差异的影响。表面看来，某些天性是由环境造成的，而实际上是具有这种天性的人选择了这种环境；表面看来，某种环境似乎消除了某个体的某种天性，而实际上这种天性早已被个体所全部摒弃。

教会、图书馆和学校等组织的教育工作思想者特别需要记住以下三个事实：

第一，在人类本性中，那些更原始和更基本的特质，诸如能量、能力、毅力、领导力、同情心和高雅等，整个世界都为它们提供刺激，刺

激几乎无处不在。如果一个人的原始本性对这些需要的品质和早已为之
401 准备好的奖赏没有反应，期待从课堂上那少得可怜的磨炼中获得更大的收益就是徒劳的。

第二，人的能量究竟从哪个渠道释放、具体的智力和道德活动究竟为哪种人类事业所利用，这些很少能为天生的特点所决定。学校应该采取有效的投入重点培养学生的主要特质。我们不能创造智力，但是，我们可以防止那种类似于经院哲学所造成的对智力的可悲浪费。我们不能使人的同情心倍增，但是，我们可以使感情用事的慈善保持纯洁。

第三，道德比智力更容易受环境的影响。道德特质特别能够养成人的好恶并为能力定向。因此在道德方面，教育有更大的影响作用。可是，由于学校的课堂生活特别狭窄，除了一些半智慧性的美德之外，学校德育几乎成效甚微。

当今的教育理论家们似乎把学校的最重要职责放在发展权力和容量上，这也正是学校或其他任何教育力量最无能为力的一件事。他们能够做得最好的一件事就是建立那些我们称之为知识的具体观念的联结和我们称之为习惯的具体行为的联结。

402

第二十六章 单一特质个体差异的性质与数量

为了方便讨论，我们可以把“单一特质”定义为不同的人可以在同一维度测量的特质。一种特质的组合需要两个或者更多的维度。比如，测量约翰和詹姆斯对声音的反应时，发现他们之间有千分之几秒的差异，因此对声音的反应时就是一个单一的特质。相反，约翰和詹姆斯在气质上的差异，可以在几个维度上阐述，比如敏捷的、迟钝的、紧张的、肤浅的、宽广的、狭窄的等。所以气质被认为是多种特质的结合。

我们可以对个体的一种特质进行比较，或者对某些特质的组合进行比较。我们先拿比较简单的第一种情况进行举例说明。

心理变化的连续性

变化的连续性意味着两种情况：一是有规律性的重复缺口，比如 2 个花瓣之间、3 个花瓣之间、4 个花瓣之间等；二是没有规律性的重复缺口，比如在老鼠与大老鼠之间、大老鼠与松鼠之间等。

单独考察一个心理特质变异连续性的最好方法是试图找到它的几个
例外。[①] 这种例外可能存在，但是据我所知，任何心理特质变异的总量 403
都没有表现出各个阶段的变化。规律性重复缺口的一种具有误导性的现象通常在不充分的测量中出现。例如，在一项记忆测验中，被试背诵

① 当然从无限可分性意义上说我们并不能在这里提出连续性。从根本上说，无疑存在单元因素，这些因素或者起作用或者不起作用，或者提高或者不提高特质的数量。但是离散的步伐像物理原子团的增加一样极其小。如果说电流强度、高温、人类身高和贫血症是连续的，那么人的智力、运动速度、记忆、联想敏捷度、辨别准确性、领导力等也是连续的。

12 个无意义音节，他们可能得到的分数只能是 5 分、6 分、7 分、8 分、
404 9 分，而没有 5.5 分和 6.75 分等分数。但是，如果做 4 个同样的测验，
然后取结果的平均数，就会出现 5.5 分和 6.75 分了。

没有规则性的重复缺口的一个容易误导人的现象经常表现在测量的样本数量不足的结果中。如果在一种特质上只测量少数几个被试，就会使测量结果划分得过细；如果只测量一个优秀的被试，那么，测量的结果没有代表性。图 26—1 给出了不连续的具有误导现象的例证。

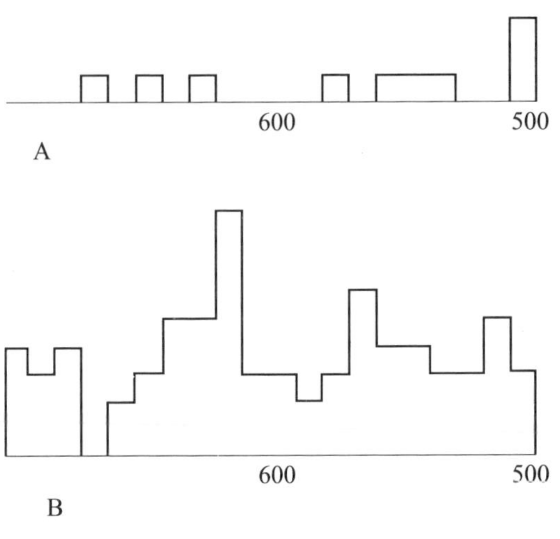

图 26—1 加法运算时间（秒）

注：上面两个图的横坐标是让被试做 48 列加法运算（每列 10 个数字）所用的时间。矩形图的高度代表完成作业的时间在 500 秒到 700 秒之间的人数分布。图 A 是用 23 个被试的数据绘制的，图 B 是用 223 个被试的数据绘制的。

首先，没有必要为了提醒读者，故意放大或缩小测量结果，把本来连续的变化荒谬地划分为很粗的几组；接下来，又假定这些很粗的分组中某个组中心点的成绩代表该组所有被试的成绩；因为测量结果是连续的，所以，只能把 a 划分到 a+b，并分为下等、中等、上等和优等，妄想出测量结果中间真的有缺口！可惜的是，甚至有才华的思想家也犯这种错误。

不同差异总量的相对频率

图 26—2 显示了在六种心理特质中每种特质不同人数分布的相对频率。这六个分布图表明“变异通常聚集在集中趋势周围”。然而，这种

说法还没有被普遍地或一般地接受。相反的一般意见是，按照单一特质总量的分布，个体分布是多模型的，如图 26—3A，或者是完全独立成分的混合，如图 26—3B。如此这般，就会有许多小差异和大差异，而中等差异却很少。我们可以称其为“多类型”理论。例如，就智力来说，我们发现，如果使用“天才”、“正常”、“迟钝”、“低能”和“白痴”几个术语的话，似乎在“正常”和“天才”之间存在一个明显的缺口，“正常”与“低能”之间也是如此。把人的视力说成有视觉和没视觉、把人的颜色视觉说成色觉正常与色盲也是一样，这样说好像是同组的人都一样，不同组的人都完全不一样。

405

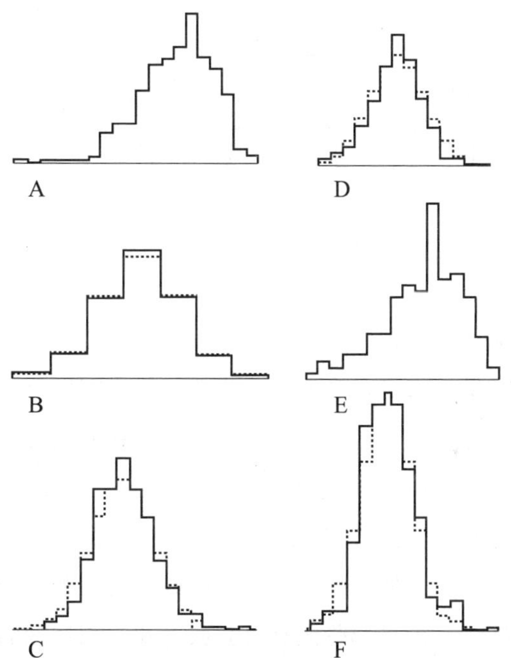

图 26—2　心理特质分布形式的样例

注：A. 反应时间：252 名大学新生。

B. 数字记忆：123 名女生。

C. 在印有字母的纸上标记出 A 字母：312 名 12 岁到 13 岁的男孩。

D. 给出反义词的效率：239 名 12 岁到 13 岁的男孩。

E. 画出 100mm 长线段的准确性：153 名 13 岁到 16 岁的女孩。

F. 标记出包含字母 a 和字母 t 的单词的效率：312 名 12 岁到 13 岁的男孩。

在所有六个例子中，刻度的最左边代表最低的能力，也就是说，A
图中最长的时间，B 图中最少的数字，等等。目前连续的线表示分布，
406 破碎的线将被忽视。

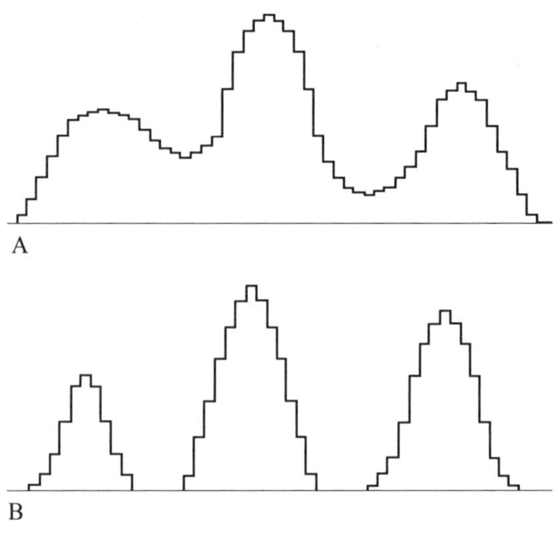

图 26—3　多峰分布

特质的数量须因某种原因（或几个共同的原因）有大幅的增减，才
407 能预期特质的数量分布是多峰形的。比如，如果阅读亚里士多德的著作
可以大大提高任何一个人的智力天赋，那么，我们就可以预期，按照智
力测验的分数，人们可以被清楚地分成两个频率曲面，曲面较高的部分
几乎大部分或者甚至全部由那些读过亚里士多德著作的人组成。

在某些特质上，比如某种语言知识，或者玩某种游戏的能力，确实存在这两种类型。一种是那些没有机会获得知识和技能的人，以及那些知识和技能为 0 的人；另一种由那些有机会去获得知识或技能，以及知识和技能水平在从 0 或接近 0 到某个大分数范围内的人构成。如果测量全世界的成年人能否听懂英语口语，是否会玩国际象棋、扑克牌或高尔夫球，是否会打字或通过指南针来驾船，当然会得出这样的划分。在这里，没有什么原因能够导致特质的数量完全一致，其他原因都不起作用，只因世界如此安排。

在具体的习惯、知识和技能上，为数不少的这种原因起了作用。比

如，在德国人中，既有勉强服兵役的，也有没服兵役的，所以，就使用武器的知识来说，将会形成两个高峰的频率曲线，即一组全都非常好地了解这些知识，而另一组几乎完全不了解。学了某种手艺、进了某个学校，可使这些人获得专业而数量一致的知识，如石膏工艺、打字或医学，从而明显地把人分为普通人和专家。发生这种情况的原因尚不清楚。

如果性别使某一特质在数量上产生了足够大的差异，则两种性别的
特质分布频率也会出现双峰模式。但实际上并没有观察到由性别差异造 408
成的双峰分布，因为性别差异很小。在种族差异很大的特质中，如果把一个最优和一个最差的种族放在一起，则每个种族的人数分布各会出现一个高峰。可是，如果把所有的种族或任选的许多种族混合在一起，其频数的分布就不会出现一个民族一个高峰的形式，甚至没有哪个种族会表现出什么高峰。甚至像中学里白人学生和有色人种学生在学业成绩上那样大的差异，混合分布后的高峰也要比其中任一个种族单独分布的高峰扁平一些（见图 26—4）。

然而，就像男人与女人、德国人与布须曼人、5 岁与 15 岁的人、
视觉正常的人与盲人、管道工与非管道工、学象棋的人与从不学象棋的 409
人等所产生的分布模式一样，即使认为个体之间存在清楚的分类，即个体之间存在明显的缺口的一般观点，也不能限制它自己作出这种综合的假设。关于几种原因的各种不同组合如何影响一种特质的分布形式，我们还几乎不知或全然不知。想在心理特质上把人分为截然不同的等级，主要是因为这个问题还一点儿也没有被恰当地思考过。我们仅仅接受了一些表达个体差异原始意识的粗糙形容词和名词，并作为实际类别的相应代表，而忽视了等级之间还有等级的存在，甚至没有试图逐级测量其频数。可以用完美的例证说明这种口头思考倾向是何等的顽固。甚至经过长期科学训练的人也坚定地认为，人不是明显的右利手就是明显的左利手，不是正常的色觉就是远离正常的色弱或色盲。直到最近，许多科学家仍然顽固地认为，在智力正常儿童与低能儿和白痴之间存在着截然分开的鸿沟。多类型理论还不能根据或有或无的一个什么理由，或者密切相关的一组理由，对明显不同的个体作出明确的分组；不能仅凭简单

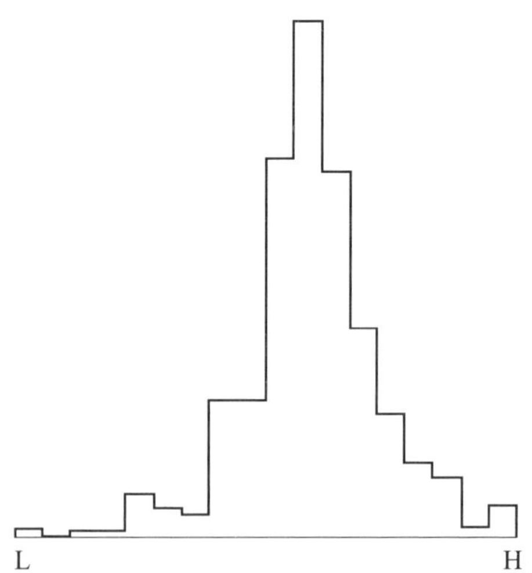

图 26—4　白人学生与黑人学生学业成绩的混合分布

注：一个包括 150 个白人学生和 150 个黑人学生的团体的不同学业成绩的相对频率。最低成绩等级在刻度的最左边，最高等级在刻度的最右边。在这里联合的两个独立的分布，见图 22—6。

而模糊的幻想，把个体，甚至把同性别、同种族、同年龄和同训练的个体，不知为何就自然而然地分成不同的等级和“类型”。

这样的一种理论，可以肯定地说，即使不总是错误的，也常常是错
410 误的。按照规则，这样的一组人不能分成两组或几组，而且同一组的人都非常相像，却与其他组的人都很不相似。这里，我们可以再次寻找一些例外来证实这个规则，可是我知道没有这种例外。是否存在足够清楚且实至名归的“类型”，的确是一个问题。

411

第二十七章 特质组合个体差异的性质和数量：智力和性格的类型

像前一章那样，一个个零零碎碎地描述人性以及它们彼此之间的差异，有单调和贫乏之感。当一次只测量一种特质时，人类本性的真实多样性并不突出。人们可能会问：心理学为什么不用真实的整体本性来陈述它们如何不同呢？为什么心理学不像动物学描述动物的身体那样，通过把它们分为种、类、科、属来描述人的心理呢？为什么不说出直接看到的不同心理之间的差异呢？

动物学确实没有按照所有动物的身长、体重、颜色、器官的数量和骨骼的数量等的测量结果，列出它们的具体特质表。动物学一开始就用从表面上观察到的类型和种类，比如蠕虫和鱼，来描述它们的基本特征以及一种动物与另一种种动物之间的特征差异。如果心理的类型和种类也能同样地从表面上观察到，那么，从整体上描述人类本性的多样性也是有价值的。但是，心理的类型和种类并不像动物界中鸟类、鱼类和蠕虫类那样明显突出。

问题举例：表象的个体差异

作为一个问题以及处理问题的一个样例，我们可以按照表象的类型 412
列出它们的特征，比如，根据视觉表象的生动性、真实性和普遍性列表，根据听觉表象的生动性和真实性列表，等等。

表象的早期科学研究注意到，有些人可以非常生动而真实地回忆起一种感觉的表象，但在其他感觉通道却没有这种效果。例如，有人闭上眼睛就可以回忆出以前见过的风景，清晰而详细，犹如拍摄的照片。可是，对过去的一段旋律、一次鼻孔发痒或一次身体挨打却不能产生同样的效果。因此，这些研究很自然地得出一个“视觉型表象”的概念。

对这种一种表象能力很强，而其他表象能力很弱的人，研究者稍不留意就假定这是一般规律，即假定如果人的一种感觉表象非常生动、真实和常用，就会降低其他感觉表象的生动性、真实性和使用频率。由此，就有人被称为视觉表象型，有人被称为听觉表象型，有人被称为运动表象型，等等。意思是视觉表象型的人比其他人的视觉表象更生动、清晰且使用频繁，而其他感觉的表象则不如其他人。听觉表象型的人或运动表象型的人也以此类推，如图 27—1 所示。

但是，对个体的实际考察表明，某种感觉表象的排他性和优越性只
413 是一种特例而不是一般规律。甚至对人本性表面考察所得到的证据也一点都不符合图 27—1 所表现的模式。甚至那些毫不犹豫地相信人的本性会按照表象类型分布的人，也不会同意他自己的表象按照这种表象类型分布。梅伊曼实际认为，在他所有关于儿童的研究中，从未发现过一种这样纯粹的类型。“这种纯粹的表象类型在儿童中是多么的稀有！这一点被我们在苏黎世（Zurich）所做的广泛儿童调查所证实，我们没有发现一例完全符合这种纯表象类型的人。同样，我知道在整个关于儿童的研究领域中，也没有可靠的证据证明存在这种纯粹的表象类型。”（1907，vol. 1，p. 494）所以，研究者提出了新的中间表象类型，其中包括听觉—运动型、视觉—运动型、听觉—视觉型，甚至“视觉—听觉—运动—智慧型”（Segal，1908）！可是，这个问题一直到了贝茨（Betts，1909）在不同的感觉通道实际测量了足够样本数量的非言语表象的生动性和清晰性之后，图 27—1 中所画的那些交叉斜线才有了事实根据，而非想当然。

这种学说的理论支柱之一是根据某种感觉表象的优势地位把人分为
415 几种类型；之二是在表象的范围和完善程度方面，不同的感觉表象之间存在逆转关系。事实表明，这种观点是大错而特错的，只不过是武断地把人清清楚楚地分为几个类型而已。与之相反的观点才是正确的，即没有明显的类型，只有连续的等级分布；没有所谓少数的“纯”类型或多数的“混合”型，只有一般型；一种感觉表象的发展与另一种感觉表象

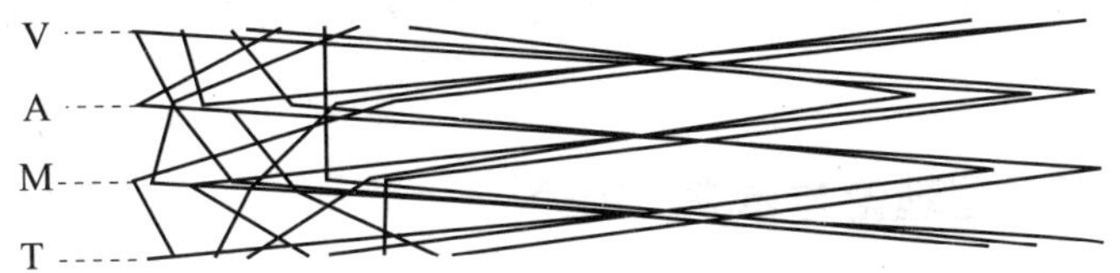

图 27—1　视觉、听觉、运动觉以及触觉成像的发展水平的相互关系

注：该图表示根据纯类型理论，视觉、听觉、运动觉以及触觉成像的发展水平的相互关系。V、A、M 和 T 这几条水平线分别是视觉、听觉、运动觉和触觉的生动性、保真度、频率水平标尺。左边代表低水平。12 个个体分别通过横越代表个体能力的标尺的线表示。

的发展，它们之间的关系不仅是相反的，而且相关密切。图 27—2 所显示的才是有事实根据的关系形式。 414

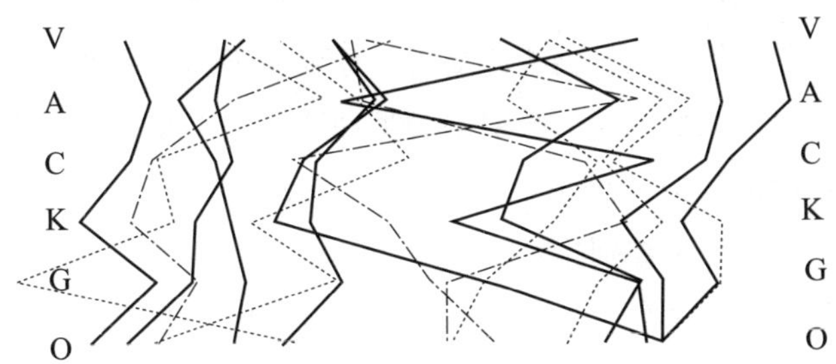

图 27—2　视觉、听觉、皮肤觉和其他感觉形式的相互关系

注：贝茨通过 17 名心理专业的研究生或者教师发现了视觉、听觉、皮肤觉和其他感觉形式的相互关系。水平线 VV、AA、CC、KK、GG 和 OO 分别是视觉、听觉、皮肤觉、运动觉、味觉和嗅觉的生动性、保真度、频率的标尺。标尺左边代表低水平。图中正交线代表个体。正交线之间画法（线、点，点和折线）的差异不显著，只简单地帮助读者认清每个个体的情形。

用一种感觉表象的发展与另一种感觉表象的发展相反的关系来解释这种情况是有教育意义的，因为许多关于人类特质构成本性不同类型的理论与有关感觉表象类型说一样，都是注定要灭亡的。例如，气质就有同样的历史。一种极端的做法是给不同的气质命名，并划分为不同类型；又以为词语的对比可以作出真实表达；可是，理想上的类型与实际的分布不符，所以又填补了新类型。可是，做了实际的测量之后，很有可能发现的一种气质是：一般的乐观、易怒、冷漠、忧郁，中度的迟缓、敏捷、肤浅、紧张、狭隘、宽宏，适度的缓慢—肤浅、缓慢—紧张一狭隘，等等。结果会发现，任何“一般”的事物才是一种真实的类型。

多类型理论与单类型理论

关于人类特质的各种组合，即使是同性别、同种族、同成熟水平的个体，其本性之间也不免存在差异，这一点表现在前一节所举的例子
416 中。对于这个问题有两种极端的观点：一种是多类型理论，即把人大致清楚地分为几个等级，要形容某个人，只需说出他属于哪一等。另一种是单类型理论，该理论认为所有的人都处在变化的连续体中，要形容一个人的本性，需看他与所谓单类型者相差的性质和数量如何。

按照单类型理论，可以构想出一个类别排列顺序，任何个体，如果他距离某个类别比距离其他类别更近，他就属于那个类别。而且离这个类别越远，人数就越少。而按照多类型理论，则不存在这种唯一确定的集中趋势。根据多类型理论，如果用一个数字，比如“K”，代表典型的所有本性，或者是类别排列中最好的一个，测量所有个体的差异，则在每一个个体中总会有一个与典型本性中最相像的本性，这样测得的差异总数会比都从某一个本性测得的差异总数极大地减少。而根据单类型理论，由于测量每个个体与任何一个 K 本性的差异，所以，这种差异总量的减少要比多类型理论少很多。

可以用图表清楚地解释这两个理论。按照我们的习惯，一组特质中的每个特质都可用一条水平横线来测量，线的中点代表众数，即在这个级别上的人数最多。要测量一个人的本性构成，只需要看他的每个特质在对应的每条水平横线上的位置，把每条水平横线上的位置点用斜线连接起来就代表他的特质组合。如果测量的人数一多，按照多类型理论，就如图 27—3 所示；按照单类型理论，就如图 27—4 所示。图 27—3 中
417 的斜线可以用五条典型的斜线来代表，其余可作为细微的差别看待。图 27—4 却不能这样看待。在图 27—4 中指定一条单独的斜线作为标准比较近情理。

没有必要在这两个理论之间作出抉择，也没有必要确定如何调整之

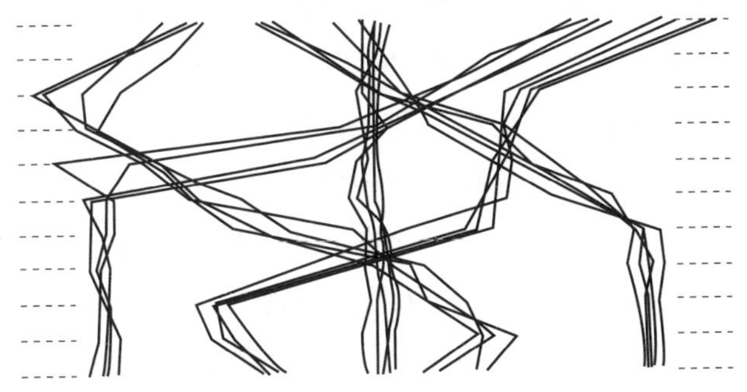

图 27—3　特质组合的多类型理论图示

注：11 条水平虚线（只在两端画出）分别代表特质组合中 11 个特质的等级。图中的每条斜线代表一个人在 11 项特质上所占的位置。

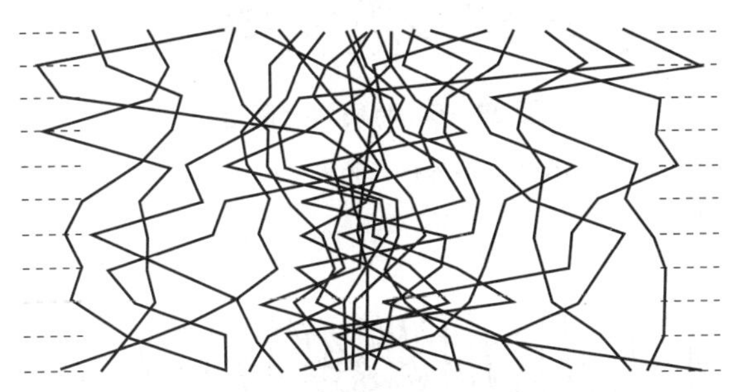

图 27—4　特质组合的单类型理论图示

注：11 条水平虚线（只在两端画出）分别代表特质组合中 11 个特质的等级。图中的每条斜线代表一个人在 11 项特质上所占的位置。

后所得到结果是真实的。凡是特质的联合测量，假如没有把它们一个一个地实际测量过，就不如老老实实地承认，我们对如何区别每一个人还全然不知。 418

然而，尽管有许多关于人类本性的研究者公开地或心照不宣地承认多类型理论得出的结论是真实的，而且用它来指导自己的研究方法、解释研究结果，并进行实际控制，但是，对他们来说，简单地考虑一些赞成单类型理论的观点也是会有帮助的。

首先，在相对精准的测量下所得到的预期支持多类型理论的证据，反而支持了单类型理论。当然这种情况确实很少。除非这种情况的数量大大增加，否则，我们不要根据它们做出推论。但事实却是，单类型理论是根据精确的测量提出的，而多类型理论则来自成见。

其次，许多多类型理论都假设有价值的特质之间存在负相关，此乃绝无仅有的。常人以为，善用眼与善用耳、灵活与精细、宽广与深刻、感觉的与理智的、善思的人与善行的人，诸如此类的特质组合都是相反的。但是，我们知道这不能代表人性的类别。如果我们画两条水平横线标尺，一条代表“视觉学习的能力”，另一条代表“听觉学习的能力”，再画出一千条斜线代表一千个人的学习能力。其结果的图形不会像图27—5那样，而会像图27—6那样。

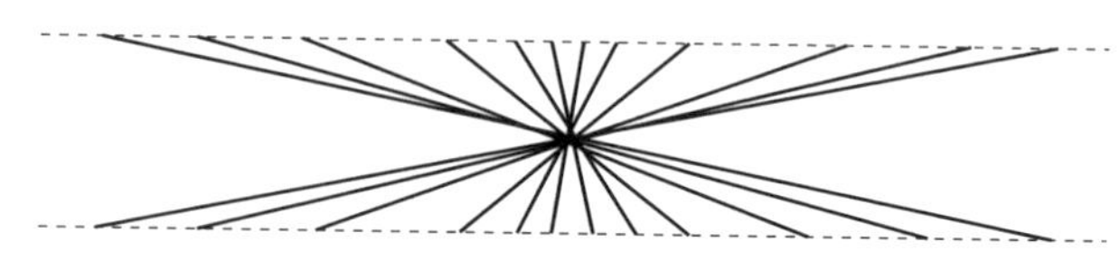

图 27—5　特质组合图示一

注：个体两个特质组合的图示，如果存在非常对立或相反的关系。图表组合与图27—1到图27—4中用到的一样。

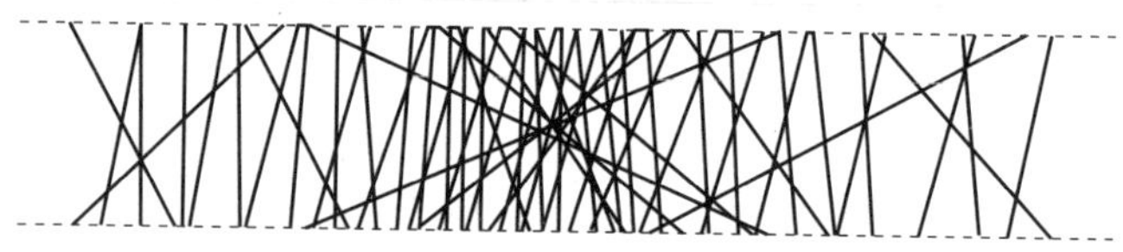

图 27—6　特质组合图示二

注：个体两个特质组合的图示，如果两者有紧密的正相关关系。

再次，那些强烈支持多类型理论，并习惯于用它来解释研究结果的研究者们，却发现实际符合这种理论的个体很少。例如，梅伊曼
419 (1907，vol. 1) 一般来说明确地接受这个理论，并且要求在教育实践上应该特别关注小学生的类型。但在具体的细节上，他没有举例说明该理论。

他说：“通过建立类型，我们把自己定位于个体差异的无尽可能性之中……而且如果把个体放在某种类型下，我们可以因此而指出他身上一般人都有，又不同于其他人的某些性格。”(1907，vol. 1，pp. 331－332)

可是，他没有建立这样的类型。在他报告的大多数差异中，“典型”的差异是同一特质的两个极端之间的差异。在这些样本中的一些人明显地处于中间的位置，而且所有被试大多处在中间位置，这一点比相反的类型更有典型性。因此，在一些情况下，梅伊曼也确实承认这一点。

最后，我要提到的事实是，每个人的分类，从没有一个能圆满地符合多类型理论所需要的情况。在推崇这种学说的人当中，甚至最有科学 420
头脑的人也举不出恰当的证据。即使他们没有必须分类的成见，他们自己也会感到所提供的证据苍白无力。斯特恩的《心理学的个体差异》（*Psychologie der Individuellen Differenzen*）是一部专门描述人类本性类型的著作。平心静气地仔细阅读这本书，是一种刺激精明学生产生疑问的有效方法，因为，处在中间位置的普通者确实比假设类型的人数出现的频数多，把所有类型的人数加起来也远没有普通人的数量多。

因此，斯特恩说：“我们知道以音高作为区分标准的话，音乐家和非音乐家之间存在巨大的差距；在气味的识别方面，香料商和普通人之间存在巨大的差距；在颜色知觉的精确度方面，画家和书虫之间存在巨大的差距。”然而，在对音高最敏锐的非音乐家与最迟钝的音乐家之间不存在巨大的差距，而且有很大的重叠（See Spearman，1904b，p. 90 and p. 92）。后来，斯特恩自己也说，一些专门的训练是连接“巨大缺口”的桥梁。

斯特恩还提到了“外部观察型（可能就是实验科学家）和内省思考型（可能就是数学家或形而上学家）”（p. 46）两种类型的人。但是，这两种类型的人可不是明显对立的人。实验科学家比普通人更有可能成为一名很好的数学家。数学才能和兴趣也绝非形而上学家所独有。善于外部观察的人也可能精于内省，而对自己内部思想生活有强烈兴趣的人对外部事物可能比一般人更能产生强烈的兴趣。 421

特质组合平均数量的个体差异

对于许多特质组合，可以从它们的细节中抽象出主要特质，从而简化为单一特质。比如，假设测量甲乙两个人在下列各项任务中的工作效率：（1）标记出 A 字母；（2）标记出含有 a 和 t 的单词；（3）在一张印有几个各种各样几何图形的纸上标记出其中的六边形；（4）在一张印有200 个深浅程度不同的五种灰色正方形的纸上，标记出指定灰色程度的正方形；（5）在一张印有 500 个单词的纸上（其中有 100 个拼写错误的单词）标记出拼写错误的单词。假设结果如表 27—1 所示。

表 27—1　　作业效率个体差异计算表

作业类型	甲比平均分高或低的数值	乙比平均分高或低的数值
标记出 A 字母	−1.1	+1.0
标记出含有 a 和 t 的单词	−1.4	+0.7
标记出六边形	−0.6	+1.2
标记出指定灰色程度的正方形	0.0	−0.2
标记出拼写错误的单词	−1.7	+1.4

注：用乙的得分分别减去甲的得分，分别等于 2.1、2.1、1.8、−0.2、3.1。

如果我们不计其他具体差异，只从中抽取甲乙两人完成这五种任务平均效率上的差异，结果是：A＝−4.8÷5＝−0.96，B＝+4.1÷5＝+0.82，B−A＝1.78。

这种从每种特质组合的一些细节中提取主要特质的方法，可以把一些非常不同的智力和性格特征整合为单一特质。这种方法在一般的思想方法上和科学的思想方法上是常有的事。从分辨某种长度、色彩、重量
422 等所有精确度的组合中，我们可能得到一种特质，即感觉分类的精确度。从千百种习惯养成的快慢中，我们可以得到一种特质，即学习的速度。精确度、敏捷性、效率、耐久性、改进的数量、改进的速度、改进速度的加速度或减速度，这些在某个数值范围内测量个体在一组特质中的某一特质都是比较重要的。“思想的独创性”、“勇气”、“怯懦”、“易受暗示与否”、“学识”、“判断力”、“兴趣”和“好奇心”，这类词汇有一大堆，这里举的只是其中的几个例子而已。其中每个名词上都可以加上一个粗略地比较数量差异的形容词，用来表示一个人在某种特质上的相对位置。然而，其位置或数量是许多观察记录的总结。要想详细而具体地表示，应该把许多特质的观察结果综合到一起计算。

凡是用几个等级来表示综合特质时，第二十六章所讨论的单个特质的学理完全适用。再具体地说，除了很少的例外，单类型理论可以概括

一切情形。因为，一种强势力要使人在单个特质上得到一定的效果比较容易；可是，要在许多特质的联合上发挥同样的效力，确实很难。所以，单以品茶或品酒而论，可以把人分为普通人和专家两个等级。可是，要把所有感觉的正确度综合到一起而论，就不容易划分等级了。同理，以拉丁文的知识而论，人可分为两组，一组是毫无所知，另一组是有些知识。可是，要把所有知识放在一起划分类别，就不能这样划分了。

参考文献

Acher, R. A..........'10 *Spontaneous Constructions and Primitive Activities of Children Analogous to those of Primitive Man.* A. J. P., vol. 21, pp. 114-150.

Amberg, E. ....'95 *Ueber den Einfluss von Arbeitspausen auf die geistige Leistungsfähigkeit.* Psychologische Arbeiten, vol. 1, pp. 300-377.

Angell, F., and Coover, J. E..........'07 *General Practice Effect of Special Exercise.* A. J. P., vol. 18, pp. 327-340.

Angell, J. R..........'04 *Psychology.* References are to the third edition, '06.

Angell, J. R.........'08 *The Doctrine of Formal Discipline in the Light of the Principles of General Psychology.* Educational Review, vol. 37, pp. 1-14.

Arai, T. ....'12 *Mental Fatigue.* Teachers College, Columbia University Contributions to Education, No. 54.

Aschaffenburg, G. ....'96 (b) *Praktische Arbeit unter Alkoholwirkung.* Psychologische Arbeiten, vol. 1, pp. 608-626.

Bagley, W. C. ....'05 *The Educative Process.*

Barker, L. F.........'01 *The Nervous System and its Constituent Neurones.*

Bean, C. H..........'12 *The Curve of Forgetting.* Archives of Psychology, No. 21.

Betts, G. H. ....'09 *The Distribution and Functions of Mental Imagery.* Teachers College, Columbia University Contributions to Education, No. 26.

Binet, A., and Henri, V. ....'98 *La fatigue intellectuelle.*

Bolton, T. L.........'92 *The Growth of Memory in School Children.* A. J. P., vol. 4, pp. 362-380.

Bolton, T. L.........'02 *Ueber die Beziehungen zwischen Ermüdung, Raumsinn der Haut und Muskelleistung.* Psychologische Arbeiten, vol. 4, pp. 175-234.

Book, W. F..........'08 *The Psychology of Skill: with Special Reference to Its Acquisition in Typewriting.* University of Montana Publications in Psychology: Bulletin No. 53, Psychological Series No. 1.

Bryan, W. L.........'92 *On the Development of Voluntary Motor Ability.* A. J. P., vol. 5, pp. 125-204.

Burk, C. F...........'00 *The Collecting Instinct.* Ped. Sem., vol. 7, pp. 179-207.

Burk, F. L...........'97 *Teasing and Bullying.* Ped. Sem., vol. 4, pp. 336-371.

Burk, F. L...........'98 *From Fundamental to Accessory in the Development of the Nervous System and of Movements.* Ped. Sem., vol. 6, pp. 5-64.

Calkins, M. W......'01 *An Introduction to Psychology.*

Chamberlain, A. F....'00 *The Child. A Study in the Evolution of Man.*

Cleveland, A. A......'07 *The Psychology of Chess and of Learning to Play It.* A. J. P., vol. 18, pp. 269-308.

Colvin, S. S..........'09 *Some Facts in Partial Justification of the So-called Dogma of Formal Discipline.* University of Illinois Bulletin, vol. 7, No. 26.

Cooley, C. H.........'02 *Human Nature and the Social Order.*

Coover, J. E., and Angell, F. ....'07 *General Practice Effect of Special Exercise.* A. J. P., vol. 18, pp. 327-340.

Cornman, O. P.......'02 *Spelling in the Elementary School; An Experimental and Statistical Investigation.*

Courtis, S. A........'09 *Measurement of Growth and Efficiency in Arithmetic,* Elementary School Teacher, vol. 10, pp. 58-74, 177-199.

Courtis, S. A.....'11, '12 *Report on the Courtis Tests in Arithmetic.* In the Interim Report of the Committee on School Inquiry of the Board of Estimate and Apportionment of the City of New York.

Dewey, J. ....'10 *How We Think.*

Earle, E. L...........'03 *The Inheritance of the Ability to Learn to Spell.* Columbia Contributions to Phil., Psy., and Ed., vol. 11, No. 2, pp. 41-44.

Ebbinghaus, H. ......'85 *Ueber das Gedächtniss.*

Ebert E., and
Meumann, E. ....'05 *Ueber einige Grundfragen der Psychologie der Uebungsphänomene im Bereiche des Gedächtnisses.* Archiv für gesamte Psychologie, vol. 4, pp. 1-232.

Edinger, L. ....'96 *Vorlesungen über den Bau der Nervösen Centralorgane des Menschen und der Thiere.* Fifth edition.

Fay, E. A...........'98 *Marriages of the Deaf in America.*

Fracker, G. C.......'08 *On the Transference of Training in Memory.* Psychological Review Monograph Supplement, No. 38, pp. 56-102.

France, C. J., and
Kline, L. W..........'99 *The Psychology of Ownership.* Ped. Sem., vol. 6, pp. 421-470.

Friedrich, J. ....'97 *Untersuchungen über die Einflüsse der Arbeitsdauer und der Arbeitspausen auf die geistige Leistungsfähigkeit der Schulkinder.* Zeitschrift für Psychologie, vol. 13, pp. 1-53.

Galton, F. ....'69, '92 *Hereditary Genius: An Inquiry into its Laws and Consequences* (first edition '69, second edition '92). References are to second edition.

Galton, F. ....'83 *Inquiries into Human Faculty.* (References are to the edition published in Everyman's Library.)

Galton, F...........'89 *Natural Inheritance.*

Gilbert, J. A..........'94 *Researches on the Mental and Physical Development of School Children.* Studies from the Yale Psychological Laboratory, vol. 2, pp. 40-100.

Guillet, C. ....'00 *Recapitulation and Education.* Ped. Sem., vol. 7, pp. 397-445.

Hahn, H. H., and
Thorndike, E. L......'14 *Some Results of Practice in Addition Under School Conditions.* Journal of Educational Psychology, vol. 5, No. 2.

Hall, G. S. ....'04 *Adolescence.*

Heck, W. H. ....'09 *Mental Discipline and Educational Values.* References are to the Second Edition, of 1911.

Heymans, G., and Wiersma, E......'06 (a) *Beiträge zur speziellen Psychologie auf Grund einer Massenuntersuchung.* Zeitschrift für Psychologie, vol. 42, pp. 81-127, 258-301.

Heymans, G., and Wiersma, E......'06 (b) *Beiträge zur speziellen Psychologie auf Grund einer Massenuntersuchung.* Zeitschrift für Psychologie, vol. 43, pp. 341-373.

Heymans, G., and Wiersma, E. ....'07 *Beiträge zur speziellen Psychologie auf Grund einer Massenuntersuchung.* Zeitschrift für Psychologie, vol. 45, pp. 1-42.

Heymans, G., and Wiersma, E. ....'08 *Beiträge zur speziellen Psychologie auf Grund einer Massenuntersuchung.* Zeitschrift für Psychologie, vol. 46, pp. 321-333.

Hill, L. B., and Rejall, A. E., and Thorndike, E. L.....'13 *Practice in the Case of Typewriting.* Ped. Sem., vol. 20, pp. 516-529.

Hoch, A., and Kraepelin, E. ....'95 *Ueber die Wirkung der Theebestandtheile auf körperliche und geistige Arbeit.* Psychologische Arbeiten, vol. 1, pp. 378-488.

Hyde, W., and Leuba, J. H..........'05 *Studies from the Bryn Mawr College Psychological Laboratory. An Experiment in Learning to Make Hand Movements.* Psy. Rev., vol. 12, pp. 351-369.

James, W. ....'93 *Principles of Psychology.*

Jennings, H. S........'06 *Behavior of the Lower Organisms.*

Johnston, J. B........'06 *The Nervous System of Vertebrates.*

Kirkpatrick, E. A.....'03 *Fundamentals of Child Study.*

Kirkpatrick, E. A.....'09 *Genetic Psychology.*

Kölliker, A. ......'96, '02 *Handbuch der Gewebelehre des Menschen.* Sixth edition, vol. 2, and vol. 3. V. von Ebner is the responsible author of vol. 3, but I follow custom in using Kölliker's name in reference.

Kraepelin, E., and Hoch, A. ....'95 *Ueber die Wirkung der Theebestandthiele auf körperliche und geistige Arbeit.* Psychologische Arbeiten, vol. 1, pp. 378-488.

Kraepelin, E., and Rivers, W. H. R.....'96 *Ueber Ermüdung und Erholung.* Psychologische Arbeiten, vol. 1, pp. 627-678.

Ladd, G. T., and Woodworth, R. S.....'11 *Elements of Physiological Psychology.*

v. Lenhossèk, M......'95 *Der Feinere Bau des Nervensystems.*

Leuba, J. H., and Hyde, W. ....'05 *Studies from the Bryn Mawr College Psychological Laboratory. An Experiment in Learning to Make Hand Movements.* Psy. Rev., vol. 12, pp. 351-369.

Lindley, E. H........'00 *Ueber Arbeit und Ruhe.* Psychologische Arbeiten, vol. 3, pp. 482-534.

Mayo, M. J..........'13 *The Mental Capacity of the American Negro.* Archives of Psychology, No. 28.

McDougall, W. ......'08 *Social Psychology.*

Meumann, E. ....'07 *Vorlesungen zur Einführung in die experimentelle Pädagogik und ihre psychologischen Grundlagen.*

Meumann, E., and Ebert, E. ....'05 *Ueber einige Grundfragen der Psychologie der Uebungsphänomene im Bereiche des Gedächtnisses.* Archiv für gesamte Psychologie, vol. 4, pp. 1-232.

Miesemer, K. ....'02 *Ueber psychische Wirkungen körperlichen und geistiger Arbeit.* Psychologische Arbeiten, vol. 4, pp. 375-434.

Oehrn, A. ....'95 *Experimentelle Studien zur Individual-psychologie.* Psychologische Arbeiten, vol. 1, pp. 92-151.

Ordahl, G. ....'08 *Rivalry: Its Genetic Development and Pedagogy.* Ped. Sem., vol. 15, pp. 492-549.

Pearson, K. ....'04 *On the Laws of Inheritance in Man, II. On the Inheritance of the Mental and Moral Characters in Man, etc.* Biometrika, vol. 3, Part II, pp. 131-190.

Radossawljewitsch, P. R. ....'07 *Das Behalten und Vergessen bei Kindern und Erwachsenen nach experimentellen Untersuchungen. (Das Fortschreiten des Vergessens mit der Zeit.)*

Rice, J. M. ....'97 *The Futility of the Spelling Grind.* The Forum, vol. 23, pp. 163-172 and 409-419.

Rivers, W. H. R., and Kraepelin, E. ....'96 *Ueber Ermüdung und Erholung.* Psychologische Arbeiten, vol. 1, pp. 627-678.

Ruediger, W. C......'08 *The Principles of Education.*

Ruger, H. A.........'10 *The Psychology of Efficiency.* Archives of Psychology, No. 15.

Schneider, G. H.......'80 *Der Thierische Wille.*

Schneider, G. H.......'82 *Der Menschliche Wille.*

Schuyler, W., and Swift, E. J..........'07 *The Learning Process.* Psychological Bulletin, vol. 4, pp. 307-310.

Segal, J. ....'08 *Uber den Reproduktionstypus und das Reproduzieren von Vorstellungen.* Archiv für die gesamte Psychologie, vol. 12, pp. 124-235.

Shinn, M. W.....'93, '99 *Notes on the Development of a Child.* University of California Studies, Nos. 1-4. 1 and 2 appear under date of 1893; 3 and 4, under date of 1899.

Sikorski, J. ....'79 *Sur les effets de la lassitude provoquée par les travaux intellectuels chez enfants le l'âge scolaire.* Annales d'hygiene publique, vol. 2, pp. 458-464.

Spearman, C. ....'04 (b) *"General Intelligence" Objectively Determined and Measured.* American Journal of Psychology, vol. 15, pp. 201-292.

Starch, D. ....'10 *A Demonstration of the Trial and Error Method of Learning.* Psychological Bulletin, vol. 7, pp. 20-23.

" " ....'11 *Transfer of Training in Arithmetical Operations.* Journal of Educational Psychology, vol. 2, pp. 306-310.

" " ....'12 *Periods of Work in Learning.* Journal of Educational Psychology, vol. 3, pp. 209-213.

Stern, W. ....'00 *Uber Psychologie der individuellen Differenzen.*

Stone, C. W.........'08 *Arithmetical Abilities and Some Factors Determining Them.* Columbia University Contributions to Education, Teachers College Series, No. 10.

Swift, E. J., and Schuyler, W. ....'07 *The Learning Process.* Psychological Bulletin, vol. 4, pp. 307-310.

Swift, E. J...........'03 *Studies in the Psychology and Physiology of Learning.* A. J. P., vol. 14, pp. 201-251.

" " "...........'05 *Memory of a Complex Skillful Act.* A. J. P., vol. 16, pp. 131-133.

" " "...........'06 *Beginning a Language: A Contribution to the Psychology of Learning.* In "Studies in Philosophy and Psychology by Former Students of Charles Edward Garman," pp. 297-313.

" " "...........'10 *Relearning a Skillful Act: An Experimental Study in Neuro-Muscular Memory.* Psychological Bulletin, vol. 7, pp. 17-19.

Thorndike, E. L......'99 *The Instinctive Reactions of Young Chicks.* Psy. Rev., vol. 6, pp. 282-291.

" " ".....'00 *Mental Fatigue.* Psy. Rev., vol. 7, pp. 466-482 and 547-579.

" " ".....'05 *Measurements of Twins.* Archives of Philosophy, Psychology and Scientific Methods, No. 1.

" " ".....'06 *The Principles of Teaching: Based on Psychology.*

Thorndike, E. L......'07 *On the Function of Visual Images.* Journal of Phil., Psy. and Scientific Methods, vol. 4, pp. 324-327.

" " ....'10 *Handwriting.* Teachers College Record, vol. 11, No. 2.

" " ....'11 *Mental Fatigue.* Journal of Educational Psychology, vol. 2, pp. 61-80.

" " ....'12 *The Curve of Work.* Psy. Rev., vol. 19, pp. 165-194.

Trettien, A. W.......'00 *Creeping and Walking.* A. J. P., vol. 12, pp. 1-57.

Van Gehuchten, A....'00 *Anatomie du système nerveux de l'homme.* Third edition.

Wells, F. L..........'12 *The Relation of Practice to Individual Differences.* A. J. P., vol. 23, pp. 75-88.

Weygandt, W........'97 *Ueber den Einfluss des Arbeitswechsels auf fortlaufende geistige Arbeit.* Psychologische Arbeiten, vol. 2, pp. 118-202.

Whitley, M. T.......'11 *An Empirical Study of Certain Tests for Individual Differences.* Archives of Psychology, No. 19.

Wiersma, H........... (See Heymans and Wiersma.)

Wimms, J. H........'07 *The Relative Effects of Fatigue and Practice Produced by Different Kinds of Mental Work.* British Journal of Psychology, vol. 2, pp. 153-195.

Woods, F. A........'06 *Mental and Moral Heredity in Royalty.*

Woodworth, R. S.....'03 *Le Mouvement.*

Woodworth, R. S., and Ladd, G. T..........'11 *Elements of Physiological Psychology.*

Wright, W. R........'06 *Some Effects of Incentives on Work and Fatigue.* Psy. Rev., vol. 13, pp. 23-34.

Yoakum, C. S........'09 *An Experimental Study of Fatigue.* Psychological Review, Monograph Supplement No. 46.

图书在版编目（CIP）数据

教育心理学简编/（美）桑代克著；张奇译校．—北京：中国人民大学出版社，2014.12

（西方心理学大师经典译丛/郭本禹主编）

书名原文：Educational psychology：briefer course

ISBN 978-7-300-20299-0

Ⅰ．①教… Ⅱ．①桑… ②张… Ⅲ．①教育心理学 Ⅳ．①G44

中国版本图书馆 CIP 数据核字（2014）第 272788 号

西方心理学大师经典译丛

主编 郭本禹

教育心理学简编

［美］爱德华·桑代克 著

张奇 译校

Jiaoyu Xinlixue Jianbian

出版发行	中国人民大学出版社		
社　　址	北京中关村大街 31 号	**邮政编码**	100080
电　　话	010－62511242（总编室）		010－62511770（质管部）
	010－82501766（邮购部）		010－62514148（门市部）
	010－62515195（发行公司）		010－62515275（盗版举报）
网　　址	http://www.crup.com.cn		
经　　销	新华书店		
印　　刷	北京昌联印刷有限公司		
开　　本	720 mm×1000 mm　1/16	**版　　次**	2015 年 1 月第 1 版
印　　张	21 插页 1	**印　　次**	2024 年 6 月第 3 次印刷
字　　数	303 000	**定　　价**	72.00 元